Xpert.press

Die Reihe **Xpert.press** vermittelt Professionals
in den Bereichen Softwareentwicklung,
Internettechnologie und IT-Management aktuell
und kompetent relevantes Fachwissen über
Technologien und Produkte zur Entwicklung
und Anwendung moderner Informationstechnologien.

Jörg Seidl

Multiprojektmanagement

Übergreifende Steuerung von
Mehrprojektsituationen durch
Projektportfolio- und Programmmanagement

Jörg Seidl
www.bonventis.de
info@bonventis.de

ISSN 1439-5428
ISBN 978-3-642-16722-5   e-ISBN 978-3-642-16723-2
DOI 10.1007/978-3-642-16723-2
Springer Heidelberg Dordrecht London New York

Die Deutsche Nationalbibliothek verzeichnet diese Publikation in der Deutschen Nationalbibliografie; detaillierte bibliografische Daten sind im Internet über http://dnb.d-nb.de abrufbar.

© Springer-Verlag Berlin Heidelberg 2011
Dieses Werk ist urheberrechtlich geschützt. Die dadurch begründeten Rechte, insbesondere die der Übersetzung, des Nachdrucks, des Vortrags, der Entnahme von Abbildungen und Tabellen, der Funksendung, der Mikroverfilmung oder der Vervielfältigung auf anderen Wegen und der Speicherung in Datenverarbeitungsanlagen, bleiben, auch bei nur auszugsweiser Verwertung, vorbehalten. Eine Vervielfältigung dieses Werkes oder von Teilen dieses Werkes ist auch im Einzelfall nur in den Grenzen der gesetzlichen Bestimmungen des Urheberrechtsgesetzes der Bundesrepublik Deutschland vom 9. September 1965 in der jeweils geltenden Fassung zulässig. Sie ist grundsätzlich vergütungspflichtig. Zuwiderhandlungen unterliegen den Strafbestimmungen des Urheberrechtsgesetzes.
Die Wiedergabe von Gebrauchsnamen, Handelsnamen, Warenbezeichnungen usw. in diesem Werk berechtigt auch ohne besondere Kennzeichnung nicht zu der Annahme, dass solche Namen im Sinne der Warenzeichen- und Markenschutz-Gesetzgebung als frei zu betrachten wären und daher von jedermann benutzt werden dürften.

Einbandentwurf: KünkelLopka GmbH, Heidelberg

Gedruckt auf säurefreiem Papier

Springer ist Teil der Fachverlagsgruppe Springer Science+Business Media (www.springer.com)

Geleitwort

Anforderungen und Anwendungsfelder, Probleme und Lösungsmethoden im Projektmanagement veränderten sich über die Jahrzehnte, Schwerpunkte verlagerten sich und Neuerungen wurden gefunden. Diesen Wandel in der Disziplin und ihren Nutzungsformen zeigen Studien über Themenbeiträge auf internationalen Konferenzen der Fachverbände, Publikationstitel und das Angebot von Methoden incl. Projekt-Software. Die methodisch ausgefeilte Art, Projekte zu planen, zu steuern und zu kontrollieren, bezog sich lange Zeit überwiegend auf Einzelprojekte.

Mit zunehmender Projektdichte, breiter Personalqualifizierung sowie Zertifizierung und Internationalisierung der Projektarbeit wachsen die Anforderungen an das Projektmanagement. Sie gehen in Richtung Mehrprojektarbeit, Programm- und Multiprojektmanagement, Projektepriorisierung und Projektportfoliomanagement – nicht nur in Großunternehmen, sondern auch in Mittelbetrieben und anderen Organisationen.

Diesen Themenfeldern gelten die Ausführungen in dem vorliegenden Buch. Dem Autor gelang mit seiner systematischen Ausarbeitung eine Symbiose aus wissenschaftlicher Analyse, eigenen Praxiserfahrungen mit vielfältiger Projektarbeit und Anwendung von Projektmanagement-Methoden einschließlich Software-Werkzeugen. Das fundierte Buch informiert verständlich und umfassend über Definitionen, Anforderungen, Konzepte, Organisation, Tools, Einführung und Erfolgsfaktoren von Multiprojektmanagement.

Das Buch hilft Projektleitern, IT-Managern und der Geschäftsleitung bei ihrem Ziel, ihre Projektarbeit auf einen höheren Reifegrad zu heben. Die Ausführungen des Autors zeigen, wie Multiprojektmanagement über die operative Einprojektleitung hinaus geht und durch Projektepriorisierung, projektübergreifende Ressourcenzuteilung und Qualifizierung von Projektpersonal den Unternehmenszielen dient.

Dem sehr gelungenen Buch „Multiprojektmanagement" wünsche ich einen schnellen Erfolg und einen breiten Nutzerkreis.

Bremen, August 2011   Sebastian Dworatschek

Vorwort

Das Instrumentarium des Projektmanagements ist ursprünglich entwickelt worden, um große und komplexe Einzelvorhaben zu bewältigen. Die zunehmende Akzeptanz und Verbreitung der Projektarbeit hat inzwischen jedoch dazu geführt, dass nicht mehr nur einzelne Projekte, sondern in aller Regel Multiprojektsituationen bewältigt werden müssen.

Die Zunahme von Multiprojektsituationen stellt Unternehmen und Organisationen vor neue Herausforderungen in Bezug auf die Wahrnehmung von Projektmanagementaufgaben. Es geht nicht mehr alleine darum, einzelne Projekte und Programme erfolgreich durchzuführen. Vielmehr stellen sich häufiger Fragen wie: Welche Projekte soll oder muss die Organisation bzw. das Unternehmen durchführen? Ist sichergestellt, dass die Projekte wesentliche Beiträge zur Erreichung der übergeordneten Organisationsziele beitragen? Ist der Zeitpunkt für die Projektdurchführung richtig gewählt? Mit welchen Ressourcen werden die Projekte ausgestattet? Diese und weitere Fragen müssen durch Konzepte des Multiprojektmanagements beantwortet werden. Dahinter steht die Idee, nicht nur einzelne Projekte, sondern möglichst das gesamte Projektportfolio eines Unternehmens oder eines angeschlossenen Teilbereichs desselben zu gestalten und zu steuern.

Solche Multiprojektsituationen erfordern teilweise völlig andere Formen der Koordination und des Managements als Einzelprojektsituationen. Während das Einzelprojektmanagement vorrangig auf eine hohe Effizienz bei der Abwicklung von Projekten abzielt, stellt sich bei der Betrachtung eines organisationsweiten Projektportfolios vorrangig die Frage nach der Effektivität der Projektwirtschaft: Führt die Organisation die richtigen Projekte durch? Ist der Zeitpunkt richtig gewählt? Werden den Projekten die richtigen Ressourcen zugeordnet?

Das Multiprojektmanagement muss dabei zwischen den Sichten einzelner Projekte und Programme und der globalen Sicht des jeweiligen Unternehmens, der jeweiligen Organisation oder auch eines abgeschlossenen Managementbereiches vermitteln.

Innovative Ansätze zur Projektauswahl und -priorisierung, zum projektübergreifenden Ressourcenmanagement und zur rollenden Steuerung des Projektportfolios bilden Schwerpunkte dieses Buches.

Langenfeld, August 2011   Jörg Seidl

Inhaltsverzeichnis

1 Einführung und Grundlagen 1
  1.1   Projektmanagement und Multiprojektmanagement 1
  1.2   Begriffe und Definitionen 4
      1.2.1   Projekt 4
      1.2.2   Projektportfolio 6
      1.2.3   Programm 7
      1.2.4   Projekt, Programm und Projektportfolio im Zusammenhang 7
      1.2.5   Multiprojektmanagement 9
  1.3   Multiprojektmanagement als System 12
      1.3.1   Elemente eines Projektmanagementsystems 12
      1.3.2   Multiprojektmanagement als komplexes System 14
      1.3.3   Multiprojektmanagement als lebensfähiges System 16
  1.4   Interessensgruppen des Multiprojektmanagements 20
  1.5   Strukturierung des Themas im Überblick 21
  Literaturangaben 23

2 Anforderungen an ein Multiprojektmanagement 25
  2.1   Gelöste und ungelöste Problemstellungen 25
  2.2   Effizienz versus Effektivität 27
      2.2.1   Große oder kleine Veränderungsschritte? 27
      2.2.2   Steuerung des Projektportfolios 30
      2.2.3   Effektivität: Auswahl und Priorisieren der Projekte 31
      2.2.4   Allokation der Ressourcen 31
      2.2.5   Der richtige Zeitpunkt 32
      2.2.6   Effiziente Projektabwicklung 32
      2.2.7   Effektivität und Allokationsqualität versus Effizienz 33
  2.3   Funktionale Anforderungen 33
      2.3.1   Flexible Projektpriorisierung 33
      2.3.2   Projektübergreifendes Ressourcenmanagement 36

		2.3.3	Management von Projektinterdependenzen	36
		2.3.4	Projektübergreifendes Risikomanagement	37
		2.3.5	Bewertung des Projekterfolgs	38
	2.4	Kulturelle Anforderungen		39
	2.5	Anforderungen an das Projektpersonal		41
	2.6	Organisatorische Anforderungen		42
		2.6.1	Anforderungen an die Aufbauorganisation	43
		2.6.2	Anforderungen an die Ablauforganisation	43
		2.6.3	Erforderliche übergreifende Regelungen	44
	2.7	Anforderungen an die Infrastruktur		45
	Literaturangaben			46
3	**Konzepte des Multiprojektmanagements**			**49**
	3.1	Gegenstand der Multiprojektsteuerung		49
	3.2	Optimierungsstrategien		50
	3.3	Projektauswahl und Projektbewertung		51
		3.3.1	Kriterien für die Projektauswahl	52
		3.3.2	Projektauswahl	58
		3.3.3	Priorisierung von Projekten	60
	3.4	Projektübergreifendes Ressourcenmanagement		67
		3.4.1	Ressourcenmanagement in Multiprojektsituationen	67
		3.4.2	Prioritätsorientierte Ressourcenallokation	69
	3.5	Das Prinzip der integrierten Projektsteuerung		71
	3.6	Steuerung und Überwachung des Projektportfolios		77
	3.7	Der Projektnutzen in der Multiprojektsteuerung		80
		3.7.1	Verfolgung von Projektzielen und Projekterfolg aus Sicht der Stakeholder	82
		3.7.2	Nutzencontrolling im Projektportfolio	83
	3.8	Der Umgang mit Unsicherheit		84
	3.9	Der Umgang mit Komplexität		85
	3.10	Der Umgang mit Abhängigkeiten		87
	3.11	Konzept der kritischen Kette		97
		3.11.1	Prinzip 1: Zeitliche Staffelung der Projekte	98
		3.11.2	Prinzip 2: Bündelung von Reserven	99
		3.11.3	Prinzip 3: Operative Priorisierung mithilfe des Pufferindexes	99
	3.12	Konzepte zur Daten-, Informations- und Wissensintegration		100
	3.13	Kompetenzentwicklung und Qualifizierung		104
	Literaturangaben			105
4	**Organisation des Multiprojektmanagements**			**107**
	4.1	Multiprojektmanagement im Organisationskontext		107
	4.2	Rollen im Multiprojektmanagement		109
	4.3	Prozessmodelle für das Multiprojektmanagement		111

	4.3.1	Prozessmodelle des Project Management Institute (PMI)	112
	4.3.2	Das PRINCE2-Prozessmodell des OGC	113
	4.3.3	Weitere Prozessmodelle	114
	4.3.4	Das S/P/P-Modell der Projektmanagementprozesse	115
4.4	Ablauforganisation des Multiprojektmanagements		116
	4.4.1	Übergeordnete Planung durchführen	118
	4.4.2	Projektideen entwickeln und formulieren	119
	4.4.3	Projektanträge prüfen und (vorab) bewerten	120
	4.4.4	Grobe Projektplanung durchführen	121
	4.4.5	Projektportfolio planen	122
	4.4.6	Projektanträge entscheiden	123
	4.4.7	Projekt beauftragen	124
	4.4.8	Exkurs zu 4.4.7: Externe Vergabe durchführen	125
	4.4.9	Projekt vorbereiten	132
	4.4.10	Ressourcen bereitstellen	136
	4.4.11	Integrierte Projektsteuerung durchführen	137
	4.4.12	Projektportfolio überwachen	138
	4.4.13	Projektportfolio steuern	140
	4.4.14	Projektergebnisse abnehmen	141
	4.4.15	Projekt abschließen und bewerten	142
	4.4.16	Erfolgskontrolle und Nachkalkulation durchführen	144
	4.4.17	Portfolio-Ergebnisse abnehmen	145
	4.4.18	Nutzeninkasso durchführen	145
	4.4.19	Strategisches Controlling betreiben	147
	4.4.20	Projektdokumentations- und Wissensmanagement betreiben	148
4.5	Aufbauorganisatorische Verankerung		149
	4.5.1	Aufgaben des Multiprojektmanagements	149
	4.5.2	Stellen	151
	4.5.3	Project Management Offices	152
4.6	Notwendige Festlegungen und Regeln		154
	4.6.1	Dezentralisierung der Verantwortung im Projekt	154
	4.6.2	Projektmanagement-Handbuch	155
Literaturangaben			156

5 Werkzeugunterstützung für das Multiprojektmanagement ... 159
5.1 Was kann eine Werkzeugunterstützung (nicht) leisten? 159
5.2 Anforderungen an ein Multiprojektmanagementwerkzeug ... 160
    5.2.1 Allgemeine Anforderungen ... 161
    5.2.2 Integration des Datenhaushalts ... 162
    5.2.3 Funktionen zur Auswahl und Priorisierung von Projekten ... 165
    5.2.4 Unterstützung des Einzelprojektmanagements ... 169

	5.2.5	Unterstützung des Ressourcenmanagements	171
	5.2.6	Dokumentation und Berichtswesen (Portfolio, Programm, Projekt)	172
	5.2.7	Unterstützung des Projekt- und Projektportfolio-Controllings	173
	5.2.8	Unterstützung der Multiprojektsteuerung	176
	5.2.9	Unterstützung der Prozesse (Workflow)	176
	5.2.10	Unterstützung des Projektwissensmanagements	177
	5.2.11	Technische Anforderungen	178
5.3	Auswahl und Einführung einer MPM-Software		179
5.4	Einsatz in der Praxis		182
Literaturangaben			183

6 Einführung und Weiterentwicklung — 185
    6.1 Vorgehensweise — 185
    6.2 Projekt initiieren — 187
    6.3 Ist-Analyse durchführen — 188
        6.3.1 Kriterien für die Güte von Projektmanagementsystemen — 191
        6.3.2 Auditierung von Projektmanagementsystemen — 194
        6.3.3 Reifegrad des organisationsweiten Projektmanagements — 198
    6.4 Externe Orientierung durchführen — 203
    6.5 Soll-Konzept entwickeln — 208
    6.6 MPM-Konzept schrittweise umsetzen — 210
    6.7 MPM-System einführen und stabilisieren — 212
    6.8 Evaluierung durchführen — 214
    6.9 Kontinuierliche Verbesserung des Multiprojektmanagements — 215
    Literaturangaben — 215

7 Erfolgsfaktoren heute und morgen — 219
    7.1 Erfolgreiches Multiprojektmanagement — 219
    7.2 Zukünftige Herausforderungen — 221
    Literaturangaben — 222

Urheberrechtliche Hinweise — 223

Sachverzeichnis — 225

Abkürzungsverzeichnis

Abb	Abbildung
ACWP	Budget cost of work performed – Istkosten zum erreichten Fertigstellungsrad
AP	Arbeitspaket
BCWP	Budget cost of work performed – Plankosten zum erreichten Fertigstellungsrad
BCWS	Budget cost of work scheduled – Plankosten zum aktuellen Termin
BI	Business Intelligence
CCM	Critical Chain Management
CPI	Cost Performance Index
DIN	Deutsches Institut für Normung e.V.
DMS	Dokumentenmanagementsystem
DVAL	Deutscher Verdingungsausschuss für Leistungen - ausgenommen Bauleistungen
ERP	Enterprise Resource Planning
EVA	Earned-Value-Analyse
FIFO	first in, first out
GPM	Gesellschaft für Projektmanagement e.V.
GWB	Gesetz gegen Wettbewerbsbeschränkungen
ICB	International Competence Baseline
i.d.R.	in der Regel
KTA	Kostentrendanalyse
KVP	Kontinuierlicher Verbesserungsprozess
MPM	Multiprojektmanagement
MTA	Meilensteintrendanalyse
OGV	Office of Governance Commerce
PM	Projektmanagement
PMBoK	Project Management Body of Knowledge
PMI	Project Management Institute
PMMM	Project Management Maturity Model
PMO	Project Management Office
PO	Project Office

S/P/P	Strategie/Projektportfolio/Projekte
SPI	Schedule Performance Index
VgV	Verordnung über die Vergabe öffentlicher Aufträge
WU	Wirtschaftlichkeitsuntersuchung

Abbildungsverzeichnis

1.1	Merkmale von Projekten (Quelle: Seidl 2007)	5
1.2	Zusammenhang von Projekten, Programmen und Projektportfolio (Quelle: Seidl 2007)	8
1.3	Unternehmensübergreifende Programme	8
1.4	Multiprojektmanagement-Begriffe im Überblick	11
1.5	Modell eines lebensfähigen Multiprojektsystems (In Anlehnung an Schwaninger 2000 und an Beer 1985)	17
1.6	Anspruchsgruppen des Multiprojektmanagements (Seidl 2007, S. 61)	21
1.7	Aufbau des Buches	22
2.1	Wo sehen Sie die größten Probleme im Multiprojektmanagement? (Quelle: Seidl 2007)	26
2.2	Kontinuierliche Verbesserung und Prozessmusterwechsel	29
2.3	Multiprojektmanagement im Gesamtkontext einer Organisation	30
2.4	Fertigstellungsgrad und Projektrisiken im Zeitverlauf (Lukesch 2000, S. 64)	35
2.5	Projektpriorisierung bei einem Finanzdienstleister (Nees 2005, S. 25)	35
2.6	Darstellung häufiger Risikofaktoren (überarbeitete Darstellung nach Lukesch 2000, S. 87)	37
2.7	Elemente der Handlungskompetenz (Darstellung angelehnt an Sonntag und Schaper 1992)	41
3.1	Veränderungen des Projektstatus im Portfolioprozess (Angelehnt an Seidl und Baumann 2009, S. 2214)	51
3.2	Präferenzmatrix einer Dringlichkeitsanalyse mit paarweisem Vergleich	55
3.3	Werkzeugunterstützte Dringlichkeitsanalyse (1 von 3)	56
3.4	Werkzeugunterstützte Dringlichkeitsanalyse (2 von 3)	57
3.5	Werkzeugunterstützte Dringlichkeitsanalyse (3 von 3)	57
3.6	Trichtermodell für die Projektauswahl (angelehnt an Dammer und Gmünden 2005a, S. 18 und Fiedler 2001, S. 1)	59
3.7	Fahrbahnverengung mit und ohne Reißverschlussverfahren	61

3.8	Bedeutungs-Dringlichkeits-Portfolio (Eigene Darstellung)	62
3.9	Portfoliodarstellungen (Eigene Darstellung)	63
3.10	Übersicht über die gängigen Priorisierungsverfahren (Kunz 2005, S. 123 ff.)	65
3.11	Musterlösung für ein eindeutiges Priorisierungsverfahren (Vgl. Seidl und Baumann 2009, S. 2232, sowie Seidl 2007, S. 144)	66
3.12	Beispiel einer Einsatzmittelganglinie	68
3.13	Prioritätsorientierte Ressourcenallokation	70
3.14	Das Prinzip der integrierten Projektsteuerung	72
3.15	Meilensteintrendanalyse	74
3.16	Kostentrendanalyse	75
3.17	Earned-Value-Analyse	76
3.18	Ebenen des Projekt- und Projektportfolioerfolgs (Siehe Seidl und Baumann 2009, S. 2219 (in Anlehnung an Cooke-Davies 2004, S. 47))	80
3.19	Mögliche Verläufe des Projektnutzens (Eigene Darstellung angelehnt an Lukesch 2000, S. 143, siehe auch Seidl und Baumann 2009, S. 2218)	82
3.20	Mögliche Wirkungen von Projektabhängigkeiten (Zur Darstellung der Abhängigkeiten siehe Seidl und Ziegler 2008)	90
3.21	Matrix zur Erfassung von Wirkungsbeziehungen im Paarvergleich	94
3.22	Portfolioanalyse der Projekte nach ihren Wirkungsbeziehungen	95
3.23	Beispiel einer Projektlandkarte (angelehnt an Seidl und Ziegler 2008)	96
3.24	Multiprojektsteuerung nach dem Konzept der kritischen Kette (Siehe u.a. Techt und Lörz 2007 sowie Arold 2011)	100
4.1	Projekt- und Linienorganisation im Organisationskontext	107
4.2	Linienzentrierte Organisation	108
4.3	Projektzentrierte Organisation	109
4.4	Projektmanagementprozessgruppen nach PMI (angelehnt an Project Management Institute 2004, S. 39 ff.)	112
4.5	Projektmanagementprozessgruppen nach PRINCE2 (Quelle: Office of Government Commerce (OGC). Leicht angepasste Darstellung, die Texte in Klammern stellen die Originalbezeichnungen des OGC dar. Das OGC veröffentlicht Informationen zu PRINCE2 unter http://www.PRINCE2.org.uk und http://www.PRINCE2.com. Siehe hierzu auch: Angermeier, G: PRINCE2-Tag 2006: Britisches Management-Modell auf dem Vormarsch 2006)	114
4.6	Projektmanagementprozesse eines Finanzdienstleisters (Nees 2005, S. 18)	115

Abbildungsverzeichnis XVII

4.7	S/P/P-Modell: Strategie-, Projektportfolio- und Projektprozesse im Zusammenhang (Seidl 2007, S. 4)	116
4.8	Prozessmodell für das Multiprojektmanagement (J. Seidl 4/2011)	117
4.9	Planungsmethodik (Praetorius 1999, S. 69)	122
4.10	Permanente und temporäre Aufgaben des Multiprojektmanagements	149
5.1	Erwartungen an eine Systemunterstützung im Multiprojektmanagement (Quelle: Seidl 2007)	161
5.2	Informationsstadien von Projekten im Zeitverlauf (Seidl und Aubermann 2005, S. 137)	163
5.3	Vereinfachtes Entitätenmodell für das Multiprojektmanagement	165
5.4	Eindeutige Präferenzordnung durch Anwendung eines Regelbaums (angelehnt an Seidl und Aubermann 2005, S. 133)	167
5.5	Werkzeuggestützte Erstellung eines Regelbaums (Seidl und Aubermann 2005, S. 134)	168
5.6	Projektübergreifendes Aufwandsdiagramm	173
5.7	Projektübergreifende Termin- und Fortschrittsüberwachung	174
5.8	Marktpositionierung von MPM-Werkzeugen (angelehnt an Meta Group 2002, veröffentlicht in COMPUTER ZEITUNG 26/2004)	180
5.9	Gartner-Portfolio zur Einordnung von Werkzeugen und Anbietern (Angelehnt an Light und Stang 2005. In der Originalquelle wird ein Portfolio mit den dargestellten Achsen und Quadranten zur relativen Positionierung konkreter Anbieter und Werkzeuge genutzt.)	180
5.10	Normstrategien zur Prüfung der Werkzeugeignung (angelehnt an Ahlemann 2008)	181
6.1	Idealtypisches Vorgehen bei der Einführung von Multiprojektmanagement (angelehnt an Frick und Raab, 2009, S. 2263)	185
6.2	Projektskizze für eine MPM-Einführung bzw. –Weiterentwicklung	186
6.3	Beispiel zur Beurteilung des Multiprojektmanagementsystems eines Unternehmens (angelehnt an Gareis 2001)	190
6.4	Kriterien zur Beurteilung eines Projektmanagementsystems	191
6.5	Modell für die Auditierung von Projektmanagementsystemen	195
6.6	Praxisbeispiel: Auditierung des Reifegrads der PM-Prozesse	199
6.7	Reifegrad der Projektmanagementprozesse (Angelehnt an Seidl (2007). In die Bewertung gingen 83 beantwortete Fragebögen ein.)	199

6.8	Fälle nach Reifegrad und Prozessebene (Quelle: Seidl 2007)	200
6.9	Mittlerer Reifegrad nach Projektmanagementprozessen (Quelle: Seidl 2007)	200
6.10	In den Prozessen verfolgte Projektkenngrößen (Quelle: Seidl 2007)	201
6.11	Verfolgung von Kosten und Nutzen (Quelle: Seidl 2007)	201
6.12	Vergleich von qualitativer Leistung und Fertigstellungsgrad (Quelle: Seidl 2007)	202
6.13	Vergleich von Nutzen- und Risikogrößen (Quelle: Seidl 2007)	202
6.14	Vergleich von Projektergebnisgrößen (Quelle: Seidl 2007)	203
6.15	OPM3-Ansatz zur PM-Reifegrad-Entwicklung (Angelehnt an Weilacher 2004, siehe auch Schelle 2006 und Wendler 2009, S.31 f.)	206
6.16	Cartoon: Projektmanagementverständnis in Gremien (Illustration: Ilka Jörg)	209
6.17	Die drei Phasen eines Veränderungsprozesses (Angelehnt an Frick und Raab 2009, S. 2246 f.)	213
7.1	Typische Probleme für Multiprojektmanagement-Initiativen	221

Tabellenverzeichnis

1.1	Multiprojektmanagement versus Management einzelner Projekte	2
1.2	Anforderungen an ein Projektmanagementsystem	14
2.1	Gelöste, aktuelle und künftige Problemstellungen	25
2.2	Evolutions- versus Umbruchsmodell zur Bewältigung von Veränderungen	28
3.1	Rollierendes Ressourcenmanagement	68
3.2	Beispiel für Statusreporting mit Ampeldarstellungen	79
3.3	Komplexität der Projektarbeit	86
3.4	Normierung der Wirkungsstärke	92
3.5	Wirkungsstärke anhand der Kompensationsmöglichkeiten	93
3.6	Normierung der Wirkungsstärke	94
3.7	Portale im Internet und Intranet	103
3.8	Dimensionen der Personalisierung von Projektinformationen	103
4.1	Anforderungen der Interessensgruppen an ein Multiprojektmanagement	110
4.2	Referenzmodelle für Projektmanagementprozesse	112
4.3	Prozess „Übergeordnete Planung durchführen"	119
4.4	Prozess „Projektideen entwickeln und formulieren"	119
4.5	Prozess „Projektanträge prüfen und (vorab) bewerten"	121
4.6	Prozess „Grobe Projektplanung durchführen"	122
4.7	Prozess „Projektportfolio planen"	123
4.8	Prozess „Projektanträge entscheiden"	124
4.9	Prozess „Projekt beauftragen"	124
4.10	Prozess „Vergabe durchführen"	125
4.11	Prozess „Projekt vorbereiten"	133
4.12	Prozess „Ressourcen bereitstellen"	136
4.13	Prozess „Integrierte Projektsteuerung durchführen"	137
4.14	Prozess „Projektportfolio überwachen"	139
4.15	Prozess „Projektportfolio steuern"	140
4.16	Prozess „Projektergebnisse abnehmen"	141
4.17	Prozess „Projekt abschließen und bewerten"	142
4.18	Prozess „Erfolgskontrolle und Nachkalkulation durchführen"	144

4.19	Prozess „Portfolio-Ergebnisse abnehmen"	145
4.20	Prozess „Nutzeninkasso durchführen"	146
4.21	Prozess „Strategisches Controlling betreiben"	147
4.22	Prozess „Projektdokumentations- und Wissensmanagement betreiben"	148
4.23	Analyse der Multiprojektmanagementaufgaben	151
4.24	Aufgaben und Befugnisse des Projektportfoliomanagers	152
4.25	Morphologie von Project Management Offices (PMOs)	153
4.26	Aufgaben und Formen von Project Management Offices (PMOs)	154
5.1	Beispiel einer Projektrangliste	169
5.2	Beispielhafte Anforderungen an die Unterstützung des Einzelprojektmanagements	170
5.3	Anforderungen an eine Werkzeugunterstützung des Ressourcenmanagements	171
5.4	Anforderungen an eine Unterstützung des MPM-Berichtswesens	172
5.5	Segmente eines projektübergreifenden Gantt-Diagramms	174
5.6	Beispiele für technische Anforderungen an ein MPM-Werkzeug	178
6.1	Beurteilungsansätze für Projektmanagementsysteme	189
6.2	Mögliche Reifegradstufen für MPM-Prozesse	191
6.3	Anforderungen an ein Projektmanagementsystem gemäß DIN 69904	191
6.4	Kompetenzelemente der ICB3	193
6.5	Elemente eines Projektmanagementsystems nach DIN 69904	196
6.6	Reifegradmodell für ein Prozessaudit zur Standortbestimmung	197
6.7	DIN-Normen zur Projektwirtschaft	205
6.8	Internationale Normen zum Multiprojektmanagement	208
7.1	Erfolgsfaktoren für das Multiprojektmanagement	219
7.2	Kritische Erfolgsfaktoren des IT-Projektportfoliomanagements	220

Kapitel 1
Einführung und Grundlagen

Dieses Kapitel führt in das Thema Multiprojektmanagement ein. Es reflektiert die Entwicklung des Projektmanagements als Managementmethode für einzelne Projekte bis hin zur aktuellen Ausweitung des Anwendungsbereichs auf Projektbündel oder umfassende Projektportfolios. Weiter werden die Unterschiede zwischen dem Projektmanagement in Einzel- und in Mehrprojektsituationen behandelt sowie die wichtigen Grundbegriffe vorgestellt und begriffliche Abgrenzungen vorgenommen.

1.1 Projektmanagement und Multiprojektmanagement

Die Anfänge des modernen Projektmanagements gehen auf Führungskonzepte zurück, die Mitte des letzten Jahrhunderts in den USA für die Umsetzung von militärischen und zivilen Raumfahrtprojekten entwickelt wurden.

Gleichwohl wird Projektmanagement deutlich länger praktiziert. Bereits Ägypter, Griechen, Römer und andere Hochkulturen wären sonst kaum in der Lage gewesen, ihre beindruckenden Bauten zu errichten oder eine weitreichende Infrastruktur mit Straßennetzen, Handelsstützpunkten oder Wasserversorgungen aufzubauen.

Ende der 1950er Jahre wurde als wesentliche methodische Grundlage für das moderne Projektmanagement die Netzplantechnik entwickelt.[1]

In den darauf folgenden beiden Jahrzehnten verbreiteten sich Projektmanagementmethoden rasch weiter, nicht zuletzt deshalb, weil öffentliche und militärische Großaufträge zunehmend an die Auflage gebunden wurden, ein geeignetes Projektmanagement zu betreiben.

Während sich das Projektmanagement im öffentlichen Sektor, der Rüstungsindustrie, dem Anlagenbau und in der Bauwirtschaft schon frühzeitig verbreitete, dehnte es sich gegen Ende des letzten Jahrtausends zunehmend auch auf alle anderen Branchen aus. Dies wurde durch diverse Megatrends begünstigt, wie die

---
[1] Dworatschek (1994).

zunehmende Bedeutung von Informationsverarbeitung und Internet oder die Vielzahl von Organisationsprojekten, die sich u.a. aus Trends wie Globalisierung oder stärkerer Zentralisierung und daraus resultierenden Fusionen ableiten.

In den 1980er Jahren breitete sich die Anwendung von Projektmanagement-Methoden, insbesondere der Netzplantechnik in Deutschland aus. Für das Management von Anwendungsentwicklungsprojekten wurden zudem neue Vorgehensmodelle entwickelt.

Bis heute nimmt die Anwendung von Projektmanagementtechniken weiter zu. Inzwischen stellt das Projektmanagement auch eine Schlüsselqualifikation für Führungskräfte dar, wie auch der Anstieg der Projektmanagementzertifizierungen bei den internationalen Projektmanagement-Organisationen GPM/IPMA und PMI zeigt. Aufgrund der steigenden Anzahl parallel abzuwickelnder Projekte werden seit Ende der 1990er Jahre verstärkt Ansätze zur Steuerung von Multiprojektsituationen entwickelt und implementiert. Mit diesen Konzepten zum Multiprojektmanagement befasst sich dieses Buch.

Was unterscheidet das klassische Projektmanagement, also das Management einzelner Projekte, von einer projektübergreifenden Gesamtsteuerung im Sinne eines Multiprojektmanagements? Welche Wechselwirkungen bestehen zwischen diesen beiden Projektmanagementformen?

Die folgende Tabelle 1.1 zeigt das Spannungsfeld zwischen dem Management einzelner Projekte und dem Multiprojektmanagement anhand wesentlicher Gesichtspunkte auf.

Tabelle 1.1 Multiprojektmanagement versus Management einzelner Projekte

Gesichtspunkt	Management einzelner Projekte	Multiprojektmanagement
Situatives Umfeld	Einzelprojektsituation	Multiprojektsituation
Planerische Orientierung	Bottom up-Sichtweise	Top down-Sichtweise
Zeitliche Orientierung	Projektlebensweg	Zyklischer, periodischer Prozess
Zielorientierung	Effiziente Erfüllung des Projektauftrags	Effektive Auswahl der Projekte
Optimierungsstrategie	Minimierungsstrategie	Maximierungsstrategie
Steuerungsorientierung	Starker Fokus auf Leistung, Terminen und Kosten	Starker Fokus auf Kosten/Nutzen
Informationsbedürfnisse	Akzeptierte Unwägbarkeiten, Notwendigkeit von Puffern	Wunsch nach exakter Information
Abdeckung notwendiger Kompetenzen	Einmalige Beschaffung notwendiger Kompetenzen	Lernprozess erforderlich

Divergenzen zwischen dem Multiprojektmanagement und dem operativen Einzelprojektmanagement können sich aus verschiedenen Gründen ergeben.

Das Projektumfeld unterscheidet sich je nachdem ob man es aus der Sicht einzelner Projekte oder aus der Multiprojektperspektive betrachtet. Je nach Sichtweise sind auch andere Parteien interessiert und involviert, deren Interessenlage sehr unterschiedlich sein kann. Diese so genannten Stakeholder nehmen Einfluss auf die Projektarbeit. In einer Multiprojektsituation sind naturgemäß deutlich mehr

Stakeholder-Interessen berührt. Dem Stakeholder-Management ist daher noch mehr Augenmerk zu schenken als im klassischen Einzelprojektmanagement.

Optimierungen und Planungen erfolgen aus der Projektsicht häufig bottom-up, orientiert an den einzelnen Aufgaben, während im Projektportfoliomanagement oft Top-down-Vorgaben für das gesamte Projektportfolio angestrebt und verfolgt werden.

Die Arbeit in konkreten Projekten und Programmen weist eine starke Lebenswegorientierung auf. Orientierungspunkte sind dabei vor allem der Projektauftrag als Startpunkt, Zwischenergebnisse als Meilensteine, gravierende Auftragsänderungen, Diskontinuitäten im Verlauf[2] und natürlich das Programm- bzw. Projektziel, mit dessen Erreichung sowohl der Programm- als auch der Projektlebensweg enden. Eine Projektportfoliosteuerung ist dagegen zeitlich nicht befristet. Die Steuerungsprozesse im Projektportfolio erfolgen wiederholend, zyklisch oder gelegentlich auch aperiodisch. Sie orientieren sich weitgehend an den in der Organisation etablierten Steuerungsperioden.

Ziel der Multiprojektsteuerung ist eine projektübergreifende Optimierung in Bezug auf Risikostreuung und Ressourcennutzung. Dabei steht die Effektivität der Projektwirtschaft im Zentrum der Betrachtung, also die Frage, ob die richtigen Projekte zur rechten Zeit durchgeführt werden. Auch hier ergibt sich ein Spannungsfeld zur Einzelprojektsicht, welche primär auf die effiziente Abwicklung des gegebenen Auftrags zielt. Eine projektübergreifende Optimierungen wird aus der projektbegrenzten Sichtweise häufig als Störung bzw. Diskontinuität auf dem Lebensweg des Projektes wahrgenommen.

Da sich einzelne Projekte und Programme naturgemäß an ihrem Projektauftrag orientieren, liegt der Fokus von Steuerung und Berichtswesen meist auf dem klassischen magischen Dreieck aus Leistungserfüllung, Termineinhaltung und Kosten bzw. Aufwandszielen. Als vierte Dimension rückt im Projektalltag häufig auch die Ressourcenperspektive in den Fokus. Dagegen muss das Projektportfoliomanagement sich – getrieben durch die Sichtweise des übergeordneten Managements – stärker mit den Kosten/Nutzen-Relationen der Projekte im Projektportfolio auseinandersetzen und diese Zielgröße optimieren. Daneben muss die Projektportfolioleitung auch darauf achten, dass gesetzlich zwingende oder operativ notwendige Projekte ausreichend berücksichtigt werden.

Ein anderes Divergenzpotenzial ergibt sich aus unterschiedlichen Informationsbedürfnissen. Jedes Projekt ist mit Unsicherheiten und Unwägbarkeiten verbunden. Daher werden aus Projektsicht meist Reserven in Form von Puffern gebildet. Auf der Ebene der Multiprojektsteuerung bemüht man sich dagegen um ein möglichst exaktes Bild unter Ausblendung dieser Puffer. Dahinter steht häufig die Annahme, dass sich Chancen und Risiken auf Portfolioebene ausgleichen können und eine Summierung aller Puffer aus den Einzelprojekten nicht zu vernünftigen Ergebnissen führt.

---

[2]Dworatschek und Wiebusch (2004).

Abschließend bieten auch Personalentwicklung und Qualifizierung ein gutes Beispiel für potenzielle Divergenzen. So besteht aus Projektsicht das Interesse, fehlende Kompetenzen oder fehlendes Know-how möglichst schnell und unkompliziert auszugleichen, ohne dass es zu signifikanten Beeinträchtigungen der Umsetzung kommt. Dabei ist es natürlich meist einfacher, sich dieses Know-how kurzfristig einzukaufen, z. B. durch externe Berater. Aus der Projektportfoliosicht muss im Unterschied dazu hinterfragt werden, ob solche Defizite wiederholt bestehen und somit der Aufbau von betrieblichen Kompetenzen sinnvoll oder gar notwendig ist. Andererseits ist man aus Projektsicht an solchen Qualifizierungsmaßnahmen nur dann interessiert, wenn sie sich im aktuellen Projekt noch positiv auswirken. Dies ist aber nicht immer der Fall, da zwischen Qualifizierung und Kompetenznutzbarkeit leicht Zeitverzug eintritt.

Für ein erfolgreiches Multiprojektmanagement ist der Einsatz von divergentem und konvergentem Denken notwendig. Zu treffende Entscheidungen werden vor dem Hintergrund der vorliegenden Fragestellung und der relevanten Ziele beurteilt. Dann werden mit divergentem Denken, ausgehend von den Zielen, Alternativen und Optionen zusammengestellt. Sind solche möglichen Alternativen gefunden, muss in einem konvergenten Prozess eine Vorauswahl der gefundenen Alternativen auf Basis der Mussziele erfolgen.[3]

1.2 Begriffe und Definitionen

Während das Projektmanagement aufgrund Jahrzehnte langer Anwendung und Normierung inzwischen als begrifflich und definitorisch normiert angesehen werden kann, gibt es im Multiprojektmanagement zuweilen noch sehr abweichende Begriffsverwendungen. Aus diesem Grund legen die folgenden Abschnitte zunächst eine einheitliche semantische Basis für dieses Buch.

1.2.1 Projekt

Der Projektbegriff ist inzwischen so geläufig und vertraut, dass man sich meist nicht mehr die Mühe macht, eine präzise Begriffsabgrenzung vorzunehmen. Allerdings ist eine Auseinandersetzung mit der Begriffsdefinition in einem einzelnen Unternehmen durchaus sinnvoll, da man in der Praxis beobachten kann, dass immer wieder dieselben Projektmerkmale zur Definition und Abgrenzung von Projekten verwendet werden, diese aber in den einzelnen Unternehmen durchaus unterschiedliche Bedeutung und Gewichte haben.

---

[3] Otto (2004, S. 125).

1.2 Begriffe und Definitionen

Eine gängige Definition liefert z. B. die DIN:

> Ein **Projekt** ist ein „Vorhaben, das im Wesentlichen durch die Einmaligkeit der Bedingungen in ihrer Gesamtheit gekennzeichnet ist", z. B. Zielvorgabe, zeitliche, finanzielle, personelle und andere Begrenzungen, Abgrenzung gegenüber anderen Vorhaben und eine projektspezifische Organisation.[4]

Es gibt aber noch eine ganze Reihe anderer Zusammenstellungen von Projektmerkmalen. Abbildung 1.1 zeigt eine etwas umfassendere Übersicht:

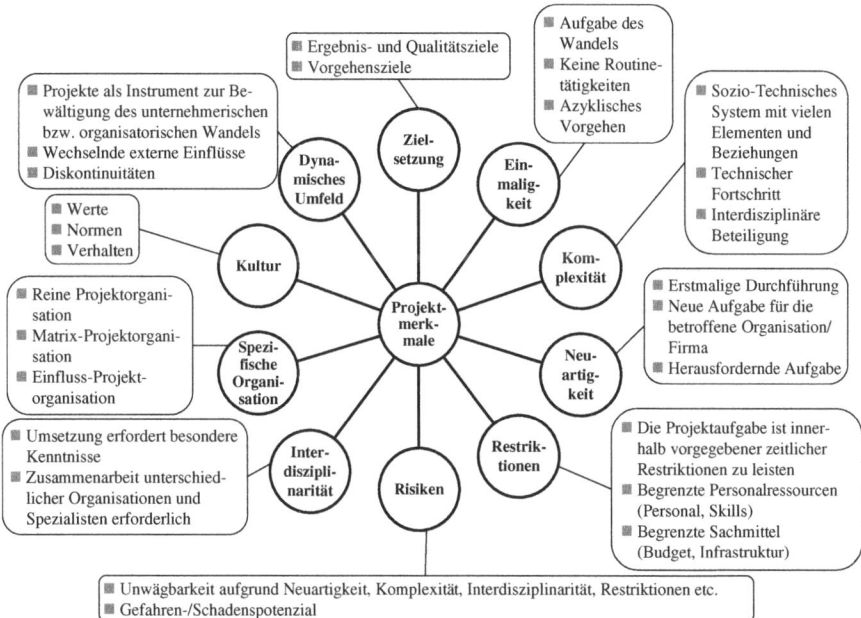

Abb. 1.1 Merkmale von Projekten (Quelle: Seidl 2007)

Für den Kontext dieses Buches sind insbesondere diejenigen Projektmerkmale näher zu betrachten, die in einer Mehrprojektsituation, d.h. beim Zusammenwirken verschiedener Projekte (und Programme), eine andere Bedeutung und Behandlung erfahren als in einer Einzelprojektsituation.

Solche Abweichungen können sich zum Beispiel zwischen der Zielsetzung einzelner Projekte und der Gesamtzielsetzung einer Organisation oder Organisationseinheit ergeben, in der die Projekte durchgeführt werden.

Auch das Merkmal Komplexität ist ein gutes Beispiel für Unterschiede. Eine Projektlandschaft in ihrer Gesamtheit ist weitaus komplexer in Analyse und Gestaltung

---

[4] Siehe Deutsches Institut für Normung (1980) sowie Deutsches Institut für Normung (2009).

als die Zusammenfassung der Komplexität der in ihr enthaltenen Einzelprojekte. In Einzelprojekten werden gerne bestimmte Umfeldfaktoren ausgeblendet, um die Komplexität beherrschbar zu halten und sich auf das Projektziel zu fokussieren. Sobald man aber projektübergreifende Optimierung anstrebt, wird die Komplexität des zu steuernden Systems sofort um ein Vielfaches höher, schon allein deshalb, weil die Anzahl der interessierten Parteien – neudeutsch gerne als Stakeholder bezeichnet – erheblich größer ist und sich allen diesen Beteiligten eigene Handlungsalternativen bieten.

Auch bei den Restriktionen ergeben sich signifikante Unterschiede in der Sichtweise. In einer Multiprojektsituation können diese durch projektübergreifende Optimierung ggf. verschoben, d.h. für einzelne Projekte reduziert oder auch ausgeweitet werden. In einer Mehrprojektsituation stehen sowohl zeitliche als auch Ressourcenrestriktionen häufig in projektübergreifenden Zusammenhängen. Eine Optimierung aus der Gesamtsicht führt dabei häufig zu anderen Ergebnissen als eine projektbezogene Optimierung.

Auch das Merkmal Risiko kann aus einer Mehrprojektsituation ganz anders betrachtet werden als in einem einzelnen Projekt. Sicherlich ist man grundsätzlich bestrebt, Projektrisiken zu minimieren. Eine Vielzahl von Projekten bietet aber auch die Möglichkeit, gewisse Risiken zuzulassen, wenn einerseits den Risiken entsprechende Chancen gegenüberstehen und andererseits die Gesamtheit der Projektrisiken ein vertretbares Maß nicht übersteigt. So gesehen, eröffnet eine Mehrprojektsituation mehr Spielräume für Risikovorsorge und -ausgleich als eine Einzelprojektsituation. Allerdings ist immer zu beachten, dass in einer Mehrprojektsituation von einem Projekt erhebliche Risiken auf andere Projekte ausgehen können, z. B. wenn ein Vorhaben eine notwendigen Vorleistung für ein nachgelagertes Projekt nicht, nicht rechtzeitig oder nicht in der erforderlichen Qualität liefert.

1.2.2 Projektportfolio

> Ein **Projektportfolio** bezeichnet die Zusammenfassung aller geplanten, genehmigten und laufenden Projekte und Programme eines Unternehmens, einer Organisation oder eines Geschäftsbereichs.

Ein Projektportfolio ist zeitlich nicht befristet. Im Zeitverlauf werden daher immer wieder neue Projekte in das Portfolio aufgenommen und beendete, zurückgestellte oder abgebrochene Projekte aus dem Portfolio ausgeklammert. Das Projektportfolio unterliegt üblicherweise einem einheitlichen und zeitlich nicht befristeten Management, das in regelmäßigen Zyklen über die Aufnahme und Priorisierung neuer Projektanträge entscheidet und die laufenden Projekte überwacht und steuert.

1.2.3 Programm

Als eine erste Form der Multiprojektkoordination wurden so genannte Programme gebildet. Idee dabei war, inhaltlich verflochtene und einer gemeinsamen Zielsetzung dienende Projekte einem zentralen Management zu unterwerfen.

> Ein **Programm** ist definiert als eine Menge zusammenhängender Projekte und organisatorischer Veränderungsprozesse, die mit dem Ziel aufgesetzt wurden, eine strategische Zielsetzung zu erreichen und einen erwarteten Nutzen für die Organisation zu erreichen.[5]

Programme sind im Unterschied zu einem Projektportfolio zeitlich befristet. Sie weisen meist einen gewissen Umfang und eine entsprechende Komplexität aus und werden zur Erfüllung ihrer Zielsetzung nicht selten mit umfangreichen Ressourcen ausgestattet. Die Programmleitung erhält zudem häufig weitgehende Entscheidungs- und Führungskompetenzen.[6]

Der Begriff des Programms wird leider nicht einheitlich verwendet und ist daher durchaus etwas problematisch. Insbesondere ist das Programm kein spezifischer Projektmanagementbegriff; der Begriff wird vielmehr mit abweichenden Bedeutungen in ganz unterschiedlichen Disziplinen verwendet, man denke nur etwa an das Produktionsprogramm, an die Programme politischer Parteien oder Computerprogramme. Gemeinsam ist diesen Programmbegriffen eine gewisse Verbindlichkeit, die sich in einer schriftlichen Niederlegung der Inhalte ausdrückt. Etymologisch stammt der Begriff aus dem Griechischen („programma" – Vorgeschriebenes, Vorschrift) bzw. dem Lateinischen. In Bezug auf das Projektprogramm besteht eine solche Vorschrift am ehesten in Bezug auf die Festlegung einer übergreifenden Zielsetzung, die durch das Programm erreicht werden soll. Das Erreichen dieser Zielsetzung bedeutet gleichzeitig das Ende des Programms.

1.2.4 Projekt, Programm und Projektportfolio im Zusammenhang

Mit dem Projekt, dem Programm und dem Projektportfolio sind die wesentlichen Verrichtungsobjekte des Multiprojektmanagement definiert. Im nächsten Schritt sollte das Zusammenwirken dieser Objekte näher betrachtet werden. Die folgende Abbildung verdeutlicht diese Zusammenhänge. Die Pfeile zwischen den Projekten sollen dabei Abhängigkeiten zwischen den Projekten andeuten.

---

[5] Berge und Seidl (2009, S. 2195–2204).
[6] Abenda sowie Motzel (2006, S. 144 f.).

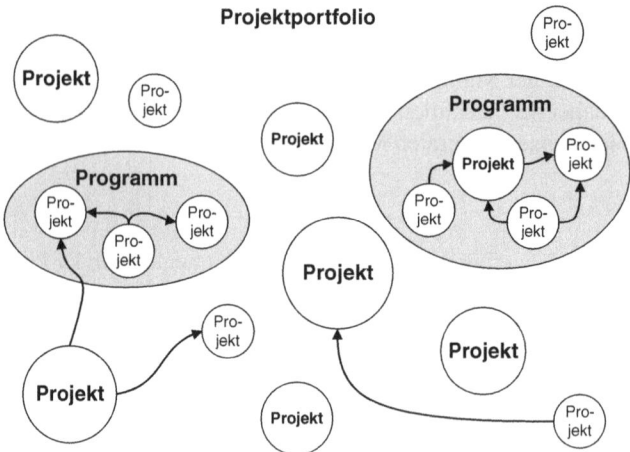

Abb. 1.2 Zusammenhang von Projekten, Programmen und Projektportfolio (Quelle: Seidl 2007)

Abbildung 1.2 zeigt den klassischen Zusammenhang zwischen Projekten, Programmen und einem übergeordneten Gesamtprojektportfolio. Programme können aber auch unternehmens- und damit portfolioübergreifend organisiert sein. Ein Beispiel dafür sind Gemeinschaftsentwicklungen mehrerer Unternehmen, etwa in der Automobilbranche oder im Flugzeugbau. Die folgende Abbildung 1.3 veranschaulicht beispielhaft eine solche Struktur.

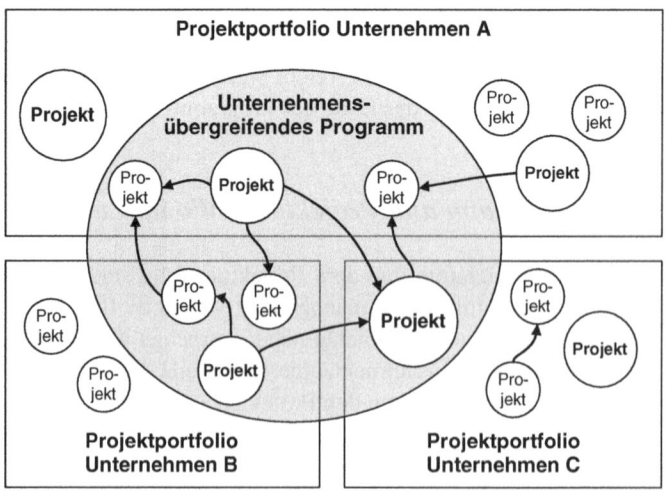

Abb. 1.3 Unternehmensübergreifende Programme

1.2.5 Multiprojektmanagement

Nachdem nun die Verrichtungsobjekte begrifflich eingeführt sind, können die dazu passenden Managementbegriffe definiert werden.

> **Definition**: **Multiprojektmanagement** bezeichnet die Planung, übergreifende Steuerung und Überwachung von mehreren Projekten.

Multiprojektmanagement umfasst somit die Wahrnehmung von übergreifenden Projektmanagementaufgaben in Mehrprojektsituationen.

Der Begriff Multiprojektmanagement hat sich heute im deutschen Sprachgebrauch durchgesetzt und ersetzt zunehmend Begriffe, wie heute „Mehrprojekttechnik", der in der DIN 69901 als „Technik der gemeinsamen Bearbeitung mehrerer Projekte" definiert wird, oder den Begriff „Mehrprojektmanagement", unter dem der Projektmanagement Fachmann der GPM[7] das Thema im Abschnitt 3.8 behandelt.

In neueren Veröffentlichungen wird Multiprojektmanagement breiter aufgefasst und als Oberbegriff eines ganzheitlich geprägten Managements einer Menge von Projekten verstanden, der eine entsprechende Aufbau- und Ablauforganisation und die Anwendung definierter Methoden umfasst (siehe u.a. Dammer et al., 2005) So werden unter dem Begriff Multiprojektmanagement alle Aspekte zusammen gefasst, die sich aus dem Management einer Mehrzahl von parallel laufenden Projekten ergeben.

Im PM-Glossar der Schweizer Gesellschaft für Projektmanagement ist der Begriff definiert als „gemeinsame Führung und Bearbeitung mehrerer Projekte mit dem Ziel, ein optimales Gesamtergebnis zu erreichen".[8]

In der praktischen Anwendung gibt es zwei wesentliche Formen des Multiprojektmanagements: das Projektportfoliomanagement und das Programmmanagement. Dabei ist das Portfoliomanagement um eine ganzheitliche Optimierung der Projekte bemüht, wobei es vorrangig darum geht, die richtigen Projekte durchzuführen. Im Unterschied dazu sorgt das Programmmanagement dafür, dass bedeutende, komplexe Projektverbünde effizient umgesetzt werden. Im Folgenden werden beide Formen voneinander abgrenzt.

1.2.5.1 Projektportfoliomanagement

Wesentliche Ziele des Projektportfoliomanagements sind die Projektauswahl zur Identifikation geeigneter Projekte, die Projektportfolioüberwachung und -steuerung zur Sicherstellung der zielorientierten und rationellen Umsetzung der gewählten

---

[7] Lange (2002).
[8] Knöpfel (2000, S. 34).

Projekte und die Anpassung an das Unternehmen zur Erleichterung von Einführung und Nutzung.[9]

> **Definition**: Unter Projektportfoliomanagement versteht man die permanente Planung, Priorisierung, übergreifende Steuerung und Überwachung aller Projekte einer Organisation oder eines abgeschlossenen Teilbereichs einer Organisation.[10]

Eine wesentliche Aufgabe des Projektportfoliomanagements besteht in der Selektion von Projekten nach einheitlichen, nachvollziehbaren Kriterien unter Berücksichtigung der strategischen und organisatorischen Ziele und operativen Notwendigkeiten. Hierbei handelt es sich um eine permanente und zyklisch wiederkehrende Aufgabenstellung. Das Management des Projektportfolios ist darum in der Organisation eine permanente Aufgabe, die meist in der Linie, nahe an der Geschäftsleitung, angesiedelt ist.

Das Projektportfoliomanagement hat insbesondere dafür zu sorgen, dass die aus Sicht der Organisation richtigen Projekte gestartet und erfolgreich durchgeführt werden können. Durch die Auswahl der richtigen Projekte wird die Effektivität des Projektportfolios gesteigert. Effektivität bedeutet, das Richtige (hier: Projekt) zu tun.

Im Unterschied dazu wird eine hohe Effizienz im Projektportfolio durch die richtige Durchführung der einzelnen Projekte erreicht, also durch die Anwendung geeigneter Projektmanagementverfahren auf der Einzelprojektebene.

1.2.5.2 Programmmanagement

Betrachtet man dagegen eine Mehrprojektsituation, die aus inhaltlich zusammenhängenden Projekten besteht, so wird man eher von Programmmanagement sprechen. Bei Programmen aus inhaltlich zusammenhängenden Projekten ist im Unterschied zum Projektportfoliomanagement das Gesamtvorhaben auch zeitlich terminiert.

> **Definition**: Unter **Programmmanagement** versteht man eine „zeitlich befristete Managementaufgabe, welche die gestaltende Planung, übergreifende Leitung und das Controlling einer definierten Menge zusammengehöriger Projekte umfasst, die einem gemeinsamen, übergreifenden Ziel dienen".[11]

Die besondere Führungssituation bei einer Reihe verbundener Projekte, die sich aus einem meist (sehr) komplexen, mehrdisziplinären Vorhaben mit vielfältigen

---

[9] Siehe auch Lukesch (2000).
[10] Siehe Seidl und Baumann (2009, S. 2211).
[11] Seidl (2007, S. 34).

1.2 Begriffe und Definitionen

internen und externen Wechselbeziehungen ableiten und dem gemeinsamen Zielbündel des Vorhabens dienen, hat sich schon vor Jahrzehnten in einigen Branchen gestellt. In der Wehrtechnik und der Luft- und Raumfahrt wurden frühzeitig Konzepte und Methoden für diese Art von Multiprojekten, d.h. von Programmen, von Fachleuten dieser Branchen entwickelt und diskutiert. Inzwischen findet das Konzept des Programmmanagements auch branchenübergreifend eine immer stärkere Beachtung.[12]

Die Abbildung 1.4 zeigt die Begriffswelt des Multiprojektmanagement noch einmal im Zusammenhang.

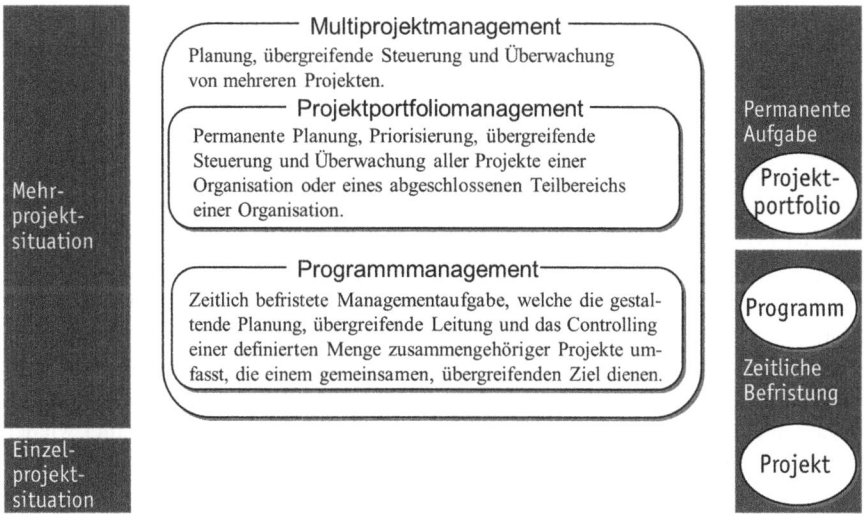

Abb. 1.4 Multiprojektmanagement-Begriffe im Überblick

Nach klassischer Auffassung ist bedeutet Management Planung, Steuerung und Kontrolle. In leichter Abwandlung dieser Auffassung kann man somit unter Projektmanagement die Wahrnehmung von Planungs-, Führungs- bzw. Steuerungs- sowie Controlling-Aufgaben in Projekten verstehen. Dies gilt für Projekte und Programme jeglicher Form. Das klassische Projektmanagement hat sich über Jahrzehnte entwickelt, dabei aber zunächst weitgehend auf Einzelprojektsituation fokussiert. Nur einzelne Aspekte, wie z. B. das Stakeholder-, Ressourcen- oder Risikomanagement waren immer schon auch auf das Projektumfeld bzw. auf das Umsystem des Projekts ausgerichtet.

Diese Situation hat sich durch die stark gestiegene Bedeutung von Projekten und die damit einhergehende stark gestiegene Anwendung von Projektmanagementmethoden und -techniken deutlich verändert. Heutzutage sind Mehrprojektsituationen eher Regel denn Ausnahme. In dieser neuen Lage stehen die Projekte in

---

[12]Siehe hierzu Berge und Seidl (2009).

einem Konkurrenzkampf um Aufmerksamkeit bei Management und anderen Stakeholdern, Budgets, Sach- und Personalressourcen. Daraus erwächst die Notwendigkeit zum Aufbau projektübergreifender Koordinationsformen. Diese kann man unter dem Begriff Multiprojektmanagement zusammenfassen, was nichts anders bedeutet als die Anwendung von Projektmanagement auf Mehrprojektsituationen.

Die beiden heute vorherrschenden Formen zur Multiprojektkoordination sind das Programm- und das Projektportfoliomanagement. Sie lassen sich anhand zweier Kriterien gut unterscheiden, nämlich dem Verrichtungsobjekt und der zeitlichen Dauer ihres Wirkens.

Das Programmmanagement befasst sich mit der gestaltenden Planung, übergreifenden Leitung und dem Controlling eines Programms, also einer Menge zusammengehöriger Projekte, welche der Erreichung einer übergeordneten Zielsetzung dienen. Mit dem Erreichen dieser Zielsetzung verliert das Programm seine Daseinsberechtigung, somit ist auch das Programmmanagement als zeitlich befristet anzusehen.

Im Unterschied dazu ist das Projektportfoliomanagement dazu da, alle Projekte innerhalb eines klar abgegrenzten Managementbereichs zu steuern – und zwar dauerhaft. Dazu bedarf es einer Institutionalisierung dieser Aufgabe in der jeweiligen Stammorganisation. Die Wahrnehmung der Aufgaben ist nicht an das Ende einzelner Projekte oder Programme geknüpft, sondern an die Durchführung von Projekten insgesamt: solange das Projektportfolio existiert ist auch eine permanente Planung, Priorisierung, übergreifende Steuerung und Überwachung der darin enthaltenen Projekte erforderlich. Ständig kommen Projekte zum Portfolio dazu und verlassen es auch wieder. Solange das Portfolio sich auf diese Weise immer wieder erneuert und verändert, hat auch das Projektportfoliomanagement Berechtigung und Bestand.

1.3 Multiprojektmanagement als System

Multiprojektmanagement ist sehr stark von dem Umfeld abhängig, in dem es sich bewegt. Die systemische Betrachtung erlaubt es uns, trotz der unterschiedlichen Umfeldbedingungen wesentliche Grundzüge zu erkennen und allgemein gültige Ansätze zur Multiprojektsteuerung abzuleiten. Dieses Kapitel beschäftigt sich daher mit den Elementen von Projektmanagementsystemen und ihren Beziehungen zueinander. Ein Systemverständnis ist sowohl notwendig, um eine Bestandsaufnahme und erste Analyse des Multiprojektmanagements in einer Organisation zu machen als auch dieses weiterzuentwickeln und kontinuierlich zu verbessern.

1.3.1 Elemente eines Projektmanagementsystems

Der Begriff System leitet sich aus dem spätlateinischen bzw. griechischen Wort „systema" ab und bedeutet ein „aus Einzelteilen zusammengefügtes und

1.3 Multiprojektmanagement als System

gegliedertes Ganzes".[13] Systeme bestehen aus einzelnen Teilen, die miteinander in Beziehung stehen und Wechselwirkungen ausüben. Im Projektmanagement-Kontext kann man auch Projektportfolios, Programme und Projekte als Systeme betrachten und systemisches Denken auf sie anwenden.[14]

Konsequenterweise wurde ein **Projektmanagementsystem (PMS)** nach DIN 69905 als ein „organisatorisch abgegrenztes Ganzes" definiert, „das durch das Zusammenwirken seiner Elemente in der Lage ist, Projekte vorzubereiten und abzuwickeln".[15] Wesentliche **Elemente** eines Projektmanagementsystems sind

- die **Projektaufgaben,**
- die **Akteure** und **Aufgabenträger** (Auftraggeber, Entscheider, Projektleiter, Projektmitarbeiter, Lieferanten etc.)
- die für die Projektarbeit erforderlichen **Sachmittel**
- sowie die notwendigen **Informationen**
- und projektbezogenen **Regelungen**.[16]

Neben den Elementen sind die zwischen diesen bestehenden Beziehungen entscheidend für das Systemverhalten. Wichtige **Beziehungen in einem Projektmanagementsystem** werden gebildet bzw. vorgegeben durch

- die **Aufbauorganisation**,
- die **Ablauforganisation**,
- die **Projekt- bzw. Programmorganisation**,
- **Verträge** mit externen Partnern (z. B. Kunden, Lieferanten und Dienstleistern).

Weitere Beziehungen sind z. B.

- **Kommunikationsverbindungen** und
- **informelle Beziehungen**.

Jedes System wird durch Grenzen von seiner Umwelt bzw. seinem Umsystem getrennt. Eine systemorientierte Betrachtung setzt voraus, dass sowohl die **Systemgrenzen** als auch das **Umsystem** klar definiert sind. Dies ist bei Projektmanagementsystemen jedoch nur schwer möglich. Auch wenn sich die Interaktionen zwischen den Elementen eines Projektmanagementsystems innerhalb der Systemgrenze abspielen, so wirken sie sich dennoch auch jenseits dieser Grenze aus. Mit anderen Worten: lokale Interaktionen haben globale Wirkungen.

Die DIN 69901-1 fordert von einem Projektmanagementsystem im Allgemeinen die in Tabelle 1.2 beschriebenen Eigenschaften.

---

[13]Pfeifer (1997, S. 1403).
[14]Motzel (2006, S. 205 f.) sowie Dworatschek und Gutsch (1976).
[15]Deutsches Institut für Normung (1980).
[16]Siehe auch Jenny (2009, S. 72 ff.).

Tabelle 1.2 Anforderungen an ein Projektmanagementsystem[a]

Eigenschaften	Beschreibung
Flexibilität	Das System kann sich kurzfristig an neue oder veränderte Bedingungen anpassen
Universalität	Das System gestattet möglichst vielseitige Verwendung/Nutzung
Modularität	Das System setzt sich aus mehreren Subsystemen zusammen und kann bausteinweise entwickelt und ausgebaut werden. Bei der Prozessgestaltung werden durch die Wahl der Schnittstellen Möglichkeiten geschaffen, die Prozesse technisch zu unterstützen, zu beschleunigen und zu optimieren
Kompatibilität	Systeme, Subsysteme und Elemente sind mit angrenzenden Systemen und Systemteilen anschließbar und verträglich und bieten damit Voraussetzungen für die Strukturbildung und das Entstehen synergetischer Effekte
Transparenz	Das System macht Abläufe und Zusammenhänge sichtbar
Prävention	Das System unterstützt das Arbeitsprinzip „Prävention statt Reaktion"

[a] DIN 69901-1 in Deutsches Institut für Normung e.V. (2009)

1.3.2 Multiprojektmanagement als komplexes System

Systeme lassen sich häufig nicht auf Anhieb in ihrer Gesamtheit erfassen und verstehen. Das gilt auch für Projekt- und Multiprojektmanagementsysteme zu. Ein Grund dafür mag ein **komplizierter Aufbau** sein, der sich z. B. ergeben kann, weil man es mit einer sehr großen Zahl von Systemelementen zu tun hat. Das erschwert die Beurteilung und Steuerung eines Systems, macht beides jedoch noch nicht unmöglich.

Ein Projektmanagementsystem ist aber ein **sozio-technisches System**. Die technischen Systemkomponenten können dabei kompliziert sein, lassen sich aber in Bezug auf ihre Funktion und ihr Verhalten gut beurteilen und einschätzen. Anders verhält es sich dagegen mit den sozialen Elementen innerhalb des Projektmanagementsystems, also den handelnden Personen. Diese haben in der Regel eine große Vielfalt an Handlungsoptionen. Die Entscheidung für oder gegen eine solche Handlungsoption erfolgt vor dem Hintergrund unterschiedlichster Faktoren. Diese können mehr oder weniger rational sein. Persönliche Neigungen, Erfahrungen, Meinungen und Interessen wirken sich mal mehr, mal weniger auf solche Entscheidungen aus. Aus der Vielzahl der unterschiedlichen Handlungsoptionen in Verbindung mit der Vielfalt der die Entscheidungen beeinflussenden Entscheidungen kann das System sich aus Sicht eines Betrachters sehr überraschend verhalten. Aus diesem Grund ist das Verhalten sozialer – und somit auch sozio-technischer – Systeme schwer zu prognostizieren. Projektmanagementsysteme werden daher als **komplexe Systeme** bezeichnet. Je größer die Auswahlmöglichkeiten sind, umso komplexer ist das System.[17] Zudem können bereits kleine Störungen des Systems sehr schnell zu sehr unterschiedlichen Ergebnissen führen, aus dem Zusammenwirken der Systemelemente ergibt sich also ein nichtlineares Verhalten des Gesamtsystems.

---

[17] Wohland und Wiemeyer (2007, S. 159 ff.).

1.3 Multiprojektmanagement als System

Ein weiteres wichtiges Merkmal komplexer Systeme ist **Emergenz**. Emergenz ist gegeben, wenn ein System in seiner Gesamtheit neue Eigenschaften oder Strukturen aufweist, die sich aus dem Zusammenwirken der Systemelemente ergeben, die aber die einzelnen Systemelemente selbst nicht aufweisen. Anders formuliert lassen sich also emergente Eigenschaften des Gesamtsystems nicht direkt aus den einzelnen Systemelementen direkt ableiten.

Als Beispiel für Emergenz wird häufig das menschliche Gehirn angeführt, das aus einigen hundert Milliarden Neuronen besteht. Ein einzelnes Neuron ist relativ einfach aufgebaut und kann nicht denken, das Gehirn als komplexes System aus Milliarden von Neuronen dagegen schon. Somit ist die Gehirnaktivität eine emergente Eigenschaft dieses Systems.

Im Multiprojektmanagement lassen sich emergente Eigenschaften z. B. aus Projektmanagementprozessen heraus erklären, die noch separat behandelt werden. Emergente Eigenschaften des Systems können auch Rückwirkungen auf die einzelnen Systemelemente haben. Als Beispiel für Emergenz im Multiprojektmanagement mag das Entstehen einer **Projektkultur** dienen. Sie resultieren vielmehr aus ihrem Zusammenwirken. Emergenz bewältigen bedeutet vor allem, mit nicht-linearem Verhalten und nicht-deterministische Vorgängen umgehen zu können. Hierfür finden wir im Multiprojektmanagement eine ganze Reihe von Beispielen:

- Ursachen für nicht-lineares Verhalten

  - Menschliches Handeln der Akteure im Multiprojektmanagement
  - Aus Individuen zusammengesetzte Projektteams
  - Vernetzung von virtuellen Teams
  - Rückkopplungen in der Projektkommunikation

- Nicht-deterministische Vorgänge

  - Unvorhersehbare Anforderungen an die Projektarbeit
  - Veränderungen im Zielsystem (Moving-Target-Problem)
  - Unerwartete Veränderung des Projekt- und Unternehmensumfelds
  - Innovationen
  - Entscheidungsfindung in Projektgruppen und Lenkungsgremien
  - Einbettung der Projektarbeit in komplexe Umgebungen
  - Eintreten von Projektrisiken

Das Verhalten eines Multiprojektmanagementsystems ist nicht allein vom aktuell erreichten Zustand, sondern auch von der Entwicklungshistorie bzw. dem erreichten Reifegrad des Systems abhängig. Man kann also nicht einfach „auf der grünen Wiese" eine bestimmte Ausgangssituation herstellen, ein Multiprojektmanagementsystem konzipieren und aufbauen und dann erwarten, dass es funktioniert. Vielmehr ist es notwendig, den aktuellen Entwicklungsstand und den kulturellen Erfahrungshintergrund der Organisation zu berücksichtigen und analog zu gängigen

Reifegradmodellen wie z. B. CMMI den nächsten Entwicklungsschritt anzustreben. Ein Multiprojektmanagementsystem folgt also einem Entwicklungspfad und berücksichtigt nicht nur die aktuelle Situation.

Zudem kann man häufig beobachten, dass ein komplexes System unabhängig von seinen Anfangsbedingungen bestimmte Zielzustände oder Prozessfolgen anstrebt, die auch als Attraktoren bezeichnet werden.

Einige Zeilen zuvor haben wir die Bedeutung klar definierter Systemgrenzen betont. In der Praxis ist ein Multiprojektmanagementsystem aber ein **offenes System**, das auf vielfältige Weise mit seiner Umgebung in Kontakt und Interaktion steht, was ebenfalls ein Indiz für das Vorliegen eines komplexen Systems ist.

Welche praktischen Konsequenzen haben diese Betrachtungen nun eigentlich? Ein komplexes System lässt sich nur steuern und beherrschen, wenn zwei grundlegende Prinzipien beachtet werden, nämlich

- Selbstorganisation und
- Selbstregulation

Selbstorganisation bedeutet, dass sich die Systemelemente autonom organisieren und damit stabile Strukturen ausbilden. Man kann daher in diesem Zusammenhang auch von Selbststabilisierung sprechen. In einem Multiprojektmanagementsystem nehmen die Akteure unabhängig voneinander Informationen auf, verarbeiten diese, treffen Entscheidungen und lernen aus den Konsequenzen.

Zudem sind sie in der Lage, aus den Informationen und ihren daraus resultierenden Handlungen einen Gleichgewichtszustand anzustreben. In diesem Fall spricht man von **Selbstregulation**.

Zusammenfassend lässt sich feststellen, dass ein Multiprojektmanagementsystem die folgenden Merkmale eines komplexen Systems aufweist:

- Hohe Anzahl von Systemelementen
- Hohe Zahl von Handlungsoptionen
- Schwer prognostizierbares Verhalten
- Wirkungen über die Systemgrenzen hinaus
- Emergenz
- Verfolgung eines Einwicklungspfads
- Attraktoren
- Offenes System

1.3.3 Multiprojektmanagement als lebensfähiges System

Multiprojektmanagement bedeutet also, ein komplexes System zu gestalten und zu beherrschen. Dies ist ganz offensichtlich keine einfache Aufgabe. Wir stellt man es aber am besten an? Hierzu hatte einer der Mitbegründer der modernen Biokybernetik, der Engländer Stafford Beer, eine ebenso einfache wie brillante Idee.

1.3 Multiprojektmanagement als System

Er betrachtete einfach einen in der Natur existierenden Steuerungsmechanismus für ein hoch komplexes System, der sich als sehr erfolgreich herausgestellt hat: das zentrale Nervensystem des Menschen. Die Idee seines Ansatzes besteht darin, dieses Erfolgsmodell der Steuerung vom Menschen auf andere komplexe Systeme zu übertragen. Die Grundgedanken aus diesem so genannten „Modell lebensfähiger Systeme"[18] lassen sich auch auf das Multiprojektmanagement anwenden und geben einige vielversprechende Impulse zur Gestaltung des Multiprojektmanagements in einer Organisation. Die folgende Abbildung 1.5 stellt diesen Transfer im Gesamtüberblick dar:

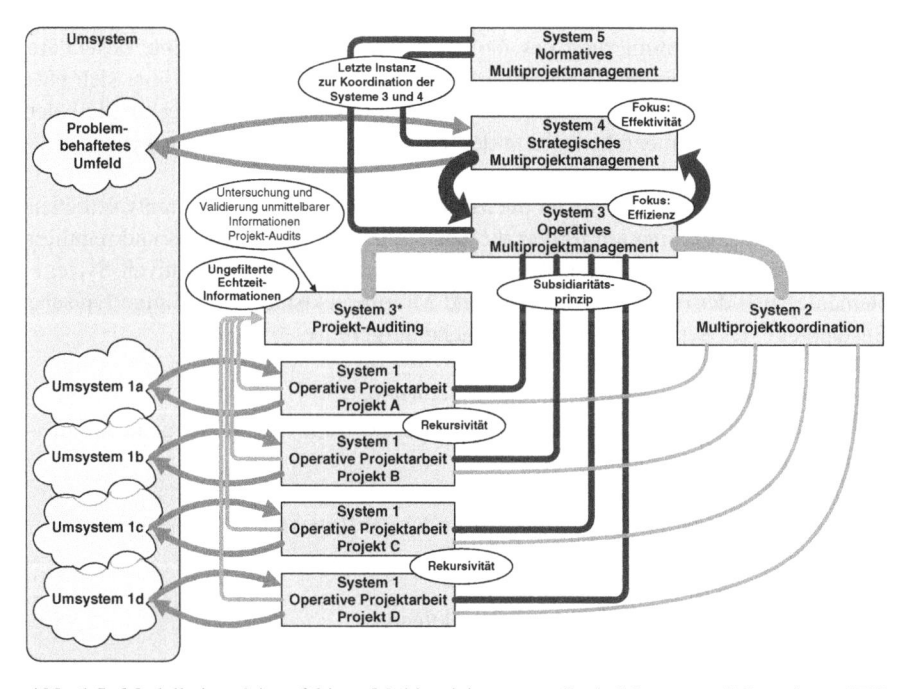

Abb. 1.5 Modell eines lebensfähigen Multiprojektsystems (In Anlehnung an Schwaninger 2000 und an Beer 1985)

Das Modell ist in verschiedene Teilsysteme gegliedert, die als System 1 bis 5 bezeichnet werden:

1. Operative Projektarbeit
2. Multiprojekt-Koordination
3. Operatives Multiprojektmanagement

---

[18]Siehe z. B. Beer (1985 und 1967) oder Malik (2003). Anthony Stafford Beer (1926 bis 2002) war neben Peter F. Drucker Begründer der Managementkybernetik. Sein Modell lebensfähiger Systeme wurde bekannt unter dem Begriff „Viable System Model" (VSM). Das dahinter stehende Gedankengut ging u.a. ein in das St. Galler Managementmodell. Vertreter dieser Richtung sind z. B. Malik und Schwaninger.

4. Strategisches Multiprojektmanagement
5. Normatives Multiprojektmanagement

Um das Modell zu verstehen und wichtige Erkenntnisse abzuleiten, beginnen wir auf der Ebene der klassischen Projektarbeit, die als **System 1** bezeichnet wird. Das System 1 umfasst die autonome Steuerung der sich weitgehend autonom anpassenden operativen Einzelprojekte (im Diagramm A,B,C,D). Verantwortlich hierfür sind die jeweiligen Projekt- und Teilprojektleiter. Da das ganze Modell nach dem Prinzip der Rekursion aufgebaut ist, kann man jedoch auch Arbeitspaketverantwortliche und sogar den einzelnen Mitarbeiter als Bestandteil dieses Systemelements ansehen, das der Optimierung des täglichen Projektarbeit dient. Eine besondere Betrachtung verdienen an dieser Stelle Programme. Ein Programm lässt sich entweder auf der operativen Ebene des Systems 1 ansiedeln oder aber als Teil der Multiprojektmanagementelemente in den nachfolgend beschriebenen Systemen 2, 3 und 4.

Das **System 2** beinhaltet die für die **Multiprojektkoordination** verantwortlichen Elemente. Die Koordination fördert die Selbstregulation des Systems und reguliert durch Dämpfungen oder Verstärkung das Zusammenspiel der operativen Systemelemente, also der operativen Projekt- und Multiprojektsteuerung. Einige typische Bestandteile des Systems 2 sind nachfolgend aufgeführt:

- Projektinformations- und Kollaborationssysteme
- Projektbüros und Project Management Offices (PMOs) mit vorwiegend administrativen und koordinativen Aufgaben
- Im Projektumfeld zuständige Stabsstellen
- Kommunikations- und Eskalationsregeln für die Projektarbeit
- Verhaltens-/Ethikkodex
- Wissensbasen für die Projektarbeit
- Coaches für die Projektleiter oder Projektteams

Das **System 3** bildet das **operative Multiprojektmanagement**. Hier erfolgt die interne Steuerung des Projektmanagementsystems. Das System 3 sorgt für eine projektübergreifende Optimierung der Projektarbeit, wobei die Steigerung der Effizienz im Vordergrund steht. Die Optimierung umfasst dabei vor allem die folgenden Aspekte:

- Vermeiden von redundant entwickelten Lösungen im Projektportfolio
- Identifizieren und Erschließen von Synergiepotenzialen in der Projektarbeit
- Optimierte Allokation und operative Steuerung von Projektressourcen

Die operative Multiprojektsteuerung kann dabei in verschiedener Weise institutionalisiert werden, z. B. durch eine Abteilung Projektmanagement, durch ein PMO mit operativ geprägten Aufgaben oder auch durch Multiprojekt- oder Programmmanager, die für die operative Steuerung eines Teilportfolios, Projektbündels oder Programms verantwortlich zeichnen.

1.3 Multiprojektmanagement als System

Ergänzt wird das operative Multiprojektmanagement durch das **System 3***, welches eine Art **Projekt-Auditing** bildet. Durch dieses System werden unmittelbar Informationen aus der operativen Projekt- und Multiprojektsteuerung untersucht und validiert. Diese Steuerungsfunktion kann z. B. durch die interne Revision, das (Projekt-)Controlling oder speziell dafür vorgesehene interne oder externe Projekt-Auditoren wahrgenommen werden. Klassische Anwendungsfälle sind die Durchführung von Projekt-Reviews und Projekt-Audits.

Das **strategische Multiprojektmanagement** ist im **System 4** zu finden. Während das System 3 sich um operative Effizienz bemüht, geht es hier um die effektive Umsetzung strategischer Ziele. Das strategische Multiprojektmanagement hat die langfristige Ausrichtung der Projektarbeit im Blick und bemüht sich um das Erreichen übergreifender Ziele durch die Projekte. Dazu ist eine umfassende Außenorientierung erforderlich, da hierfür die Gesamtorganisation und ihre Umwelt betrachtet, analysiert und modelliert werden muss. Partner für das strategische Multiprojektmanagement sind daher typischerweise neben der Unternehmensleitung selbst die Unternehmungsentwicklung oder die Strategieabteilung, die Forschung und Entwicklung, die Personalentwicklung, das interne Wissensmanagement und andere Stäbe, wie z. B. die volkswirtschaftlichen Abteilungen von Banken. In der Praxis finden sich Ausprägungen dieses strategischen Multiprojektmanagements sowohl in der Form von Programmorganisationen als auch in Form eines strategischen Projektportfoliomanagements. Mit einem Programm wird dabei meist das nachhaltige Erreichen langfristiger und besonders wichtiger strategischer Zielsetzungen angestrebt, wobei alle dafür notwendigen Projekte unter dem Dach der Programmorganisation mit ausreichender Ressourcenausstattung und hoher Durchschlagskraft gebündelt werden. Hier findet also eine strategische Fokussierung auf besonders wichtige Projektinhalte statt. Das strategische Management des Projektportfolios hat im Unterschied dazu die gesamte Projektarbeit im Blick und bemüht sich um eine ganzheitliche Optimierung unter Einbeziehung aller relevanten Interessensgruppen. Der Fokus wird dabei auf die Auswahl der „besten" bzw. der „richtigen" Projekte, die Festlegung von inhaltlichen und zeitlichen Prioritäten sowie die langfristige Allokation der Projektressourcen gelegt. Zusammenfassend werden im Folgenden wichtige Aufgaben der strategischen Multiprojektsteuerung noch einmal aufgeführt:

- Gesamtkoordination der Stakeholder
- Management besonders wichtiger Programme/Fokusprojekte
- Strategische Steuerung des Projektportfolio
  - Projektauswahl
  - Priorisierung der Projekte
  - Strategische Ressourcenallokation
- Weiterentwicklung des Multiprojektmanagementsystems
  - Entwicklung bzw. Akquisition benötigter Fähigkeiten
  - Projektübergreifendes Wissensmanagement

Das im **System 5** abgebildete **normative Multiprojektmanagement** schließlich sorgt für dauerhafte Orientierung. Dazu gehören das Ausbalancieren von aktuellen und langfristigen Sichtweisen sowie der Ausgleich zwischen interner und externer Perspektive. Somit übernimmt das normative Management als letzte Instanz die Moderation der Interaktionen zwischen dem operativen und dem strategischen Multiprojektmanagement oder – anders gesagt – zwischen den Systemen 3 und 4. Das normative Element ist notwendig, um eine Identität des Multiprojektmanagements in der Organisation und dessen Funktion im größeren Zusammenhang zu entwickeln. Hier werden die übergreifend geltenden Werte, Normen und Regeln für das Gesamtsystem gebildet und vermittelt.

1.4 Interessensgruppen des Multiprojektmanagements

Im vorigen Kapitel wurde dargelegt, dass Multiprojektmanagement als soziotechnisches System aufzufassen ist. Wie die meisten solcher Systeme wird auch ein Projektmanagementsystem durch die handelnden Personen geprägt. Dabei ist die Interessenvielfalt sehr viel höher als in einer überschaubaren Einzelprojektsituation, was eine Prognose des Verhaltens einzelner Akteure und damit auch des Systems insgesamt deutlich erschwert. Für wen also ist Multiprojektmanagement interessant? Wer ist beteiligt? Wer sollte beteiligt werden? Dieses Kapitel befasst sich mit den Interessensgruppen (Stakeholdern) des Multiprojektmanagements, ihren typischen Interessen sowie den unterschiedlichen Rollen, die für die Wahrnehmung der Multiprojektkoordination erforderlich sind.

Projekte berühren die Interessen vielfältiger Anspruchsgruppen innerhalb und außerhalb einer Organisation. Hier stellt sich die Frage, wem die Unternehmensführung im Einzelnen verpflichtet ist. In dieser Frage stehen sich heute zwei fundamental unterschiedliche Konzepte gegenüber: das Shareholder-Value-Konzept und das Stakeholder-Konzept. Im Projektmanagement hat sich bisher die Orientierung an den unterschiedlichen Interessengruppen bewährt. Eine Abwägung der unterschiedlichen Interessen und Verantwortlichkeiten ist zu empfehlen. Diese Verantwortungsbereiche umfassen im Einzelnen neben der Verantwortung gegenüber den Anteilseignern bzw. Gesellschaftern auch die gegenüber den Mitarbeitern, Kunden, Endverbrauchern, Lieferanten, Kapitalgebern, Konkurrenten sowie dem Staat, der Gesellschaft und Umwelt.[19]

Diese Abwägungen hat auch das Projektführungspersonal zu treffen. An dieser Stelle sei auch auf den geltenden Ethik-Kodex der Deutschen Gesellschaft für Projektmanagement e.V. für ihre Mitglieder verwiesen, der auf der Website der GPM veröffentlicht ist.

---

[19] Müller-Merbach (1997).

1.5 Strukturierung des Themas im Überblick   21

> Als wichtigste **Interessensgruppen (Stakeholder) des Multiprojektmanagements** sind die Unternehmensleitung, das Projektportfolio-Board, die Linienmanager, die Qualitätssicherung, die Revision und andere Schnittstellenfunktionen, die Unternehmensplanung und das Controlling, die Review-Teams, die Projektleiter und nicht zuletzt der oder die Auftraggeber anzusehen.[20]

Abbildung 1.6 zeigt typische Anspruchsgruppen des Multiprojektmanagements auf.

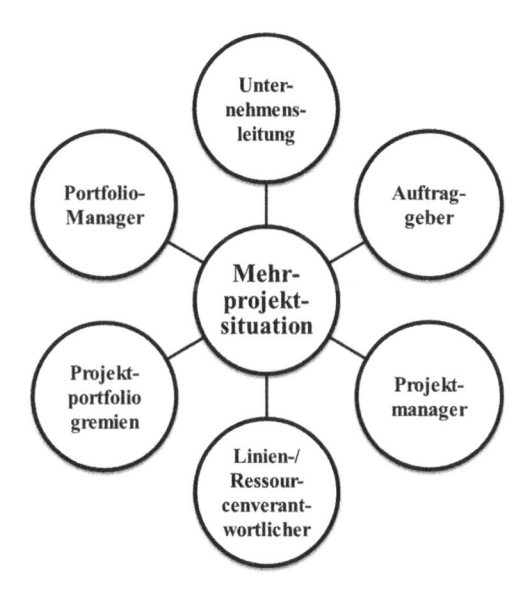

Abb. 1.6 Anspruchsgruppen des Multiprojektmanagements (Seidl 2007, S. 61)

Anhand der dargestellten Stakeholder kann man sich exemplarisch einige wesentliche Sichtweisen klarmachen, die so oder ähnlich in fast jedem Unternehmen auftreten. Aus den Anspruchsgruppen leiten sich die wesentlichen Rollen im Multiprojektmanagement ab, die in Kapitel 4.2 im Einzelnen vorgestellt werden. Dabei werden deren typische Interessen und Verhaltensweisen näher betrachtet.

1.5 Strukturierung des Themas im Überblick

Die folgende Abbildung 1.7 zeigt die inhaltliche Strukturierung des Themas und wie es sich im Aufbau des Buches widerspiegelt.

---

[20] Siehe Lomnitz (2001) sowie Bourne und Walker (2006).

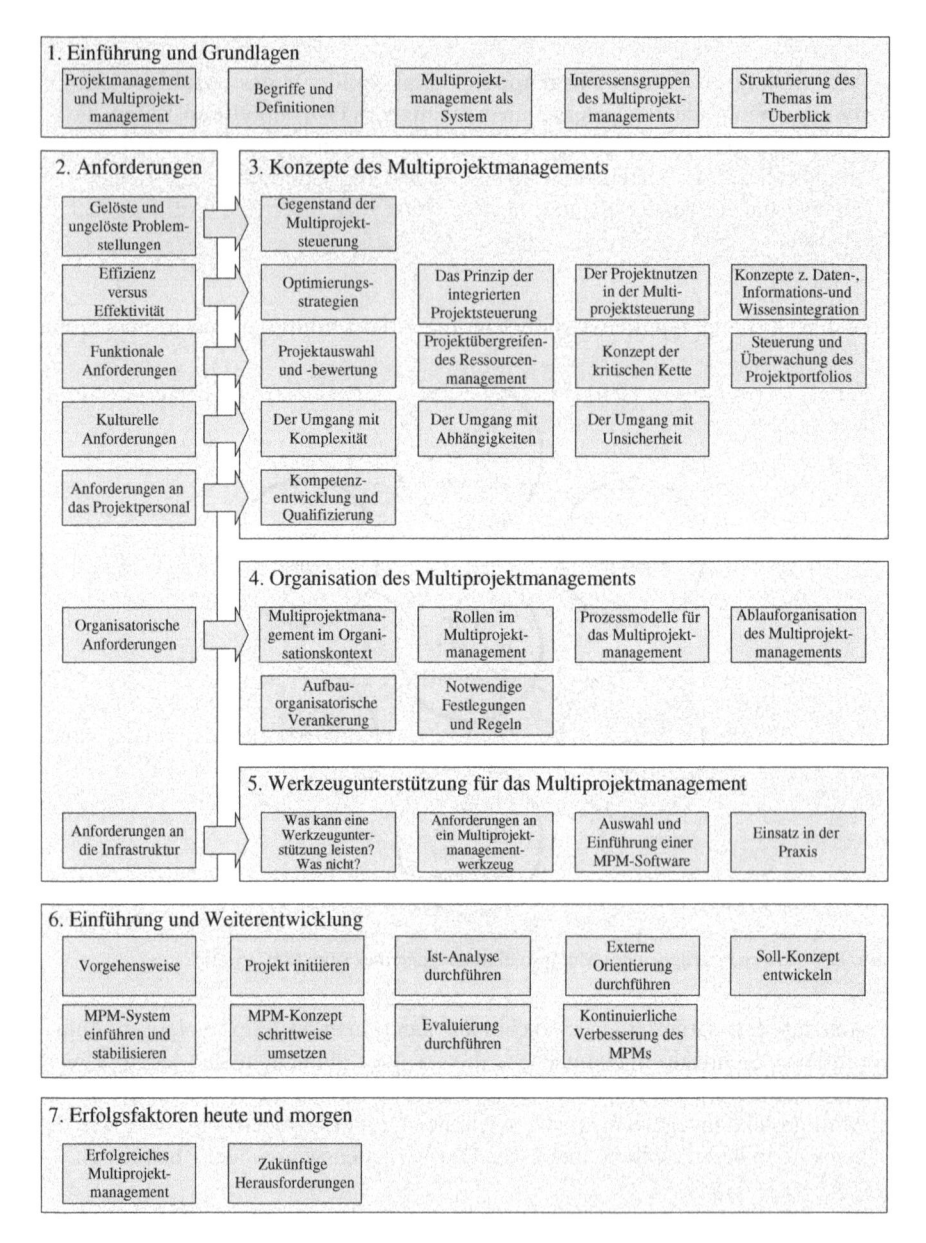

Abb. 1.7 Aufbau des Buches

Nachdem im Kap. 1 in das Thema eingeführt und eine begriffliche Basis gelegt wurde, beschreibt das zweite Kapitel wesentliche Anforderungen an das Multiprojektmanagement. Diese Anforderungen werden in den folgenden Kapiteln aufgegriffen. In Kap. 3 werden Konzepte vorgestellt, die geeignet sind, bestimmte

Anforderungen zu erfüllen. Das Kap. 4 beschäftigt sich mit Möglichkeiten zur Organisation des Multiprojektmanagements. Kapitel 5 geht auf wichtige Aspekte einer geeigneten Werkzeugunterstützung ein. Die Einführung und Weiterentwicklung des Multiprojektmanagements ist Gegenstand von Kap. 6.

Literaturangaben

Beer S (1967) Cybernetics and management, dt. Kybernetik und Management, 3. erw. Aufl. S. Fischer, Frankfurt a.M.
Beer S (1985) Diagnosing the system for organizations. Wiley, Chichester
Berge F, Seidl J (2009) 3.02 Programmorientierung. In: GPM Deutsche Gesellschaft für Projektmanagement/GPM Deutsche Gesellschaft für Projektmanagement (Hrsg.) Kompetenzbasiertes Projektmanagement (PM3), Handbuch für die Projektarbeit, Qualifizierung und Zertifizierung auf Basis der IPMA Competence Baseline V. 3.0, 1. Aufl., Bd. 4. GPM, Nürnberg, S 2195–2204
Bourne L, Walker D (2006, March) Visualising stakeholder influence – two Australian examples. Project Manag J 37(1):5–21
Dammer H, Gmünden, H (2005) Erfolgsfaktoren des Multi-Projektmanagements – Ergebnisse einer qualitativen Studie, in: Projektmagazin (www.projektmagazin.de), Ausgabe 5/2005
Deutsches Institut für Normung e.V. (1980) DIN 69901 Projektmanagement. Berlin
Deutsches Institut für Normung e.V. (2009) DIN 69901. In: Deutsches Institut für Normung e.V. (Hrsg.) Projektmanagement – Netzplantechnik und Projektmanagementsysteme. Normen. DIN-Taschenbuch 472, Beuth, Berlin
Dworatschek S (1994) Die Entwicklung des Projektmanagement. In: Werners B, Gabriel R (Hrsg.) Operations research. Reflexionen aus Theorie u. Praxis (Festschrift für H-J Zimmermann), Berlin u.a., S 399–411
Dworatschek S, Gutsch R (1976) Die Leitung Technischer Großsysteme. In: ZfO Zeitschrift für Organisation, Neue Betriebswirtschaft, 4/1976, S 222–228
Dworatschek S, Wiebusch J (2004) Discontinuities in projects and organizations – morphology, risks and chances. In: Semolic Dworatschek (eds) Project management in the new geo-economy and the power of project organization. IPMA Expert Seminar Series. ISBN 88-535-0650-8. Maribor, Slovenia, S 22–33
Jenny B (2009) Projektmanagement. Das Wissen für den Profi. vdf Hochschulverlag, Zürich
Knöpfel H (2000) Projektmanagement-Glossar. PM-Glossar der Schweizerische Gesellschaft für Projektmanagement, Version 0.60 vom 30.11.2000, Zürich
Lange D (2002) Mehrprojektmanagement. In: RKW/GPM (Hrsg.) Projektmanagement Fachmann, Kap. 3.8, S 773–800
Lomnitz G (2001) Multiprojektmanagement – Projekte planen, vernetzen und steuern
Lukesch CJ (2000): Umfassendes Projektportfoliomanagement in Dienstleistungskonzernen am Beispiel eines großen, international operierenden Versicherungsunternehmens. Dissertation. ETH Nr. 13710, Zürich
Malik F (2003) Strategie des Managements komplexer Systeme – Ein Beitrag zur Managementkybernetik evolutionärer Systeme, 1. A. Bern 1984, 8. A. Bern
Motzel E (2006) Projektmanagement Lexikon: Von ABC-Analyse bis Zwei-Faktoren-Theorie. Wiley-VCH, Weinheim
Müller-Merbach H (1997) Stakeholder versus shareholder. Über die Vereinbarkeit von zwei Zielorientierungen. In: t&m 2/97 46. Jg, S 8–10
Otto W (2004) Die Pyramide des virtuosen Projektmanagements, In: Frick A, Kerber G, Lange D, Marre R (Hrsg.) Dokumentationsband zur interPM 2004 – Konferenz zur Zukunft im Projektmanagement. GPM, Stuttgart, S 121–128
Pfeifer W (1997) Etymologisches Wörterbuch des Deutschen. Deutscher Taschenbuch Verlag, München, 3. Aufl.

Schwaninger M (2000) Das Modell Lebensfähiger Systeme – ein Strukturmodell für organisationale Intelligenz, Lebensfähigkeit und Entwicklung. Arbeitspapier/Diskussionsbeitrag Nr. 35, Internet: http://www.ifb.unisg.ch/org/IfB/ifbweb.nsf/SysWebRessources/beitrag35/$FILE/D35.pdf

Seidl J (2007) Konvergentes Projektmanagement (KPM). Konzepte der Integration von Projektportfoliosteuerung und operativem Programm- und Projektmanagement. Dissertation, Universität Bremen

Wohland G, Wiemeyer M (2007) Denkwerkzeuge der Höchstleister – Wie dynamikrobuste Unternehmen Marktdruck erzeugen, Murmann Verlag, Hamburg

Kapitel 2
Anforderungen an ein Multiprojektmanagement

Multiprojektmanagement stellt keinen Selbstzweck dar. Vielmehr bestehen vielfältige Anforderungen an das Management von Projekten in Mehrprojektsituationen. Dieses Kapitel setzt sich mit diesen Anforderungen aus verschiedenen Blickwinkeln auseinander.

2.1 Gelöste und ungelöste Problemstellungen

Die folgende Tabelle 2.1 zeigt in einem groben Überblick auf, welche Herausforderungen und Probleme im Projektmanagement Unternehmen heute beschäftigen.

Tabelle 2.1 Gelöste, aktuelle und künftige Problemstellungen

Status	Problemstellungen
Gelöste Problemstellungen	Projektvorgehensmodelle
	Qualifizierung von Projektpersonal
	Projektmanagement auf Einzelprojektebene
Aktuelle Themen	Projektauswahl und –priorisierung
	Ressourcenallokation und -steuerung
	Projektkommunikation und -berichtswesen
	Organisatorische Einbettung und
	Zusammenspiel von Projekt und Linie
Künftige Herausforderungen	Projektübergreifendes Management der Chancen und Risiken
	Projektspezifische Kosten- und Liquiditätsmanagementverfahren
	Projektwissensmanagement
	Nutzenmanagement (Benefits Management)

Die Integration von Einzelprojektmanagement und Projektportfoliomanagement in der Unternehmenspraxis ist bis heute oft nur in geringem Maße gegeben. Darauf weisen zahlreiche praktische Erfahrungen, Fallbeispiele, PM-Audits und PM-Quick-Assessments sowie Literaturquellen hin.

„Ziel des Projektportfolio-Managements ist die Optimierung der Projektportfolio-Ergebnisse. Nicht die Optimierung der Ergebnisse einzelner Projekte oder Programme, sondern die Optimierung der Ergebnisse des Projektportfolios ist aus Sicht des Unternehmens anzustreben. Dieses Ziel kann in Konflikt zur Optimierung der Ziele einzelner Projekte stehen."[1]

Der Wunsch nach Integration von Portfoliosteuerung und Projektmanagement wirft in der Praxis eine Reihe von Problemen auf, wie z. B. die nachstehend genannten:

- Koordination zwischen den periodischen Linienfunktionen und den lebenswegbezogenen Projektmanagementaufgaben
- Projektübergreifende Allokation und Steuerung von (Engpass-)Ressourcen
- Finanzielle Steuerung der Projektwirtschaft insgesamt
- Behandlung von Niveauunterschieden im Projektportfolio
- Umgang mit Unsicherheit bzw. Risiken
- Ausrichtung der Projekte an den Unternehmens- /Organisationszielen
- Herstellen von Vergleichbarkeit der Projekte im Portfolio
- Integrierte Betrachtung von Selektionskriterien und Zwängen bei der Projektpriorisierung
- Zeitnahe, rollierende Planung, Steuerung und Kontrolle des Projektportfolios
- Vermeidung von inhaltlichen Redundanzen bzw. Mehrfachlösungen im Projektportfolio
- Interoperabilität mit angrenzenden Führungssystemen

Inzwischen gibt es erste verlässliche empirische Untersuchungen zum Multiprojektmanagement. Abbildung 2.1 zeigt auf der Basis einer solchen Untersuchung beispielhaft aktuelle Handlungsfelder des Multiprojektmanagements auf.

Wo sehen Sie die größten Probleme im Multiprojektmanagement?
(n=67)

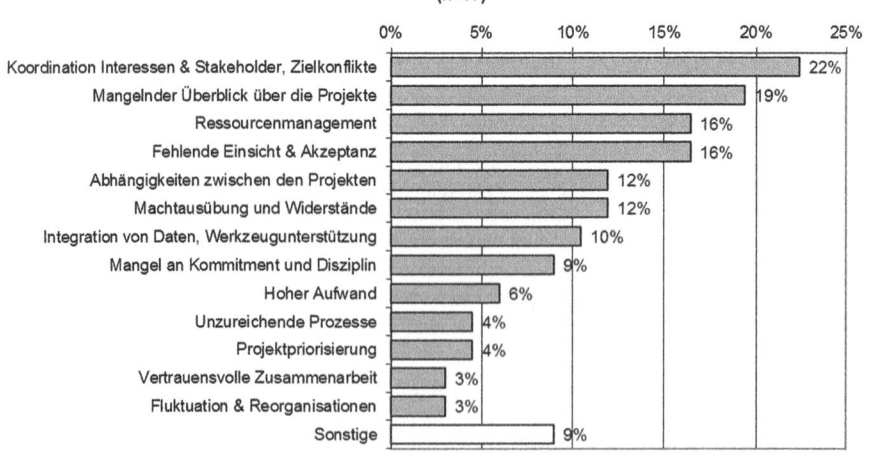

Kategorie	Prozent
Koordination Interessen & Stakeholder, Zielkonflikte	22%
Mangelnder Überblick über die Projekte	19%
Ressourcenmanagement	16%
Fehlende Einsicht & Akzeptanz	16%
Abhängigkeiten zwischen den Projekten	12%
Machtausübung und Widerstände	12%
Integration von Daten, Werkzeugunterstützung	10%
Mangel an Kommitment und Disziplin	9%
Hoher Aufwand	6%
Unzureichende Prozesse	4%
Projektpriorisierung	4%
Vertrauensvolle Zusammenarbeit	3%
Fluktuation & Reorganisationen	3%
Sonstige	9%

Abb. 2.1 Wo sehen Sie die größten Probleme im Multiprojektmanagement? (Quelle: Seidl 2007)

---
[1] Gareis und Stummer (2007, S. 176).

2.2 Effizienz versus Effektivität

Eine der wichtigsten Aufgaben einer Multiprojektsteuerung besteht in der Auswahl der richtigen Projekte. Was aber sind die richtigen Projekte? Woran kann man diese Frage festmachen? Dies hängt vom Umfeld und vor allem von übergeordneten Vorgaben ab. Eine Multiprojektsteuerung dient letztlich dazu, das Unternehmen bzw. einen Teil davon bei wichtigen anstehenden Transformationen zu begleiten.

Befindet sich ein Unternehmen in einer Wachstumsphase, so könnte die Multiprojektsteuerung sich beispielsweise darauf konzentrieren, möglichst viele Projekte umzusetzen, die Produktionskapazität des Unternehmens erweitern.

In einer Diversifikationssituation würden hingegen eher Projekte zur Entwicklung neuer Produkte und Erschließung neuer Märkte präferiert.

Bei Unternehmen in wirtschaftlichen Schwierigkeiten würden vermutlich Rationalisierungs- und Konsolidierungsprojekte den Schwerpunkt des Portfolios bilden.

Das Projektportfoliomanagement kann somit sehr stark die Effektivität der Projektarbeit beeinflussen. Es wäre aber falsch, einen Projektportfoliomanager auch für den Erfolg oder Misserfolg einzelner Projekte oder Programme verantwortlich zu machen. Diese Verantwortung liegt ganz klar beim Projekt- oder Programmleiter. Das Projektportfoliomanagement kann lediglich im Rahmen des Multiprojektcontrollings Abweichungen feststellen, diese analysieren und Empfehlungen für Maßnahmen oder Plananpassungen aussprechen; die Verantwortung für die effiziente Umsetzung des Projekt- bzw. Programmauftrags soll und kann es nicht übernehmen.

2.2.1 Große oder kleine Veränderungsschritte?

Projekte stehen häufig im Kontext des organisatorischen Wandels. Der Projektportfoliomanager kann im Unternehmenswandel die Rolle des Change Agents übernehmen.[2] Das Management durch Projekte hat in diesem Falle zum Ziel, fundamentale und radikale Veränderungen bzw. Verbesserungen zu bewirken. Es folgt somit organisatorisch einem revolutionären Veränderungsansatz. Solches Gedankengut liegt zum Beispiel dem Ansatz des Business Re-Engineering nach Hammer und Champy zugrunde.

Alternativ besteht die Möglichkeit, über einen evolutionären Ansatz Verbesserungen in einem einzelnen Projekt oder einem Geschäftsprozess zu bewirken. Ein solches Konzept liegt beispielsweise dem japanischen Kaizen oder dem Kontinuierlichen Verbesserungsprozess (KVP) zugrunde. Einen eher evolutionären als einen revolutionären Veränderungsansatz können aber auch Organisationen verfolgen, die als Ganzes nach einem Management by Projects Ansatz operieren (z. B. Forschungsbetriebe oder Entwicklungsabteilungen).

Strategische Veränderungsprojekte sind mit hohen Erwartungen an die Ergebnisse verbunden. Sie stehen häufig unter starkem Zeit- und Kostendruck. Ein Scheitern

---

[2] Vgl. Jantzen-Homp (2000).

gerade dieser Schlüsselprojekte kommt „selbstverständlich nicht" in Frage, obwohl gerade sie oft besonders risikobehaftet sind und nicht selten massive Widerstände in der Organisation auslösen. Das klingt nach der Quadratur des Kreises. Dennoch sollte man gerade in unruhigen Zeiten bei der Planung notwendiger Veränderungen sachlich und überlegt vorgehen. Das Multiprojektmanagement bietet hierzu einige Hilfestellungen an.

Zunächst stellt sich die Frage, wie ein Unternehmen oder eine Organisation sich am besten auf eine neue Situation einstellt und Veränderungsprozesse vollzieht. Wie bereits oben skizziert gibt es im Wesentlichen zwei alternative Ansätze um Veränderungen zu bewältigen: das Evolutions- und das Umbruchsmodell. Tabelle 2.2 stellt die Merkmale der beiden Ansätze gegenüber.[3]

Tabelle 2.2 Evolutions- versus Umbruchsmodell zur Bewältigung von Veränderungen

	Evolutionsmodell	Umbruchsmodell
Prinzip	Funktionsoptimierung (best practice)	Umfassende Veränderung, Prozessmusterwechsel (next practice)
Methode	Triviales Lernen (exploitation)	Nichttriviales Lernen (exploration)
Charakterisierung	Kontinuierliche Steigerung der Leistung in kleinen Schritten bis zur Optimierungsgrenze	Überwindung einer Optimierungsgrenze durch einen Prozessmusterwechsel
	Risikoarmes Verfahren	Zunächst Rückgang der Leistung, dann sprunghafte Leistungssteigerung
		Risikobehaftetes Verfahren
Umsetzung	Umsetzung durch kontinuierlichen Verbesserungsprozess/Kaizen	Umsetzung durch Projekte

Kleine Veränderungen können dem Evolutionsmodell folgend im Rahmen eines kontinuierlichen Verbesserungsprozesses umgesetzt werden, für die Umsetzung größerer Anpassungen im Unternehmen gibt es hingegen kaum eine Alternative für das Projekt als das Instrument der Anpassung nach dem Umbruchsmodell.

Beim Evolutionsmodell erfolgt die Bewältigung von Veränderungen in kleinen, risikoarmen (Fort-)Schritten. Es findet eine Optimierung bereits vorhandener Methoden, Funktionen und Prozesse nach dem Prinzip der „best practice" statt. Entsprechend ist die Leistungssteigerung dieser Optimierung nicht besonders hoch. Chancen und Risiken sind gleichermaßen überschaubar. Das Leistungspotenzial wird auf Basis der verfügbaren Fähigkeiten ausgebeutet und maximiert, die Leistung wird in kleinen Schritten bis zur Optimierungsgrenze hin gesteigert. Irgendwann ist aber eine solche Optimierungs- bzw. Sättigungsgrenze erreicht und man kommt nicht mehr weiter.

Beispiel: Man kann ein Automodell nach seiner Entwicklung im Rahmen einer Modellpflege kontinuierlich verbessern, Fehler ausmerzen, Ausstattung und Fahrverhalten optimieren und ähnliches mehr. Gerade der japanische Autohersteller Toyota hat diesen Optimierungsprozess kultiviert und zur Perfektion gebracht. Die

---
[3] Vgl. Kruse (2004).

2.2 Effizienz versus Effektivität

Methode des kontinuierlichen Verbesserungsprozesses (KVP) wird im Japanischen als Kaizen bezeichnet. Seit Jahren bemühen sich andere Hersteller, das „Toyota Production System" (TPS) nachzuahmen. Gleichwohl haben diese Optimierungsansätze ihre natürlichen Grenzen. Ab einem gewissen Punkt sind die Weiterentwicklungspotenziale ausgeschöpft oder sie stehen nicht mehr in einem vernünftigen Kosten-/Nutzenverhältnis. Dann ist es notwendig, ein neues Modell zu entwickeln, das ein oder mehrere neue Konzepte verfolgt. Das könnten beispielsweise eine neues Antriebskonzept (Gas- oder Elektroantrieb statt Benzinmotor), ein anderes Verfahren der Kraftübertragung (Front- oder Vierrad- statt Hinterradantrieb) oder auch eine andere Bauweise (kohlefaserverstärkte Karosserie statt Aluminium- oder Metallkarosserie) sein.

Ein neues Modell sprengt somit den Rahmen einer evolutionären Veränderung und würde demnach eher als Projekt abgewickelt. Hier werden größere Veränderungsschritte angegangen, damit steigen die Chancen, aber auch die Risiken innerhalb des Veränderungsprozesses.

Beide Anpassungsstrategien haben ihre Vorzüge und Nachteile. Wichtig ist es aber, sie einer Gesamtkoordination zu unterziehen, da sowohl die kontinuierliche Verbesserung als auch die Durchführung von Projekten Ressourcen des Unternehmens bindeb. Eine übergreifendes Projektportfolio- und Ressourcenmanagement sollte daher die Aktivitäten koordinieren, mit Blick auf die erwarteten Ergebnisbeiträge in eine Rangfolge bzw. Prioritätenliste bringen und die notwendigen Ressourcen identifizieren und zuordnen.

Die Entwicklung in der Sportart Hochsprung mag als Beispiel dafür dienen, dass moderne Unternehmen sich mit beiden Veränderungsmodellen auseinandersetzen sollten. Hier gab es im Lauf der sportlichen Entwicklung immer wieder dominierende Techniken, wie Schersprung, Straddle oder Fosbury-Flop. Man konnte beobachten, dass die Sportler ihre Technik kontinuierlich bis zur persönlichen bzw. physischen Leistungsgrenze hin optimierten. Die Einführung des Fosbury-Flops markierte einen interessanten Wendepunkt. Zunächst konnten die Sportler mit der neuen Technik nicht das Niveau der besten Straddle-Springer erreichen. Die mit der neuen Technik möglichen Leistungssteigerungen waren aber deutlich höher, während die Straddle-Technik offensichtlich ausgereizt war. Ende der 1970er, spätestens Anfang der 1980er Jahre hatte dann der Flop die Vorgängertechnik im Leistungssport vollständig verdrängt. Abbildung 2.2 zeigt in prinzipieller Weise auf, wie sich das Leistungsniveau eines Hochspringers durch den Wechsel der Sprungtechnik verändern kann.

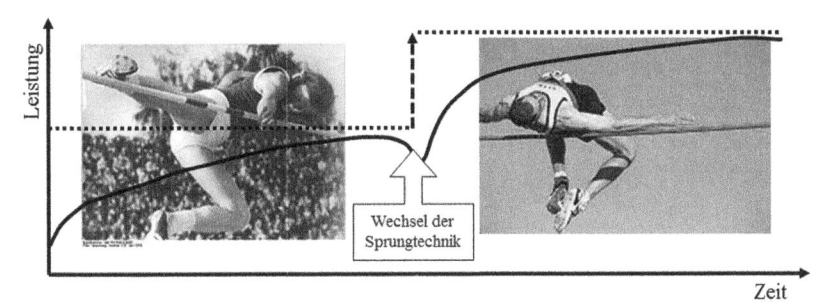

Abb. 2.2 Kontinuierliche Verbesserung und Prozessmusterwechsel

Die Leistung des Springers nimmt trainingsbedingt zunächst kontinuierlich zu, bis der Athlet sein Leistungsvermögen ausgeschöpft hat. Die Leistungsgrenze wird durch die gestrichelte Linie angedeutet. Der Wechsel zur neuen Sprungtechnik verschiebt die Leistungsgrenze deutlich nach oben. Allerdings ist unmittelbar nach Einführung der neuen Technik zunächst zu ein Leistungsrückgang zu verzeichnen, der aber durch Training und die Adaption der neuen Technik sehr schnell aufgeholt werden kann. In der Folge kann der Springer ein deutlich höheres Leistungsniveau erreichen, bis er auch hier die Leistungsgrenze erreicht.

Das Beispiel zeigt, dass sowohl Evolutions- als auch Umbruchsmodell notwendige Elemente für die Bewältigung von Veränderungsprozessen sind. Die richtige Kombination beider Modelle macht letztlich den Gesamterfolg aus.

2.2.2 Steuerung des Projektportfolios

Wenden wir uns nun stärker den Projekten als Instrument des Unternehmens zu, um Veränderungen erfolgreich zu bewältigen. Welches sind dabei die Erfolgsfaktoren? Auch dies ist stark abhängig von der jeweiligen Sichtweise, wie Abbildung 2.3 verdeutlicht.

Die Leitung eines Unternehmens ist natürlich vorrangig daran interessiert, die selbst gesteckten oder von außen vorgegebenen Unternehmensziele zu erreichen. Daneben muss sie aber auch Risiken vom Unternehmen abwenden. Dieser Aspekt wird zuweilen im Kontext der Multiprojektsteuerung übersehen oder nachrangig behandelt, hat aber – auch bedingt durch höhere gesetzliche und regulatorische Anforderungen – eine hohe Bedeutung erlangt. Von den Projekten erwartet die Unternehmensleitung daher Umsetzungsbeiträge zu den übergeordneten Zielen sowie die Bewältigung von Zwängen.

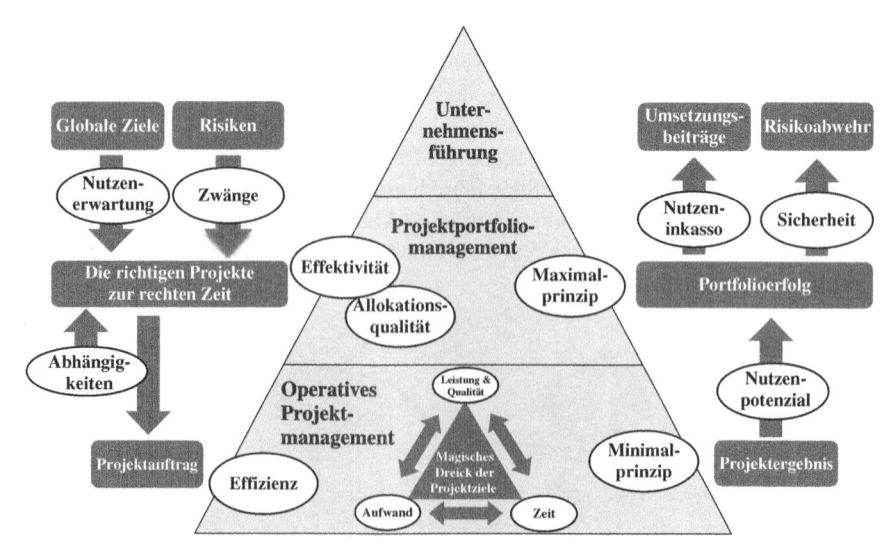

Abb. 2.3 Multiprojektmanagement im Gesamtkontext einer Organisation

2.2.3 Effektivität: Auswahl und Priorisieren der Projekte

Angesichts der oben skizzierten Erwartungshaltung der Unternehmensleitung ist nun die Frage zu beantworten, welches in der jeweiligen Unternehmenssituation die richtigen Projekte sind. Dies ist die Aufgabe der Projektportfolioplanung. Dabei werden alle Projektkandidaten gesichtet und bewertet. Danach werden für das Unternehmen „richtigen" Projekte ausgewählt und das Projektportfolio gebildet.

Gerade vor dem Hintergrund von Krisensituationen wird auf die Auswahl der richtigen Projekte häufig nicht genug Sorgfalt verwendet. Aktionismus ist aber hier fehl am Platze. Eine Projektportfolioplanung muss komplizierte Rahmenbedingungen berücksichtigen und besitzt aufgrund der großen Anzahl von Einflussgrößen, Abhängigkeiten und Beteiligten eine hohe Planungskomplexität. Dabei muss vielfach mit Zielkonflikten umgegangen werden. So besteht bei der Projektpriorisierung praktisch in jedem Unternehmen ein Zielkonflikt zwischen den zu bewältigenden Zwängen und den erhofften Nutzenbeiträgen. Das Verfahren zur Priorisierung der Projekte sollte solche Zielkonflikte auflösen und als Ergebnis eine eindeutige Projektrangliste erzeugen. Diese dient dann als Basis für die Ressourcenallokation und als „Vorratsentscheidung" für den Fall von Ressourcenkonflikten. In der Praxis stehen an der Spitze der Projektrangliste nahezu immer Zwangsprojekte, erst danach folgen die übrigen Projekte. Wichtig ist dabei natürlich, dass ein Zwang auch konkret besteht. Ist z. B. eine gesetzliche Anforderung zu erfüllen, die erst in mehreren Jahren umgesetzt sein muss und innerhalb von wenigen Monaten realisiert werden kann, so besteht im aktuellen Planungsjahr sicherlich noch kein Zwang. Erst wenn die Umsetzung in einem der Folgejahre dringlich wird, ist eine Einstufung als Zwangsprojekt geboten.

Bei der Priorisierung der Nicht-Zwangsprojekte werden häufig mehrere Bewertungskriterien kombiniert, z. B. eine strategische und eine monetäre Nutzenerwartung an das jeweilige Projekt. Entscheidend ist, dass die Nutzenerwartungen realistisch sind und von den Entscheidern getragen und vertreten werden. Häufig werden Scoring-Verfahren genutzt, um noch weitere Kriterien zu berücksichtigen. Die Priorisierung sollte für alle Beteiligten verständlich und nachvollziehbar gestaltet sein und angemessen dokumentiert werden. Auch dies erhöht die Akzeptanz und Wirkung des Verfahrens.

Ein wichtiger Erfolgsfaktor für die Priorisierung ist die schnelle Anpassbarkeit an neue Rahmenbedingungen. Da sich die Priorisierungskriterien und die Bewertung einzelner Projekte im Zeitverlauf ändern können, ist es notwendig, die Planung des Projektportfolios regelmäßig zu überprüfen und ggf. anzupassen. Diese gilt in Zeiten des Umbruchs umso stärker.

2.2.4 Allokation der Ressourcen

Soll die Priorisierung der Projekte Wirkung zeigen, so muss die Zuweisung der Ressourcen an die Projekte sich an den zuvor gefundenen Prioritäten ausrichten. Das klingt eigentlich selbstverständlich, ist es aber in der Praxis leider nicht!

Eine Priorisierung ohne entsprechende Ressourcenallokation hat keinen Effekt, dennoch wird eine prioritätsorientierte Ressourcenallokation heute nur in sehr wenigen Unternehmen praktiziert.

Interessant ist auch die Strategie, nach der das Ressourcenmanagement agiert. Auf übergreifender Ebene wird meistens eine Maximierungsstrategie verfolgt, d.h. es wird danach gestrebt, mit gegebenen Ressourcen möglichst hohe Umsetzungsbeiträge zu erwirtschaften. Dies unterscheidet sich von der üblichen Optimierungsstrategie innerhalb eines einzelnen Projekts, bei der eine Umsetzung vorgegebener Ziele mit möglichst geringem Ressourcen- und Zeiteinsatz angestrebt wird (Minimierungsstrategie).

2.2.5 Der richtige Zeitpunkt

Eine wichtige Frage im Zusammenhang der Projektportfolioplanung ist die nach dem richtigen Startzeitpunkt für ein Projekt. Leider verführen planerisch vorhandene Restkapazitäten dazu, Projektportfolios zu „überladen". Dann werden Projekte einfach gestartet, obwohl innerhalb der geplanten Projektlaufzeit keine ausreichende Zuordnung von Personal und Budget möglich ist. In diesem Fall stellt sich nicht wie gewünscht eine Vollauslastung der verfügbaren Ressourcen ein, stattdessen stellen sich Engpässe und Verzögerungen im gesamten Projektportfolio ein. Untersuchungen zeigen deutlich, dass sich die Überlastung einzelner Ressourcen nicht nur negativ auf das Projekt auswirkt, das die Überlastung verursacht, sondern auch auf alle anderen Projekte, die von den Engpassressourcen abhängig sind. Projekte sollten daher nur gestartet werden, wenn sich Projektplanung und Ressourcenverfügbarkeit einigermaßen in Einklang bringen lassen. Ansonsten gilt der Grundsatz: Weniger ist mehr!

2.2.6 Effiziente Projektabwicklung

Erst nach erfolgter Priorisierung und Ressourcenausstattung gewährleisten die Methoden des klassischen Projektmanagements den Erfolg der Projekte, d.h. die erfolgreiche und effiziente Umsetzung des vorgegebenen Auftrags in das gewünschte Projektergebnis (siehe Abb. 1.1). Wie bereits erwähnt wird dabei meist eine Minimierungsstrategie verfolgt: das gewünschte Ergebnis soll möglichst schnell und ressourcenschonend umgesetzt werden. Bei der Projektumsetzung steht somit die Effizienz im Vordergrund, also etwas – in diesem Fall das konkrete Projekt – richtig zu tun.

Mit dem Projektergebnis stellt das Projekt dem Auftraggeber ein Nutzenpotenzial bereit. Der eigentliche, konkrete Nutzen entsteht aber meist erst später durch die Anwendung des Projektprodukts. Hier gilt: Nutzen kommt von Nutzung!

Eine Optimierung des projektübergreifenden Nutzens erfordert ein entsprechendes Nutzeninkasso. Leider gelingt es bislang nur wenigen Unternehmen, den Projektportfolioerfolg durch eine systematische Auswertung der Projektergebnisbeiträge angemessen zu überwachen. Dies hat verschiedene Ursachen. Zwei

2.3 Funktionale Anforderungen   33

Probleme seien in diesem Zusammenhang beispielhaft genannt. Zum einen geht ein konkret entstandener Nutzen in der Regel auf verschiedene Einflussgrößen zurück und kann so nicht eindeutig einzelnen Projekten zugeordnet werden. Zum anderen lassen sich bestimmte Ergebnisbeiträge quantitativ nicht oder nicht angemessen fassen, wie z. B. Beiträge zur Vermeidung oder Reduzierung von Risiken.

2.2.7 Effektivität und Allokationsqualität versus Effizienz

Zusammenfassend lässt sich feststellen, dass in Mehrprojektsituationen die effektive Projektauswahl und -priorisierung in Verbindung mit einer entsprechenden Ressourcenallokation aus Unternehmenssicht noch bedeutender für den Gesamterfolg ist als das operative Projektmanagement auf Einzelprojektebene.

Die richtige Durchführung eines einzelnen Projekts sichert zwar eine erfolgreiche Projektabwicklung und zeugt von Effizienz. Nur eine vorherige Auswahl der richtigen Projekte kann aber sicherstellen, dass zum Ende eines Planungszeitraums auch die für das Unternehmen richtigen und wichtigen Umsetzungsbeiträge vorliegen.

Die Zunahme von Mehrprojektsituationen führt zu einem Wettbewerb um die benötigten Ressourcen, der einerseits unter den Projekten, andererseits aber auch zwischen den Projekten und der Linienorganisation geführt wird. Da eine eindeutige Trennung der Ressourcen in Projekt- und Linienressourcen meist nicht möglich ist, stellt ein übergreifendes Ressourcenmanagement eine maßgebliche Voraussetzung für die unternehmensweite Optimierung der Projektergebnisbeiträge dar. Nur wenn die richtigen Projekte ausgewählt, mit den richtigen Ressourcen ausgestattet und zum richtigen Zeitpunkt durchgeführt wurden, lassen sich Effizienz und Effektivität auf Ebene des Projektportfolios erreichen. In diesem Falle sind nachhaltige, positive Wirkungen der Projekte gesichert.

2.3 Funktionale Anforderungen

Während bei einer isolierten Betrachtung des Einzelprojektmanagements vor allem Funktionen zur Verbesserung der Effizienz der Projektarbeit im Vordergrund der Betrachtung stehen, kommen bei einer konvergenten Gestaltung des Projektmanagements funktionale Anforderungen hinzu, die auf eine Steigerung der Effektivität der Projektwirtschaft zielen. Hierzu gehören vor allem eine flexible Projektpriorisierung und ein projektübergreifendes Ressourcenmanagement. Diese und weitere funktionale Anforderungen werden in den folgenden Abschnitten behandelt.

2.3.1 Flexible Projektpriorisierung

Eine flexible Priorisierung aller Unternehmensprojekte sollte nach Möglichkeit die Berücksichtigung unterschiedlicher Priorisierungskriterien erlauben und sich flexibel auf neue Rahmenbedingungen anpassen. Während in früheren Jahren die meisten Organisationen eine einmalige Priorisierung der Projekte im Rahmen des jährlichen Budgetprozesses für ausreichend erachteten, wächst in jüngerer Zeit die Erkenntnis, dass aufgrund der vielfältigen Änderungen in einem Projektportfolio während eines Jahres eine drastische Verkürzung der Projektpriorisierungs- und Steuerungszyklen notwendig ist. Viele Unternehmen gehen inzwischen von der statischen Projektpriorisierung über zu einer rollierenden Planung des Projektportfolios. Dies führt dazu, dass zur Ermittlung der Projektprioritäten deutlich weniger Zeit zur Verfügung steht als dies noch im Rahmen einer jährlichen Projektpriorisierung möglich war. Um dieser beschleunigten Form der Priorisierung gerecht zu werden, müssen vermehrt Möglichkeiten geschaffen werden, die Projektprioritäten auf der Basis fest definierter Regeln automatisch zu ermitteln. Eine weitere funktionale Anforderung besteht in der Standardisierung des Projektberichtswesens. In der Vergangenheit war es häufig üblich, dass sich jedes Projekt seine eigene Berichtsstruktur schuf, was dazu führte, dass Entscheidungsträger – wie zum Beispiel Lenkungsausschussmitglieder – sich in unterschiedliche Berichtsstrukturen immer wieder neu einarbeiten oder hineindenken mussten. Dies kann durch ein standardisiertes Berichtswesen deutlich verbessert werden.

Nach Lukesch sind die wichtigsten Auswahleigenschaften im Sinne einer umfassenden Beurteilung von Projekten der Nutzen und das Risiko.[4] Lukesch wirft zudem die Frage auf, bis zu welchem Zeitpunkt auf seinem Lebensweg ein Projekt in die Auswahl einbezogen werden soll. Werden bereits laufende Projekte in die Projektauswahl mit einbezogen, so müssen unter anderem die sogenannten **Sunk costs** berücksichtigt werden. Unter Sunk costs versteht man Kosten von Projekten, die in der Durchführung bereits relativ weit fortgeschritten sind und damit schon einen großen Teil ihrer Kosten verursacht haben. Werden solche Projekte bei der Projektauswahl mit einbezogen, so sind bei der Errechnung des finanziellen Nutzens des Projektes diese Sunk costs nicht mehr zu berücksichtigen. Mit anderen Worten werden bei der Berücksichtigung laufender Projekte im Rahmen der Projektauswahl lediglich Grenznutzen und Grenzkosten solcher Projekte einander gegenübergestellt. Da bei laufenden Projekten somit die um die Sunk costs verminderten Gesamtkosten des Projektes mit dem vollen Nutzen ins Verhältnis gesetzt werden, steigt die Rentabilität des Projektes im Laufe seiner Durchführung immer weiter an und verbessert damit die Position des Projektes im Rahmen der Projektauswahl.[5]

Entlang des Lebenswegs eines Projektes wird immer mehr Wissen aufgebaut. Je weiter ein Projekt fortschreitet, desto mehr werden auch Unsicherheiten im Projekt reduziert und somit Projektrisiken gemindert. Die folgende Abbildung 2.4 verdeutlicht diesen Zusammenhang.

---

[4]Lukesch (2000, S. 58).
[5]vgl. ebenda, S. 63.

2.3 Funktionale Anforderungen

Abb. 2.4 Fertigstellungsgrad und Projektrisiken im Zeitverlauf (Lukesch 2000, S. 64)

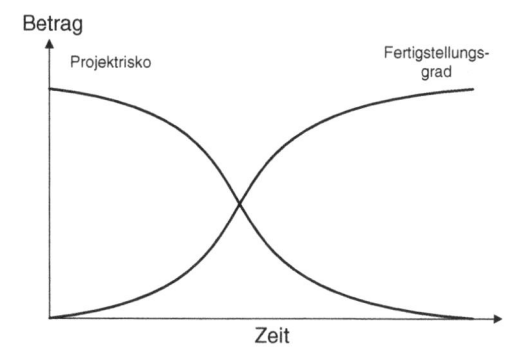

In der Praxis muss die Priorisierung einfach und flexibel an neue Rahmenbedingungen angepasst werden können. Aus diesem Grunde bevorzugen viele Unternehmen einfache Verfahren. Abbildung 2.5 zeigt das Priorisierungsverfahren eines Finanzdienstleisters.

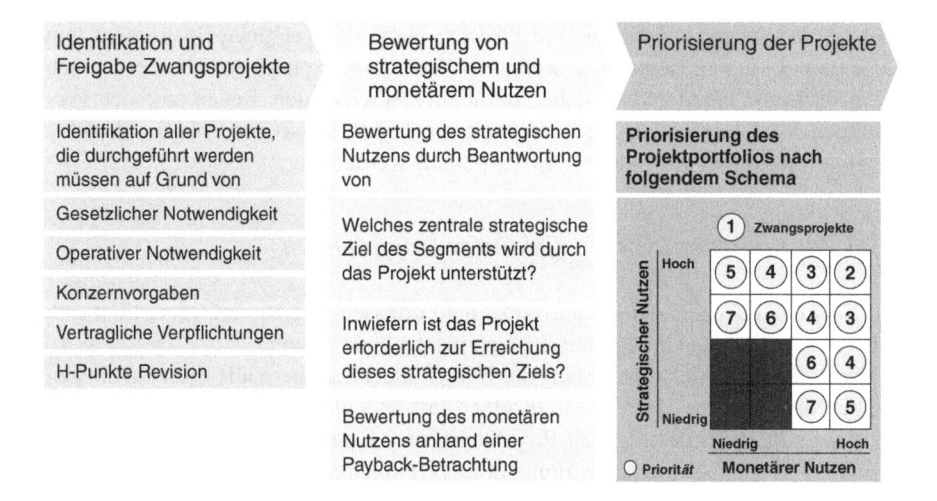

Abb. 2.5 Projektpriorisierung bei einem Finanzdienstleister (Nees 2005, S. 25)

Zunächst werden die Projekte dabei bezüglich der mit ihnen verbundenen Notwendigkeiten und Zwänge klassifiziert. Innerhalb der Zwangsprojekte, welche insgesamt die höchste Priorität erhalten, werden die Projekte nach der Art der Zwänge priorisiert. Dabei haben gesetzliche Zwänge die höchste Priorität. Nachdem das Pflichtprogramm geklärt ist, wird die Menge der verbleibenden Projekte nach zwei unterschiedlichen Nutzenkriterien priorisiert. Dabei wird zwischen dem so genannten strategischen und monetären Nutzen unterschieden. Beide Kriterien werden in Form von Klassifikationen ausgedrückt, so dass eine 16-Felder-Matrix gebildet werden kann. Nachteilig wirkt sich bei diesem Verfahren aus, dass es innerhalb der einzelnen Felder keine Präferenzordnung zwischen den dort angesiedelten Projekten erzeugt. Diese muss in einer Nachbearbeitung erst noch festgelegt werden.

2.3.2 Projektübergreifendes Ressourcenmanagement

Das Ressourcenmanagement ist einer der bedeutendsten Aspekte des Multiprojektmanagements.[6] Gerade in Mehrprojektsituationen konkurrieren Projekte in einem starken Maße um Ressourcen. Diese Ressourcenkonflikte müssen gelöst werden. Dazu gibt es vor allem verschiedene methodisch-funktionale Ansätze. Daneben existieren jedoch auch alternative Konzepte: so werben z. B. Kempf und Hirzel für einen Wettbewerb um die Ressourcen. Einen solchen Ansatz könnte man auch als Marktplatz-Konzept bezeichnen.[7]

Das Bemühen um einen optimierten projektübergreifenden Ressourceneinsatz wird in der Praxis oft durch operativen Druck aus dem Tagesgeschäft heraus erschwert oder gar unmöglich gemacht. Dann wird ein großer Teil der Ressourcen durch „Dringliches" gebunden und potenziellen und laufenden Projekten entzogen. Hirzel kritisiert solche Einflüsse eindringlich als "Primat der Dringlichkeit gegenüber der Wichtigkeit".[8] Dabei sind Projekte meist das geeignete Instrument, um die in immer kürzeren Zyklen notwendigen Veränderungsprozesse im Unternehmen durchzuführen. Hirzel wirbt daher dafür, der wachsenden Bedeutung der Projektarbeit Rechnung zu tragen, indem entsprechende Ressourcen für die Projekte bereitgestellt und in geeigneter Form disponiert werden.

2.3.3 Management von Projektinterdependenzen

Um Interdependenzen zwischen Projekten zu erfassen und zu verfolgen, lässt sich selbstverständlich das Instrument der Netzplantechnik nutzen.

Ein Problem bei der Anwendung der Netzplantechnik über viele Projekte hinweg ist aber, dass aus der Sicht eines einzelnen Projektleiters die Vielzahl der Ablaufelemente außerhalb des eigenen Projektbereiches kaum zu überblicken und noch weniger in Bezug auf die Auswirkung einer Netzplanrechnung zu beurteilen sind.

Es ist also eine Lösung erforderlich, die diese Komplexität begrenzt und die über Projektgrenzen hinweg auftretenden und zu verfolgenden Abhängigkeiten auf das notwendige Maß begrenzt. Innerhalb eines Multiprojektmanagementwerkzeuges kann diese Lösung über einen besonderen Typ von Meilensteinen erreicht werden. Meilensteine dieses Typs kennzeichnen externe Abhängigkeiten und sind typebedingt nicht mehr nur für das eigene Projekt sondern auch für alle anderen Projekte sichtbar. Die Projektleiter dieser anderen Projekte können diese Meilensteine mit ihrer eigenen Termin- und Ablaufplanung verknüpfen, wobei die Terminplanung

---

[6]Zu Möglichkeiten und Problemen des Ressourcenmanagements siehe Kühn et al. (2002).
[7]Kempf und Hirzel (2002).
[8]Hirzel (2002).

2.3 Funktionale Anforderungen   37

des jeweiligen Meilensteines ausschließlich dem Projekt vorbehalten bleibt, in dem er definiert wurde. Auf diese Art haben die Projektleiter die Möglichkeit, wesentliche Zulieferungen von anderen Projekten in ihre eigenen Netzpläne einzubeziehen, ohne dabei ihre Planungshoheit völlig aus der Hand zu geben. Auf der Portfolioebene bieten diese projektübergreifenden Meilensteine ein gutes Controlling-Instrument. Dies gilt umso mehr, als auf der Portfolioebene nun auch das Instrument der Meilensteintrendanalyse speziell auf diese Meilensteine hin angewendet werden kann. Die Begrenzung des Meilensteintrend-Diagramms muss allerdings auf Portfolioebene anders definiert werden als auf Projektebene, da das Diagramm hier nicht von Projektbeginn bis Projektende skaliert wird, sondern einen festen Portfoliosteuerungszyklus beinhalten muss.

2.3.4 Projektübergreifendes Risikomanagement

Schon aus den unterschiedlichen Definitionen eines Projektes kann man entnehmen, dass Projekte immer gewissen Risiken unterliegen. Diese Risiken ergeben sich gewissermaßen aus der Definition selbst, da Projekte grundsätzlich einen gewissen Neuartigkeitsgrad aufweisen, oft eine interdisziplinäre Zusammenarbeit erfordern, weitere Komplexitätsmerkmale aufweisen und vielfältigen Einflüssen aus dem Umfeld ihrer Stakeholder ausgesetzt sind. Aus all diesen und etlichen weiteren Faktoren können Risiken für ein Projekt entstehen.

In Abbildung 2.6 werden typische Risiken für Projekte dargestellt.

Abb. 2.6 Darstellung häufiger Risikofaktoren (überarbeitete Darstellung nach Lukesch 2000, S. 87)

Projektübergreifendes Risikomanagement beschäftigt sich mit der Identifizierung, Analyse und dem Umgang mit den Risiken in einem Projektportfolio.[9]

Schon die Identifizierung der Risiken stellt ein Hauptproblem des projektübergreifenden Risikomanagements dar. Um Risiken in einem Projektportfolio abwägen und gestalten zu können, ist ein Mindeststandard bei der Risikoidentifikation in allen Projekten erforderlich. Hier ist es hilfreich, einheitliche Checklisten zur Erhebung und Bewertung von Risiken in allen Projekten einzuführen. Zudem wird ein Portfolio periodenbezogen gesteuert. Werden also Risiken z. B. nur zu Projektbeginn erhoben, so ist die Qualität der Risikoanalyse in einem Portfolio schon allein aufgrund der unterschiedlichen Projektlaufzeiten sehr unterschiedlich. Dies bedeutet im Umkehrschluss, dass eine projektübergreifende Risikosteuerung eine regelmäßige Aktualisierung des Risikoinventars der Projekte erfordert. Auch der Fokus der Risikoanalyse muss erweitert werden, hier ist vor allem darauf zu achten, welche Projektrisiken Folgewirkungen im Projektportfolio auslösen können.

Idee eines projektübergreifenden Risikomanagements ist es auch, Risiken im Gesamtportfolio zu balancieren und den Risiken entgegenstehende Chancen zu berücksichtigen.

Sind Risiken einmal erkannt, so ist der klassische Ansatz, zunächst alle Möglichkeiten auszuschöpfen, um die Risiken zu vermeiden. Ist dies nicht möglich, so kann man versuchen, sie durch geeignete Maßnahmen zu reduzieren. Ist das Risikopotenzial dann durch Maßnahmen und Verhaltensweisen nicht weiter zu vermindern, so kann man Wege suchen, sie auf andere zu übertragen, z. B. auf Auftragnehmer im Projekt. Dabei muss darauf geachtet werden, dass diese die Risiken auch übernehmen können. Im projektübergreifenden Risikomanagement muss hier geprüft werden, ob eine Übertragung von Risiken aus einem Projekt auch die entsprechende Wirkung im Portfoliokontext hat. Dies ist nicht immer der Fall.

Alle Projektrisiken, die nicht mehr reduziert oder übertragen werden können, kann man nur noch akzeptieren und überwachen. Alternativ kann man allerdings auch zur Erkenntnis gelangen, dass ein Risiko zu hoch ist, was zur Folge haben muss, die durch das Risiko verursachenden Projekte nicht durchzuführen bzw. zu stoppen. Allerdings ist dies nicht immer möglich.

2.3.5 Bewertung des Projekterfolgs

Eine Bestimmung des Erfolges von Projekten wird dadurch erschwert, dass die Projekt-Stakeholder den Projekterfolg in der Regel von unterschiedlichen Managementebenen aus beurteilen, die jeweils unterschiedliche Zielkategorien oder Bezugsgrößen aufweisen. Auf der operativen Ebene werden Nutzen und Erfolg sehr konkret betrachtet. Auf der strategischen Ebene werden dagegen Erfolgspotenziale betrachtet, die über einen längeren Zeitraum in die Zukunft reichen.

---

[9]zum Projektrisikomanagement im Allgemeinen vgl. z. B. Project Management Institute (2000, S. 127–146) und Schelle et al. (2005, S. 149–162).

Auf einer normativen Managementebene werden dagegen die Lebensfähigkeit und Entwicklung betrachtet. Diese Managementebenen unterscheiden sich zudem durch unterschiedliche Komplexitätsgrade und abweichende Zeithorizonte.[10]

2.4 Kulturelle Anforderungen

Eine ganzheitliche Optimierung der Projektergebnisse ist nur in projektorientierten Organisationen vorstellbar. Eine solche Projektorientierung setzt die Entwicklung einer Projektmanagementkultur voraus. Im Rahmen einer solchen Projektmanagementkultur wird ein organisationsweites gemeinsames Verständnis des Projektbegriffes entwickelt. Zu einer solchen Kultur gehört auch, dass sich eine Organisation über die Besonderheiten der Projektarbeit bewusst ist. Eine solche Besonderheit ist beispielsweise das Risiko eines möglichen Scheiterns eines Projektes. Aufgrund des Innovationsgrades, der Einmaligkeit und anderer projektspezifischer Besonderheiten kann ein Scheitern eines Projektes nie ganz ausgeschlossen werden. Dabei muss ein Scheitern des Projektes nicht zwangsläufig auf eine schlechte oder unzureichende Arbeitsleistung des Projektteams zurückzuführen sein. Vielmehr kann ein Scheitern oder ein **Projektabbruch** auch durch Veränderungen im Projektumfeld herbeigeführt werden. Ein einfaches nachvollziehbares Beispiel hierfür ist die Zurückstufung eines Projektes aufgrund neuer Projekte mit höherer Priorität.

Während eine solche Veränderung der Projektprioritäten im Sinne einer unternehmensweiten Optimierung durchaus sinnvoll und notwendig sein kann, wird ein Projektstopp oder ein Projektabbruch aus Sicht des Projektleiters und des Projektteams dennoch meist als persönlicher Misserfolg gewertet. Grund hierfür ist eine zu starke Orientierung an der Durchführung des Einzelprojektes, welche durch die Orientierung des Projektteams am Projektlebensweg zustande kommt. Um dagegen eine konvergente Gestaltung des Projektmanagements in einer Organisation zu ermöglichen, ist es erforderlich, dass eine Organisation und insbesondere die Projektmanager und Projektteammitglieder die Bereitschaft und die Fähigkeit zum Projektabbruch entwickeln. Hierzu gehört auch, dass ein Projektabbruch nicht reflexhaft mit einem Scheitern der verantwortlichen Projektmitglieder verbunden wird.

Rietiker[11] argumentiert, dass bisherige Projektmanagementmodelle unvollständig seien, da sie sich primär auf diejenigen **Kompetenzbereiche** beschränken, welche zum Management einzelner Projekte und Programme benötigt werden, während bei einer unternehmerischen Betrachtung des Projektmanagements der Betrachtungsumfang erweitert wird auf Projekte in ihrem unternehmerischen und sozialen Kontext. Somit wird Projektmanagement als integraler Bestandteil der Geschäftsführung eines Unternehmens verstanden. Rietiker führt u.a. aus, dass zu

---
[10]Schwaninger und Körner (2004, S. 80).
[11]Rietiker (2005).

den Kompetenzen für die Projektorientierung neben dem Management von Projektportfolien, Programmen und Projekten im engeren Sinne auch Unterstützungs- und Enabling-Funktionen wie die Mitarbeiterentwicklung, das Wissensmanagement, das projektübergreifende Ressourcenmanagement sowie das Qualitäts- und Risikomanagement gehören.

Weiterhin stellt Rietiker fest, dass sich in der aktuellen Strategieliteratur kaum eine Behandlung von Fragen zur Umsetzung strategischer Planungen findet. Insbesondere der Einbettung des Projektportfoliomanagements in den jährlichen Unternehmensplanungsprozess werde bisher kaum Beachtung geschenkt. Die Ausführungen von Rietiker können insofern als Plädoyer für ein integratives Multiprojektmanagement gedeutet werden. Rietiker stellt ein Referenzmodell für eine **unternehmensweite Projektorientierung** (Enterprise Project Orientation – EPO) vor, das ein Dreieck von Strategie, Struktur und Kultur aufspannt. Im Bereich „Strategie" behandelt das Referenzmodell einen von innen oder außen begründeten Bedarf für eine vermehrte Projektorientierung. Der Bereich „Struktur" umfasst Organisationsstrukturen, Prozesse, Managementsysteme sowie Methoden, Tools und Technologien. Im Bereich „Kultur" sind die Handlungen der Führungskräfte sowie das Personalmanagement angesiedelt. Insgesamt soll die Projektorientierung nach Rietiker einen angemessenen Umgang mit dem Wechselspiel von Stabilität und Wandel gewährleisten.

Um eine erfolgreiche Gestaltung des unternehmensweiten Projektmanagements zu ermöglichen, ist vor allem ein **Bewusstsein von projektrelevanten Werten und Normen auf der Ebene des Managements** erforderlich. Es sind gewisse Grundhaltungen des Managements mit Blick auf den Umgang mit Risiken erforderlich. So steht ein ausgeprägtes Sicherheitsdenken sicherlich einer unternehmensweiten Projektorientierung kulturell entgegen, da Projekte aufgrund ihrer besonderen Anforderungen, ihrer Neuartigkeit und Einmaligkeit grundsätzlich immer mit gewissen Risiken und Unwägbarkeiten verbunden sind. Eine andere kulturelle Anforderung betrifft das Führungsverständnis in einer Unternehmung selbst. Werden Projekte etwa sehr technokratisch geführt, also im Wesentlichen als ausführende Ebene verstanden, so orientieren sich Projektleiter und Projektteam sehr stark an dem ihnen vorgegebenen Projektauftrag, ohne dabei ein Interesse für die projektübergreifende Einbettung und Rahmenbedingung zu entwickeln. In diesem Fall kann man von den Projekten lediglich eine effiziente Umsetzung des Projektauftrages erwarten. Entwickeln die Projekte dagegen ein Selbstverständnis, bei denen die Projekte mit ihren Ergebnissen zur Umsetzung unternehmerischer Ziele beitragen, so kann dies über eine effiziente Projektentwicklung hinaus zu einer deutlichen Erhöhung der Effektivität in der Projektwirtschaft führen! Ein unternehmerisches Projektverständnis wird zu einer starken Eigenverantwortung der Projektleiter und zu einem intrinsisch motivierten Projektteam.

Jantzen-Homp stellt das veränderte **Rollenverständnis** auf den drei Projektmanagementebenen dar: Management durch Projekte, Projektportfoliomanagement und Management des Einzelprojekts. Während der Projektmanager früher eher als Befehlsempfänger aufgefasst wurde, ist er nach heutigem Rollenverständnis zugleich Umsetzer, Problemlöser und Fachpromotor. Die Ebene des Projektportfoliomanagements hat sich nach dieser Darstellung vom administrativen Projektcontrolling weiter entwickelt zum zentralen Informationsverteiler, zum Integrator der Fähigkeiten, zum Change Agent und Prozesspromotor. Während die übergeordnete Managementebene nach altem Verständnis als Planer, Stratege und Ressourcenverteiler agierte, vereint sie nach neuem Projektmanagementverständnis die Rollen des Architekten, Visionärs, Kritikers und Machtpromotors.[12]

2.5 Anforderungen an das Projektpersonal

Eine erfolgreiche Gestaltung des Multiprojektmanagements stellt hohe Anforderungen an die Projektmanagementkompetenzen aller Projekt-Stakeholder. Dazu gehören sowohl die soziale als auch die projektfachliche Kompetenz der Beteiligten. Während die projektfachliche Kompetenz durch gezielte Qualifizierungsprogramme im Projektmanagement und die persönliche Zertifizierung von Projektpersonal gefördert werden kann, ist die Förderung einer ausreichenden sozialen Kompetenz als eine allgemeine Personalentwicklungsaufgabe anzusehen.[13]

Ein Projekt ist ein komplexes sozio-technisches System, das sehr unterschiedliche und auch hohe Anforderungen an alle Beteiligten stellt. Dabei werden unterschiedliche Kompetenzfelder angesprochen. Abbildung 2.7 verdeutlicht die unterschiedlichen Anforderungen.

Bei der Betrachtung von projektrelevanten Kompetenzen von Mitarbeitern besteht die Gefahr, die rein projektfachlichen Kompetenzen der Beteiligten über zu betonen. Natürlich brauchen die Mitarbeiter in einem Projekt je nach ausgeübter Rolle eine entsprechende Methodenkompetenz im Projektmanagement. Zudem

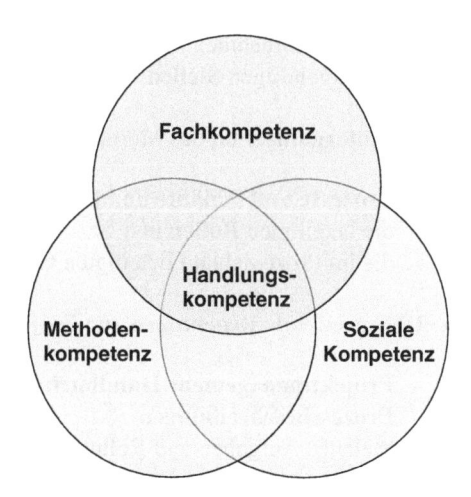

Abb. 2.7 Elemente der Handlungskompetenz (Darstellung angelehnt an Sonntag und Schaper 1992)

---

[12]Jantzen-Homp (2000, S. 106).
[13]Siehe Dworatschek und Meyer 2001 sowie diverse Beiträge in: Griesche et al. (2001).

müssen im Projektteam je nach Projektziel und Aufgabenstellung verschiedene fachliche Kompetenzen vertreten sein. Wie bereits an anderer Stelle dargestellt wurde, ist aus diesem Grunde häufig auch eine interdisziplinär geprägte Zusammensetzung des Projektteams geboten. Dennoch zeigt sich immer wieder, dass Fach- und Methodenkompetenz allein eine unzureichende soziale Kompetenz der Beteiligten nicht kompensieren können. Als wesentliche Ursachen hierfür sind die vielfältigen Interessen und die daraus resultierenden Einflussnahmen aus dem Projektumfeld anzusehen. Das Management der unterschiedlichen Interessensgruppen im Projekt- und Multiprojektmanagement erfordert weitgehende soziale Kompetenzen. Hier ist vor allem der Projektmanager gefragt, aber auch andere Rollen innerhalb einer Projektorganisation.

Erst ein ausgewogener Mix von Fach-, Methoden- und sozialer Kompetenz befähigt Rollenträger im Projektmanagement zu angemessenen Handlungen. Gerade in Multiprojektsituationen stellt somit eine hohe Handlungskompetenz einen der wichtigsten Erfolgsfaktoren dar.

2.6 Organisatorische Anforderungen

Ein funktionierendes Multiprojektmanagement erfordert vielfältige organisatorische Vorkehrungen und Maßnahmen. Welche Anforderungen sind in diesem Zusammenhang zu treffen? Die wesentlichen organisatorischen Gestaltungselemente sind im Folgenden aufgeführt

- **Aufbauorganisatorische Verankerung** des Multiprojektmanagements

    – **Organisationseinheiten**, die dauerhaft Aufgaben des Multiprojektmanagements wahrnehmen sowie
    – die zugehörigen **Stellen**

- **Ablauforganisation** des Multiprojektmanagements

    – **Prozesse und Abläufe** im Multiprojektmanagement sowie
    – die beteiligten **Rollen** und
    – die im Prozessablauf beteiligten **Gremien**

- **Übergreifende Regelungen zur Projektarbeit**

    – **Projektmanagement-Handbuch**
    – **Prozessbeschreibungen**
    – Stellen-, Aufgaben und **Rollenbeschreibungen**
    – Zusammensetzung und Aufgaben der **Gremien**
    – Vorgegebene **Vorgehensmodelle** für die Projektarbeit

2.6.1 Anforderungen an die Aufbauorganisation

Während die Projektarbeit selbst zeitlich befristet ist, müssen verschiedene Aufgaben im Rahmen des Multiprojektmanagements dauerhaft wahrgenommen werden. Die Wahrnehmung dieser Aufgaben kann man als eine Art „Project Governance" auffassen. Für jedes Unternehmensumfeld muss dabei geklärt werden, welche Aufgaben für ein Multiprojektmanagement dauerhaft wahrgenommen werden sollen und müssen. Dies ist selbstverständlich auch vom Entwicklungsstand und der Bedeutung des Multiprojektmanagements in einem Unternehmen oder einer Behörde abhängig.

Um eine unternehmensweite Optimierung der Projektwirtschaft voranzutreiben, ist zudem eine **aufbauorganisatorische Verankerung** des Projektportfoliomanagements zwingend erforderlich. Diese kann in Abhängigkeit der damit verfolgten Ziele auf verschieden Ebenen der Organisationsstruktur erfolgen. Im Folgenden sind einige wesentliche Kriterien aufgeführt, von denen die aufbauorganisatorische Verankerung von Multiprojektmanagementeinheiten maßgeblich abhängen kann:

- Grundsätzliche Ausrichtung des Multiprojektmanagements
  - Strategisch orientierte Aufgaben
  - Operativ orientierte Aufgaben
- Abgrenzung des Zuständigkeitsbereichs auf
  - ein unternehmensübergreifendes Projektportfolio (z. B. bei strategischen Kooperationen oder Entwicklungen mehrerer Unternehmen oder im Rahmen eines Konsortiums)
  - das unternehmensweite Projektportfolio
  - ein Bereichs-, Sparten- oder funktional abgegrenztes Teilportfolio von Projekten
  - Projekte innerhalb eines Teils der Linienorganisation
  - Projekte innerhalb einer temporär gebildeten Organisation (z. B. einer Programmorganisation)
- Entscheidungskompetenz der Multiprojektmanagementeinheit
  - Kompetenz zur Projektauswahl und -priorisierung
  - Kompetenz zur Ressourcenallokation
  - Methodenkompetenz für das Projektmanagement

Die Beispiele zeigen recht deutlich, dass sich in der Praxis sehr unterschiedliche Ausgangssituationen ergeben können, welche jeweils eine situativ angepasste Anwendung aufbauorganisatorischer Gestaltungsansätze erfordern.

2.6.2 Anforderungen an die Ablauforganisation

Bei der Organisation des Multiprojektmanagements im Unternehmen kommt insbesondere der Gestaltung der Ablauforganisation eine hohe Bedeutung zu. In diesem Bereich sind einige Herausforderungen zu bewältigen.

Einen besonders hohen Stellenwert hat dabei die **Prozessintegration** der Multiprojektmanagementprozesse in die bestehende Ablauforganisation des Unternehmens. Diese Integration hat zwei unterschiedliche Zielrichtungen. Zum einen müssen die für die Multiprojektsteuerung benötigten Prozesse eng mit den übergeordneten Prozessen der strategischen Planung bzw. Unternehmensplanung verknüpft werden, andererseits stellt auch die Integration mit den operativen Projektmanagementprozessen auf der Ebene der einzelnen Projekte und auch Programme eine Herausforderung dar.

Wenden wir uns zunächst der Integration von Multiprojektmanagement und Unternehmensplanung zu. Hier sollte insbesondere der – häufig noch jährlich stattfindende – Budgetplanungsprozess eng mit den Planungsprozessen im Multiprojektmanagement verknüpft sein. Die im Rahmen der Multiprojektsteuerung vorgenommene Projektbewertung und -priorisierung sollte übergreifenden Kriterien aus der Unternehmensplanung folgen wie z. B. Zwängen, Wirtschaftlichkeitskriterien, Strategiebeitrag und Projektrisiken. Darauf aufbauend müssen im Rahmen des Multiprojektmanagements eine projektübergreifende Ablauf- und Terminplanung sowie eine Ressourcenplanung durchgeführt werden. Diese Planungen bilden dann einen Orientierungsrahmen für die Einzelprojekte. Weidemann[14] betont in diesem Kontext glaubhaft und nachdrücklich die Bedeutung der operativen Ressourceneinsatzplanung für ein erfolgreiches Multiprojektmanagement. Als maßgeblich für die Qualität des Multiprojektmanagements stellt er die Faktoren Kundenorientierung, Flexibilität, Prozessorientierung und Ganzheitlichkeit des Ansatzes heraus.

Viele Unternehmen haben bereits Projektmanagementprozesse auf der Ebene von Einzelprojekten und Programmen definiert und setzen diese mit gutem Erfolg ein. Während diese organisatorischen Vorkehrungen und Regelungen die Projektarbeit auf operativer Ebene in der Regel bereits deutlich verbessern können, ist für eine funktionierendes Multiprojektmanagement darüber hinaus eine Integration dieser lebenswegorientierten Projektmanagementprozesse auf Einzelprojektebene mit den übergreifenden, zyklisch ablaufenden Prozessen der Projektportfoliosteuerung zwingend erforderlich.

2.6.3 Erforderliche übergreifende Regelungen

Um ein Multiprojektmanagement erfolgreich betreiben zu können, muss es sich möglichst harmonisch und reibungslos in die bestehenden Strukturen und Abläufe eines Unternehmens einfügen. Ein wesentlicher Aspekt hierbei ist eine klare **Abgrenzung von Projekt- und Linienorganisation**. Diese sollte möglichst im Rahmen eines Projektmanagementhandbuchs für die gesamte Organisation geregelt werden.

Das Zusammenspiel von Projekt- und Linienorganisation lässt sich beispielsweise durch ein **Marktplatzkonzept** organisieren. Ein solcher Ansatz wurde z. B.

---

[14] Weidemann (2002).

im Daimler-Chrysler-Konzerns verfolgt, wo in einer so genannten „Projekte-Arena" Verhandlungen über alle Leistungsbeziehungen zwischen Linien- und Projektorganisation geführt wurden.[15]

Je nach dem Entwicklungsgrad des Projektmanagements in einem Unternehmen oder einer Organisation hat typischerweise auch schon eine **Standardisierung** des Projektmanagements auf der Ebene einzelner Projekte stattgefunden. Gegenstand solcher Standardisierungen sind zum Beispiel Projektstrukturpläne, Phasenmodelle, Vorgehensmodelle sowie das Dokumentations- und Informationswesen in Projekten.

In Unternehmen, die immer wieder bestimmte Formen bzw. Typen von Projekten, wie z. B. Organisations-, Investitions-, Entwicklungs- oder IT-Projekte abwickeln, hat sich der Einsatz dafür besonders geeigneter **Vorgehensmodelle** bewährt. Bekannte Vorgehensmodelle sind z. B.

- das Wasserfallmodell,
- das V-Modell bzw. V-Modell XP sowie
- inkrementelle Vorgehensmodelle wie z. B.
  - RUP (Rational Unified Process)
  - das Spiral-Modell.

Generell ist zu empfehlen, alle für die Projektarbeit in einem Unternehmen geltenden Festlegungen und Regelungen in einem zentralen Projektmanagementhandbuch niederzulegen und dies regelmäßig weiterzuentwickeln bzw. zu aktualisieren. Natürlich werden Handbücher in der Unternehmenspraxis nicht immer für die tägliche Arbeit herangezogen und verkommen daher schnell zu „Schrankware". Aus diesem Grund sollte bei der Gestaltung eines solchen Handbuchs großer Wert auf Nutzbarkeit und echte Nutzenbeiträge für die Zielgruppe geachtet werden. Beispielsweise wäre zu empfehlen, das Handbuch in stets aktueller Form und standortunabhängig im Intranet eines Unternehmens zu veröffentlichen. Dabei könnten auch alle benötigten Arbeits- und Hilfsmittel so hinterlegt werden, dass ein direkter Nutzen für die Projektarbeit entsteht. Ähnliche Ansätze sind natürlich auch in Verbindung mit Workflow-, Dokumentenmanagement- und/oder Kollaborationssystemen möglich und denkbar.

2.7 Anforderungen an die Infrastruktur

Als Basis für ein Multiprojektmanagement ist eine zentrale Informationsbasis mit den wesentlichen Daten aller Projekte unverzichtbar. In gleicher Weise wünschenswert ist eine gemeinsame Arbeitsplattform für die eigentliche Projektarbeit. Eine Werkzeugunterstützung, die lediglich den Bereich der Projektplanung

---

[15] Siehe Wagner (2002).

umfasst, ist nach den aktuellen Erkenntnissen hierfür nicht ausreichend. Vielmehr sollte eine Werkzeugunterstützung auch die integrative Projektplanung und Steuerung sowie Dokumentation laufender Projekte beinhalten. Auf der Ebene des Projektportfoliomanagements ist eine geeignete Softwareunterstützung inzwischen als eine Grundvoraussetzung für eine Verkürzung der Projektportfoliosteuerungszyklen im Sinne einer rollierenden Planung sowie für ein unternehmensweites Ressourcenmanagement anzusehen.

Neben den projektfachlichen Anforderungen an solche Werkzeuge sind natürlich allgemeine Anforderungen zu erfüllen. Dazu gehört die Interoperabilität von Projektmanagementwerkzeugen mit anderen Systemen, z. B. des Finanz- und Rechnungswesens, der Betriebsdatenerfassung und anderen Steuerungssystemen. Ebenfalls ist eine Interoperabilität mit anderen Werkzeugen im Bereich der individuellen Datenverarbeitung notwendig. **Ahlemann** hat in seiner Untersuchung von Projektmanagementsoftware die wichtigsten Bereiche untersucht, die einer Softwareunterstützung bedürfen. Eine weitere Studie in diesem Bereich wurde am Institut für Projektmanagement und Innovation (IPMI) der Universität Bremen durch **Meyer** durchgeführt.[16]

Literaturangaben

Ahlemann F (2002) Das M-Modell. Eine konzeptionelle Informationssystemarchitektur für die Planung, Kontrolle und Koordination von Projekten (Projekt-Controlling), Osnabrück. Arbeitsbericht des Fachgebiets Betriebswirtschaftslehre/Organisation und Wirtschaftsinformatik, Universität Osnabrück

Dworatschek S, Meyer H (2001) Qualifikationen und Zertifizierung im internationalen Projektmanagement. In: Fischer H (Hrsg.) Unternehmensführung zwischen Finanz- und Kulturtechnik. Verlag Dr. Kovač, Hamburg, S 313–333

Gareis R, Stummer M (2007) Prozesse & Projekte, 2. Auflage. Manz, Wien

Griesche D, Meyer H, Dörrenberg F (2001) Innovative Managementaufgaben in der nationalen und internationalen Praxis: Anforderungen, Methoden, Lösungen, Transfer. Festschrift für Sebastian Dworatschek. DUV, Wiesbaden

Hirzel M (2002) Herausforderungen des Multiprojektmanagements. In: Hirzel M, Kühn F, Wollmann P (Hrsg.) Multiprojektmanagement: strategische und operative Steuerung von Projekteportfolios. Frankfurter Allgemeine Buch, Frankfurt am Main, S 11–21

Jantzen-Homp D (2000) Projektportfolio Management – Multiprojektarbeit im Unternehmungswandel. Dissertation, Gabler/Deutscher Universitäts-Verlag, Wiesbaden

Kempf M, Hirzel M (2002) Ressourcen für das Projektebündel verfügbar machen. In: Hirzel M, Kühn F, Wollmann P (Hrsg.) Multiprojektmanagement: strategische und operative Steuerung von Projekteportfolios. Frankfurter Allgemeine Buch, Frankfurt am Main, S 131–138

Kruse P (2004) Unternehmen im Wandel: Das Management von Unsicherheit. In: ProjektMagazin (www.projektmagazin.de), Ausgabe 24/2004

Kühn F, Pleuger G, Kreitel A (2002) Ressourcenmanagement – Schlüsselkompetenz für erfolgreiches Multiprojecting. In: Hirzel M, Kühn F, Wollmann P (Hrsg.) Multiprojektmanagement: strategische und operative Steuerung von Projekteportfolios. Frankfurter Allgemeine Buch, Frankfurt am Main, S 139–165

---

[16] Siehe Ahlemann (2002) und Meyer (2005).

Literaturangaben

Lukesch CJ (2000) Umfassendes Projektportfoliomanagement in Dienstleistungskonzernen am Beispiel eines großen, international operierenden Versicherungsunternehmens. Dissertation, ETH Nr. 13710, Zürich

Meyer M (2005) Softwareunterstützung für strategisches Projektmanagement. In: Möller T, Spang K (Hrsg.) Mit Projektmanagement zum Erfolg. Tagungsband zum 22. Internationalen Deutschen Projektmanagement Forum 2005, S 87–93

Nees H (2005) Multiprojektmanagement in der Union Investment, Handout zu einem Vortrag auf der 2. Fachtagung Multiprojektmanagement@BayArena, Leverkusen, 14 Sep 2005

Pleuger G (2002) Multiprojecting mit effizienten Gremien, schnellen Prozessen und kooperativen Arbeitsweisen (Praxisbeispiel). In: Hirzel M, Kühn F, Wollmann P (Hrsg.) Multiprojektmanagement: strategische und operative Steuerung von Projekteportfolios. Frankfurter Allgemeine Buch, Frankfurt am Main, S 242–257

Project Management Institute (2000) A guide to the project management body of knowledge, PMBOK Guide Ausgabe 2000

Rietiker S (2005) Enterprise Project Orientation – Systemgestaltung von Unternehmen zur strategischen Nutzung von Projektmanagement, in Tagungsband zum 22. Internationalen Deutschen Projektmanagementforum 2005, S 135–145

Schelle H, Ottmann R, Pfeiffer A (2005) ProjektManager. GPM, Nürnberg

Schwaninger M, Körner M (2004) Organisationsprojekte managen. Das integrative Management von Organisationsprojekten, 2. überarbeitete Auflage, Universität St. Gallen, Institut für Betriebswirtschaft

Seidl J (2007) Konvergentes Projektmanagement (KPM). Konzepte der Integration von Projektportfoliosteuerung und operativem Programm- und Projektmanagement. Dissertation, Universität Bremen, Bremen

Sonntag K, Schaper N (1992) Förderung beruflicher Handlungskompetenz. In: Sonntag K (Hrsg.) Personalentwicklung in Organisationen. Hofgrefe, Göttingen, S 186–210

Wagner O (2002) Die Projekte-Arena (Praxis-Beispiel). In: Hirzel M, Kühn F, Wollmann P (Hrsg.) Multiprojektmanagement: strategische und operative Steuerung von Projekteportfolios. Frankfurter Allgemeine Buch, Frankfurt am Main, S 204–216

Weidemann T (2002) Multiprojecting in der Datenverarbeitung (Praxisbeispiel). In: Hirzel M, Kühn F, Wollmann P (Hrsg.) Multiprojektmanagement: strategische und operative Steuerung von Projekteportfolios. Frankfurter Allgemeine Buch, Frankfurt am Main, S 217–224

Kapitel 3
Konzepte des Multiprojektmanagements

Was sind die wesentlichen Elemente, die für ein Multiprojektmanagement benötigt werden? Die Konzepte in diesem Kapitel sollen dabei helfen, uns Antworten auf die wichtigsten Frage- und Problemstellungen des Multiprojektmanagements zu geben. Zu diesen Fragen gehören: welche Projekte sind notwendig bzw. sinnvoll – welches sind die richtigen Projekte? Wie kann man das Projektportfolio sinnvoll strukturieren? In welcher Reihenfolge bzw. in welcher zeitlichen Lage soll die Projekte angegangen werden? Wie vermeidet man Doppelarbeiten? Welche Ressourcen sollten den Projekten zugewiesen werden? Welche Gremien sind erforderlich? Wie sollten diese aufgehängt werden? Wie oft sollten sie tagen? Wie sollen die Prozesse organisiert werden? Welche aufbauorganisatorische Verankerung ist notwendig?

3.1 Gegenstand der Multiprojektsteuerung

Verrichtungsobjekte des Multiprojektmanagements sind üblicherweise die Projekte des jeweils betrachteten Managementbereiches. Es gibt zwei vorrangige Möglichkeiten zur Multiprojektkoordination, nämlich die Steuerung mehrerer Projekte im Rahmen eines Programmes und die Steuerung aller Projekte und Programme im Rahmen eines Projektportfoliomanagements. Aus diesem Grund ist es erforderlich, das Steuerungsobjekt für den Fall genauer zu betrachten, dass sowohl Programm- als auch Projektportfoliomanagement zur Multiprojektkoordination genutzt werden.

In diesem Falle ist nämlich festzulegen, ob das Projektportfoliomanagement bei seiner Multiprojektkoordination die Projekte innerhalb eines Programms oder lediglich die Programme insgesamt als Gegenstand der Steuerung betrachtet bzw. betrachten soll. Beide Varianten sind mit Vor- und Nachteilen verbunden.

Steuert das Projektportfoliomanagement die Projekte innerhalb eines Programms, so konkurriert es faktisch mit dem Programmmanagement. Das Programmmanagement ist somit schwächer angelegt als wenn es die Projekte in seinem Zuständigkeitsbereich autonom steuern kann. Vorteilhaft ist bei dieser Konstellation jedoch, dass die Projektportfoliosteuerung effektiver wirken kann. So wird z. B. verhindert bzw. erschwert, dass unter dem Deckmantel des Programms auch solche Projekte durchgeführt werden, die im direkten Vergleich zu anderen, außerhalb des

Programms liegenden Projekten weniger attraktiv für das Unternehmen wären und somit bei einer übergreifenden Priorisierung aussortiert würden.

Aber auch die autonome Steuerung der Projekte durch das Programmmanagement kann sinnvoll sein, insbesondere dann, wenn die Umsetzung des Programms die zentrale Herausforderung für die Weiterentwicklung des Unternehmens darstellt. In diesem Falle wird man das Programm bewusst mit hoher Macht und ausreichenden Ressourcen ausstatten, um beste Voraussetzungen für eine erfolgreiche Umsetzung zu schaffen.

3.2 Optimierungsstrategien

Mit einer zunehmenden Anzahl von Projekten verstärkt sich in Unternehmen bzw. Organisationen das Bedürfnis, die Gesamtheit der Projekte in optimierter Weise zu steuern. Dies ist verständlich, da durch ein umfangreiches Projektportfolio auch entsprechende Budgets, Personal- und Sachressourcen sowie Leitungskapazitäten gebunden sind.

Eine Optimierung setzt aber ganz allgemein voraus, dass eine Optimierungsstrategie ausgewählt wurde. Die wichtigsten Optimierungsstrategien, nämlich die Minimierungsstrategie und die Maximierungsstrategie, werden im Folgenden kurz vorgestellt.

Eine **Minimierungsstrategie** liegt dann vor, wenn ein vorgegebenes Ergebnis mit möglichst geringem Aufwand erreicht werden soll. Die Anwendung dieses Konzepts auf ein Projektportfolio setzt eine exakte Definition der Projektergebnisse voraus, die durch die Gesamtheit aller Projekte in einer festgelegten Periode zu erarbeiten sind. Die Minimierungsstrategie verfolgt dann das Ziel, die so definierten Ergebnisse in möglichst kurzer Zeit und /oder mit möglichst geringen Personal- und Sachressourcen zu erreichen.

Im Rahmen einer Maximierung wird das Ziel verfolgt, auf der Basis vorgegebener, begrenzter Ressourcen einen maximalen Nutzen zu generieren. Wird im Projektportfoliomanagement eine **Maximierungsstrategie** verfolgt, so bedeutet dies also, die Projekte so zu gestalten, dass mit den für die Projektarbeit in einer Steuerungsperiode verfügbaren Personal- und Sachressourcen möglichst viele und qualitativ gute Projektergebnisse generiert werden. Da zumeist nicht alle bereits laufenden Projekte, Projektideen und Projektanträge mit den verfügbaren Ressourcen angemessen bedient werden können, ist ein wesentliches Element einer solchen Maximierungsstrategie eine effektive Auswahl der nutzbringendsten Vorhaben.

In der Unternehmenspraxis werden je nach Kontext meist unterschiedliche Optimierungsstrategien gewählt. Bei einzelnen Projekten oder auch Programmen umfasst der Projekt- bzw. der Programmauftrag üblicherweise klar definierte Projektergebnisse, die man möglichst effizient zu erreichen versucht. Hier wird demzufolge üblicherweise die Minimierungsstrategie angewendet.

In der Projektportfoliosteuerung wird dagegen häufig entweder der Gesamtaufwand der Projektaktivitäten in einer Steuerungsperiode begrenzt, z. B. durch ein Jahresbudget, oder aber es stehen nur begrenzte Personal- oder Sachressourcen für die Projektarbeit zur Verfügung. Aus diesem Grund folgt eine Optimierung im Rahmen der Portfoliosteuerung meist mithilfe einer Maximierungsstrategie.

Problematisch ist nun, dass auf der Einzelprojekt- und der Portfolioebene nach unterschiedlichen Gesichtspunkten optimiert wird. Die dadurch entstehenden Konflikte erfordern eine Sensibilisierung der Beteiligten für die unterschiedlichen Sichtweisen und eine aktive Informationspolitik im Projektportfolio.

3.3 Projektauswahl und Projektbewertung

Mindestens einmal pro Jahr steht das Management vor der schwierigen Aufgabe, alle beantragten Projekte zu würdigen, Prioritäten festzulegen und Budgets freizugeben. Für die Unternehmensleitung wird es dabei angesichts der steigenden Komplexität zunehmend schwerer, sachlich begründete und nachvollziehbare Grundsatzentscheidungen darüber zu treffen, mit welchen Projekten man die angestrebten Organisationsziele denn umsetzen und erreichen will. Zuweilen herrscht der Eindruck vor, dass die Priorisierung von Projekten mehr nach subjektiven Gefühlen des Managements als nach angemessenen, nachvollziehbaren Kriterien erfolgt. Dem kann man durch Anwendung bewährter Methoden zur Priorisierung und Steuerung des Projektportfolios begegnen.

Das Projektportfoliomanagement ist in der gesamten Zeit, in der Projekte und Programme entstehen und nach dem Durchlaufen ihres Lebenswegs wieder aufgelöst werden, eine permanente Managementaufgabe. Das Projektportfoliomanagement muss daher regelmäßig Projekte und/oder Programme in das Projektportfolio aufnehmen, das Portfolio steuern und beendete, zurückgestellte oder abgebrochene Vorhaben wieder aus dem Portfolio entfernen. Die Abbildung 3.1 verdeutlicht diesen Prozess.

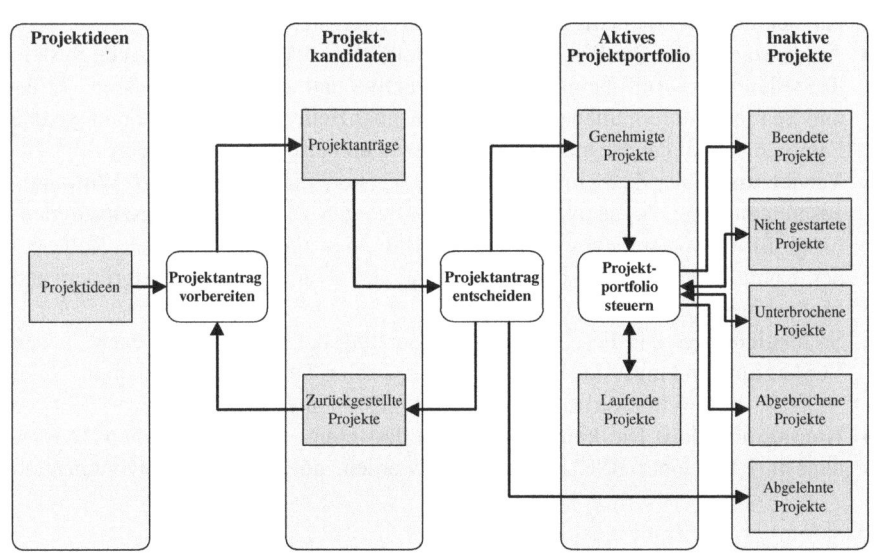

Abb. 3.1 Veränderungen des Projektstatus im Portfolioprozess (Angelehnt an Seidl und Baumann 2009, S. 2214)

Insbesondere die Projektauswahl sollte dabei an den strategischen Zielsetzungen des Unternehmens bzw. der Organisation ausgerichtet werden.[1]

3.3.1 Kriterien für die Projektauswahl

Die Auswahl und Priorisierung von Projekten sollte anhand möglichst gut geeigneter und nachvollziehbarer Kriterien erfolgen. Welche Kriterien kommen dafür in Frage? Diese Frage lässt sich gar nicht so leicht beantworten, da unterschiedlichste Sichten in den Auswahl- und Priorisierungsprozess eingehen können. Dies haben wir bereits bei der Betrachtung der Interessensgruppen des Multiprojektmanagements feststellen können. In den nächsten Abschnitten werden wir uns mit typischen Kriterien und ihren Vor- und Nachteilen auseinandersetzen.

3.3.1.1 Unterstützung übergreifender Unternehmens- bzw. Organisationsziele

Das Fehlen oder die ungenügende Qualität eines strategischen Zielsystems ist in der Praxis häufig genug eine erste hohe Hürde für eine systematische Projektpriorisierung. Zudem orientiert sich das Management bei der Zielformulierung vielfach einseitig an gewünschten Ergebnissen und zu wenig an den dafür notwendigen Voraussetzungen.

Um ein qualitativ ausreichendes und ausgewogenes Zielsystem aufzustellen, bietet sich der Einsatz der Balanced-Scorecard-Methode an. Wesentliche Kernelemente und Grundprinzipien dieser Methode sind:

- **Vollständigkeit**: Die Balanced Scorecard (BSC) soll die strategischen Zielsetzungen möglichst vollständig abbilden und bietet hierzu verschiedene Zielperspektiven und thematische Untergliederungen an.
- **Ausgewogenheit**: Die BSC soll ein in vielfältiger Weise ausgewogenes System darstellen. Kurz- und langfristige Ziele, aktive und abhängige Elemente, Früh- und Spätindikatoren, finanzielle und nicht-finanzielle Aspekte, harte und weiche Faktoren sollen gleichermaßen und ausgewogen berücksichtigt werden.
- **Vernetzung**: Die Ziele innerhalb der BSC sind hinsichtlich ihrer Wirkungszusammenhänge zu analysieren. Das Aufzeigen dieser Wirkungszusammenhänge ist ein wesentliches Element der BSC, das eine entscheidende Rolle bei der Kommunikation des Zielsystems und der Ableitung von Zielgrößen und Maßnahmen spielt.
- **Strategiebezug**: Die BSC stellt die Umsetzung der strategischen Ziele in den Vordergrund und muss daher auch ein strategisches Feedback ermöglichen. Nicht strategie- und wettbewerbsrelevante Ziele müssen abgegrenzt werden.
- **Kommunikation**: Die kompakte Gesamtdarstellung des strategischen Zielsystems in Form einer BSC kann genutzt werden, um die gesamte Organisation

---

[1] Vgl. Schelle (2009).

3.3 Projektauswahl und Projektbewertung

auf die Unternehmensstrategie hin auszurichten. Dazu ist es erforderlich, diese in der Darstellung auf das Wesentliche zu beschränken. Die Zielausrichtung des Unternehmens wird zusätzlich gefördert, wenn auf allen Ebenen andere Steuerungssysteme an die Balanced Scorecard angekoppelt werden. Ein Beispiel hierfür ist die Anbindung variabler Vergütungssysteme.

Die BSC-Methode wurde mit dem Anspruch entwickelt, die Lücke zwischen strategischer Zielsetzung und operativer Strategieumsetzung zu schließen. Diese Umsetzungslücke wird nach wie vor in vielen Unternehmen als schmerzliches Problem wahrgenommen.

In der betrieblichen Praxis wird man häufig mit unklaren Zielen konfrontiert. Dazu gesellen sich vielfältige, oft nicht auf einander abgestimmte Initiativen. Die internen und externen Zusammenhänge der Ziele und Initiativen sind nicht oder nur schwer erkennbar.

Die Kombination kybernetischer Verfahren mit der BSC-Methode kann genutzt werden, um die Qualität der Unternehmenszielsysteme schnell und wirksam zu verbessern. Der Autor schlägt hierzu den Einsatz der Vernetzungsanalyse vor.

Mit einer **Vernetzungsanalyse** lassen sich vielfältige Wirkungszusammenhänge erfassen. Dabei wird jedes Ziel daraufhin überprüft, ob es ein oder mehrere andere beeinflusst. Wichtig ist die Vollständigkeit dieser Analyse, die sich in einer so genannten Einflussmatrix dokumentieren lässt.

Diese Einflussmatrix lässt sich in vier Quadranten aufteilen. Im Quadrant der aktiven Ziele finden sich Elemente, die hohen Einfluss auf andere Ziele im System ausüben, selbst aber nicht oder nur gering beeinflusst werden. Im Quadranten der passiven Ziele ist es genau umgekehrt. Kritisch sind Ziele, bei denen Beeinflussbarkeit und Einfluss auf andere gleichermaßen hoch sind, da man hier zwar steuernd eingreifen, die Zielerreichung aber von anderer Stelle her gefährdet werden kann. Der letzte Quadrant umfasst träge Ziele, die nur in geringem Maß mit anderen verknüpft und bei denen in der Konsequenz sowohl Einflussstärke als auch Beeinflussbarkeit gleichermaßen gering sind.

Für die Steuerung des unternehmerischen Projektportfolios sind somit die Ziele im Quadranten der aktiven Elemente sowie die im Quadranten der kritischen Elemente von besonderer Relevanz: Projekte, die besonders stark zur Erreichung der dort angesiedelten Ziele beitragen, haben entsprechend große Wirkungen auf das Gesamtzielsystem und die Erreichung übergeordneter Zielsetzungen.

Mit der BSC-Methode wurde ein hilfreiches Instrument gefunden, um die Lücke zwischen formulierter Vision und Strategie und taktisch-operativer Umsetzung zu schließen. Aus diesem Grund sind in der BSC nicht nur Ziele und Maßgrößen, sondern auch die strategischen Initiativen abgebildet.

Die Einordnung der Ziele nach Einflussstärke und Beeinflussbarkeit erleichtert sowohl die Bestimmung geeigneter Indikatoren als auch die Ableitung strategischer Aktionen: Strategische Aktionen werden vor allem bei solchen Zielgrößen angesetzt, die einen hohen Einfluss auf andere Ziele ausüben.

Strategische Aktionen kann man als wesentlichen Teil eines Gesamt-Projektportfolios ansehen. Die Gesamtheit aller Projektinitiativen setzt sich somit aus Top-down-Initiativen – gleichzusetzen mit den strategischen Initiativen – und bottom-up initiierten Projektanträgen zusammen (siehe auch 5.1. S/P/P-Modell). Letztgenannte haben i.d.R. eher operativen Charakter, müssen aber gleichwohl angemessene Beiträge zur Erreichung der Unternehmensziele nachweisen, um entsprechend priorisiert zu werden.

Die meisten Unternehmen sind mit einer Zahl von Projektvorhaben oder -anträgen konfrontiert, die weit über das hinausgeht, was sinnvoller Weise umgesetzt werden soll und kann. Wie wählt man nun die richtigen Projekte aus?

Letztlich soll und muss jedes Projekt einen – direkten oder indirekten – Beitrag zur Erreichung der Unternehmensziele leisten. Dazu müssen die Projektinitiativen geprüft und hinterfragt werden. Haben alle Projektvorhaben eine strategische Relevanz? Davon ist kaum auszugehen. Haben sie wenigstens einen Strategiebezug? Das bleibt zu hoffen.

Wie trennt man bei den Maßnahmen und Initiativen nun die Spreu vom (strategischen) Weizen? Die **Balanced Scorecard** eröffnet in Verbindung mit der Vernetzungsanalyse auch hier neue Möglichkeiten. Maßnahmen, die Zielen hoher Einflussstärke zugeordnet werden, versprechen die höchste Wirkung auf das Gesamtsystem. Daher empfiehlt es sich, mit der Ableitung von Maßnahmen zur Unterstützung der aktiven und kritischen Ziele zu beginnen. Diese Maßnahmen eignen sich der Erfahrung nach am besten zur Umsetzung der strategischen Ziele. Durch die zugrunde liegende BSC-Systematik wird zudem die Überwachung der strategischen Aktionen erleichtert.

3.3.1.2 Projektbedeutung, operative Dringlichkeit und Projektrisiko

Die **Analyse der Projektbedeutung** sollte vor dem Hintergrund der Unternehmensziele erfolgen. Hier gehen Anspruch und Wirklichkeit oft weit auseinander. Es gibt kaum ein Projekt, das nicht den Entscheidungsträgern als „unverzichtbar", „von höchster strategischer Bedeutung" oder als „extrem dringend" zur Entscheidung herangetragen wird. Oft wird dabei durch den Willen der Promotoren, ein Projekt durchzuführen, jegliche Objektivität bei der Beurteilung in den Hintergrund gedrängt.

Hat man aber eine formulierte Unternehmenszielsetzung, einen mittelfristigen Aktionsplan oder – noch besser – eine Balanced Scorecard, so lassen sich die Projektanträge vergleichsweise einfach mit den durch sie unterstützten Zielsetzungen in Verbindung bringen. Dies kann z. B. anhand einer gewichteten Zielliste erfolgen.

Durch die Zuordnung der Projekte zu den durch sie unterstützten Zielen und durch eine Bewertung dieser Zielunterstützung über eine einfache Skala (gering, mittel, hoch) lassen sich in simpler Form Nutzwerte für die Projekte ermitteln. Diese werden dann für die weiteren Schritte bei der Priorisierung herangezogen.

Zur **Analyse der operativen Dringlichkeit** ist die Anwendung der Vernetzungsanalyse zu empfehlen. Mit einer Vernetzungsanalyse lassen sich vielfältige Wirkungszusammenhänge erfassen. Dabei wird jeder Projektvorschlag jedem anderen gegenübergestellt und das dringlicher erscheinende Vorhaben in einer

3.3 Projektauswahl und Projektbewertung

Halbmatrix der Projektvorhaben dokumentiert. Das folgende Beispiel (Abb. 3.2) verdeutlicht dieses Prinzip der Paarvergleiche.

Projektliste

A	SAP-Einführung									
B	Reengineering Oper. System	B								
C	Database Marketing-Projekt	C	B							
D	Lizenzmanagement-Projekt	A	D	D						
E	Relaunch Internet-Portal	E	E	C	D					
F	Datenqualitätsmanagement	A	F	F	D	E				
G	CRM-Projekt	G	B	C	D	E	F			
H	Aufbau Partner-Extranet	H	H	C	D	H	H	H		
I	Einführung Archivierungssystem	A	B	C	D	E	F	I	H	

Projekt	A	B	C	D	E	F	G	H	I		
Anzahl Nennungen "ist dringlicher"	3	4	5	7	5	4	1	6	1	36 Paarvergleiche	
Dringlichkeit (normiert auf 100 %)	8	11	14	19	14	11	3	17	3	100	11 Mittelwert (%)

9 Projekte

Abb. 3.2 Präferenzmatrix einer Dringlichkeitsanalyse mit paarweisem Vergleich

Die Auswertung der Nennungen ergibt eine Dringlichkeitsrangliste der Projektvorhaben. In unserem Beispiel ist das dringlichste Vorhaben das Projekt D, während das Projekt I die geringste Dringlichkeit aufweist.

Die Erhebung der Dringlichkeit im Rahmen einer Halbmatrix dokumentiert zwar die Ergebnisse des Paarvergleichs in korrekter und vollständiger Weise, ist aber für die Durchführung von Paarvergleichen – speziell in einer Sitzungssituation mit Führungskräften – zu unübersichtlich. Die Halbmatrix ist zu kompliziert zu lesen und zu interpretieren. Außerdem kann bei es bei der Benutzung einer solchen Darstellung zu Lese- oder Interpretationsfehlern und zu Ermüdungseffekten bei den Teilnehmern kommen. Um einen Paarvergleich von Projekten mit Führungskräften durchzuführen, sollte man daher die folgenden Grundsätze und Empfehlungen beachten:

- Führen Sie Paarvergleich möglichst nur für eine überschaubare Anzahl von Projekten durch, z. B. um
  - die Rangfolge innerhalb der Zwangsprojekte mithilfe des Kriteriums „Dringlichkeit" zu klären oder
  - um die Projektrangfolge in einem besonders kritischen Quadranten eines Projektportfolios (z. B. in Form einer 9-Felder-Matrix) für das Kriterium „Priorität" festzulegen (kritisch könnte ein solcher Ausschnitt z. B. deswegen sein, weil dort viele Ressourcenkonflikte auftreten).
- Lassen Sie die Sitzung, in der der Paarvergleich durchgeführt wird, durch einen erfahrenen Moderator leiten.
- Nutzen Sie – falls verfügbar – eine geeignete Toolunterstützung, durch welche die Konzentration die Teilnehmer einerseits auf den jeweils anstehenden Vergleich gelenkt und durch die andererseits die Dokumentation automatisiert wird.

Am oben dargestellten Beispiel lassen sich einige dieser Grundsätze veranschaulichen. Um die Dringlichkeit zwischen den aufgeführten 9 Projekten im paarweisen Vergleich zu klären, sind insgesamt 36 Paarvergleiche durchzuführen. Dies empfinden erfahrungsgemäß die meisten mit hochrangigen Entscheidern besetzten Gremien als nicht zumutbar. Dennoch ist das Instrument des paarweisen Vergleichs gerade für heterogen besetzte Gremien hochinteressant, da das einmal erarbeitete Ergebnis normalerweise eine sehr hohe Akzeptanz im Gremium findet. Dieser Effekt liegt in der Methode selbst begründet: beim paarweisen Vergleich gehen alle individuellen Gesichtspunkte der Entscheider mit in die Bewertung ein, auch die so genannte „hidden agenda" der Manager, also diejenigen Motive und Überzeugungen, die aus taktischen Gründen in Gremiensitzung nicht oder nur teilweise offengelegt werden. Man kann sogar schwierige Entscheidungen im Abstimmungsverfahren herbeiführen.

Wie sollte man nun also vorgehen? Um Ermüdungseffekte zu vermeiden und die Akzeptanz zu erhöhen, würde man das Verfahren aus Sicht einzelner Projekte durchführen. Der Moderator fragt dann einfach in die Runde, welches denn ein besonders dringliches Projekt sei. Nehmen wir an, dabei würde zunächst das Projekt H „Aufbau Partner Extranet" genannt. Nun kommt die Werkzeugunterstützung ins Spiel. Über das Werkzeug wird folgende Darstellung eingeblendet (Abb. 3.3):

	Betrachtet wird das Projekt:	
Dringlichere Projekte	H Aufbau Partner-Extranet	Weniger dringlichere Projekte
	⇐ A SAP-Einführung ⇒	
	B Reengineering Oper. System	
	C Database Marketing-Projekt	
	D Lizenzmanagement-Projekt	
	E Relaunch Internet-Portal	
	F Datenqualitätsmanagement	
	G CRM-Projekt	
	I Einführung Archivierungssystem	

Abb. 3.3 Werkzeugunterstützte Dringlichkeitsanalyse (1 von 3)

Das Werkzeug zeigt oben das aktuell betrachtete Projekt H an. Da der Moderator nach einem eher dringlichen Projekt gefragt hatte, bittet er die Teilnehmer nun, ihm Projekte zu nennen, die aus Sicht der Teilnehmer dringlicher sein könnten als das betrachtete Projekt H. Der Runde wird es üblicherweise recht leicht fallen, solche Kandidaten zu identifizieren und vorzuschlagen. Im aktuellen Beispiel würden vermutlich die Projekte C und D als Kandidaten vorgeschlagen. Selbstverständlich kann es auch passieren, dass ein Vorschlag nicht die volle Zustimmung der Runde erhält oder über eine Bewertung diskutiert werden muss. Durch die vom Moderator gewählte Strategie finden solche Diskussionen aber in der Regel nur dort statt, wo sie erforderlich sind und zu einer wichtigen Klärung führen. Die noch dringlicheren Projekte werden dann vom Moderator markiert und per Klick in den linken Auswahlbereich verschoben. Im Hintergrund dokumentiert die Software die Ergebnisse. Somit zeigt sich das folgende Bild (Abb. 3.4):

3.3 Projektauswahl und Projektbewertung

		Betrachtet wird das Projekt:		
Dringlichere Projekte		**H Aufbau Partner-Extranet**		**Weniger dringlichere Projekte**
C Database Marketing-Projekt	⇐	A SAP-Einführung	⇒	
D Lizenzmanagement-Projekt		B Reengineering Oper. System		
		E Relaunch Internet-Portal		
		F Datenqualitätsmanagement		
		G CRM-Projekt		
		I Einführung Archivierungssystem		

Abb. 3.4 Werkzeugunterstützte Dringlichkeitsanalyse (2 von 3)

Nun kann der Moderator ohne weitere Diskussion die übrigen in der Mitte verbliebenen Projekte in den rechten Bereich verschieben. Das Ergebnis zeigt die letzte Grafik (Abb. 3.5):

		Betrachtet wird das Projekt:		
Dringlichere Projekte		**H Aufbau Partner-Extranet**		**Weniger dringlichere Projekte**
C Database Marketing-Projekt	⇐		⇒	A SAP-Einführung
D Lizenzmanagement-Projekt				B Reengineering Oper. System
				E Relaunch Internet-Portal
				F Datenqualitätsmanagement
				G CRM-Projekt
				I Einführung Archivierungssystem

Abb. 3.5 Werkzeugunterstützte Dringlichkeitsanalyse (3 von 3)

Somit sind konnten in kürzester Zeit bereits 8 von 36 Paarvergleichen durchgeführt werden. Durch geschickte Weiterführung der Moderation lässt sich so das Verfahren in ansprechender Form und ohne Ermüdungseffekte effizient und schnell durchführen. Als nächstes könnte der Moderator mit den beiden noch identifizierten Projekten fortfahren, die noch dringlicher waren – also den Projekten C und D. Danach könnte er das Feld von der anderen Seite erschließen und sich ein besonders wenig dringliches Projekt nennen lassen. Bei diesem müsste er dann Kandidaten für noch weniger dringliche Projekte abfragen. Da die Software die bereits dokumentierten Paarvergleiche berücksichtigt, wird die Zahl der zu bewertenden Projekte in der Mitte des Bildschirms von Projekt zu Projekt geringer. Der Autor hat bereits diverse Priorisierungsrunden nach diesem Verfahren mit gutem Erfolg und insbesondere hoher Ergebnisakzeptanz bei den Teilnehmern durchgeführt. Hin und wieder wird die so ermittelte (Dringlichkeits-) Rangfolge noch einmal kritisch hinterfragt, wenn sie den Teilnehmern im Ergebnis gezeigt wird. Dabei hat es sich als sehr akzeptanzfördernd herausgestellt, wenn man ein Projekt, über dessen Rang die Runde verwundert ist, einfach noch einmal im Werkzeug aufruft. Ist es wirklich zu einer Fehlbewertung durch die Teilnehmer gekommen, so wird sie hier sofort sichtbar und kann unmittelbar korrigiert werden. Lag keine Fehlbewertung vor, so werden die Teilnehmer besser nachvollziehen können, warum das Projekt auf den berechneten Rang gekommen ist. In beiden Fällen wird das Gros der Runde die Bewertung akzeptieren, da sie letztlich auf Basis ihrer gemeinsamen Einschätzung zustande gekommen ist.

Während die Projektbedeutung bei praktisch allen Priorisierungsverfahren Berücksichtigung findet, wird eine **systematische Auseinandersetzung mit den Projektrisiken** oft vermieden. Auch dies ist sicher ein Grund dafür, warum viele Projekte, speziell IT-Projekte, scheitern. Dabei steht auch für die Projektrisikoanalyse eine Vielzahl von bewährten Verfahren zur Verfügung. Im Zusammenhang mit dem Projektportfoliomanagement sollte man sicher nicht zu aufwändige Risikoanalysen betreiben, da der Aufwand ja letztlich auch für alle Vorhaben anfällt, die über das Antragsstadium nicht hinauskommen und letztlich auch nicht gestartet werden. Eine einfache Risikoeinschätzung nach einheitlich vorgegebenen Kriterien ist aber für ein professionelles Projektportfoliomanagement unverzichtbar.

3.3.2 Projektauswahl

Ein der wichtigsten Fragen, welche im Multiprojektmanagement zu beantworten ist, lautet: welche Projekte sollten durchgeführt werden? Die unterschiedlichen Stufen der Projektauswahl werden häufig mit einem Trichtermodell dargestellt.[2] Noch besser ist allerdings die Vorstellung eines mehrstufigen Filters, der aus den Projektideen alles aussiebt, was nicht den Vorgaben entspricht und schlussendlich nur die bewusst beauftragten Projekte durchlässt.

Am Anfang steht dabei in der Regel eine formale Prüfung der Projekte, in welcher der Projektantrag auf Vollständigkeit und Korrektheit geprüft wird. Alle im Antrag vorgesehenen Unterschriften und Genehmigungen, z. B. von Auftraggeber und /oder Sponsor müssen vorliegen. Gleiche gilt für den Business Case. Zudem wird geprüft, ob die übrigen geforderten Projektinformationen vollständig vorliegen und eine Vergleichbarkeit der Informationen zu den anderen Projekten im Portfolio gegeben ist.

Als zweite Filterstufe wird meist eine Projektbewertung anhand vereinbarter bzw. vorgegebener Kriterien vorgenommen. Typische Kriterien sind dabei Zwänge, Strategiebeitrag, erwarteter Nutzen, Dringlichkeit, Risiken und einige mehr. Auf Basis dieser Bewertung sollte bereits die Ermittlung des Projektrangs innerhalb aller Projekte möglich sein.

Zuweilen wird danach auch noch eine Machbarkeitsprüfung der Projektkandidaten durchgeführt. Diese kann beispielsweise eine grobe Prüfung der Abhängigkeiten zu anderen Projekten sowie einen groben Abgleich des Ressourcenbedarfs gegen die verfügbaren Kapazitäten beinhalten. Weiter sollte natürlich eine allgemeine Prüfung der Realisierbarkeit und ggf. eine Ausarbeitung alternativer Umsetzungsszenarien vorgenommen werden.

---

[2]Siehe z. B. Fiedler (2001, S. 1).

3.3 Projektauswahl und Projektbewertung 59

Die letzte Filterstufe schließlich ist der Entscheidung durch das Management vorbehalten. Hier entscheidet das verantwortliche Gremium – i.d.R. ein so genanntes Portfolio-Board – abschließend über den Projektantrag. Im Ergebnis kann eine Genehmigung, Genehmigung unter Auflagen, Ablehnung oder eine Zurückstellung des Projektantrags beschlossen werden. Die folgende Abbildung 3.6 stellt das mehrstufige Filterverfahren dar.

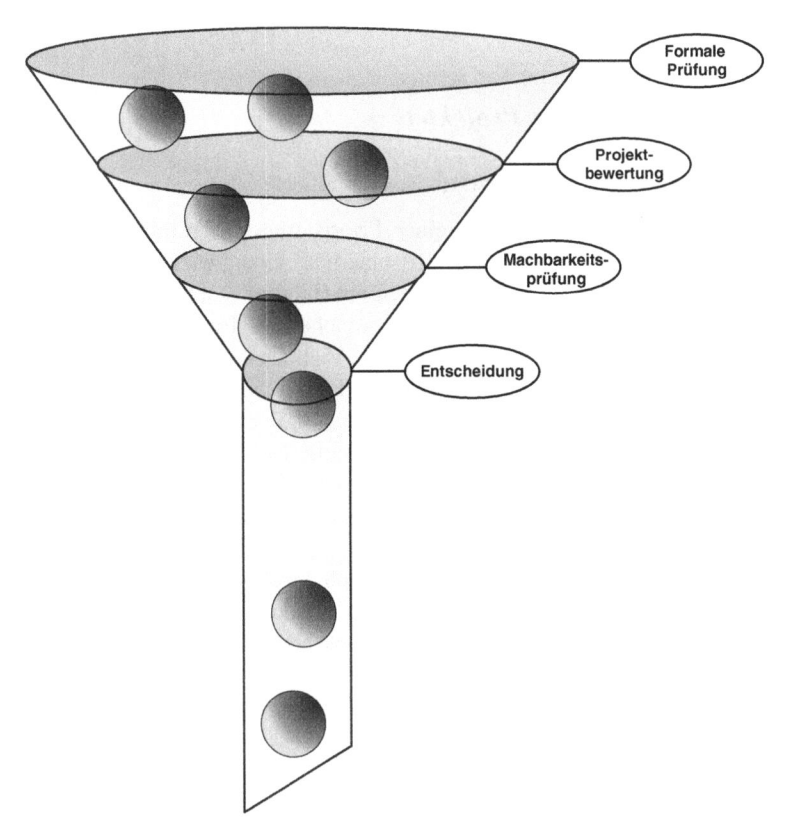

Abb. 3.6 Trichtermodell für die Projektauswahl (angelehnt an Dammer und Gmünden 2005a, S. 18 und Fiedler 2001, S. 1)

Bei der Projektauswahl und –priorisierung können verschiedene Probleme[3] und Schwachstellen auftreten, die im Folgenden aufgelistet werden:

- Projektideen werden nicht wahrgenommen und weiterverfolgt.
- Die Kriterien für die Projektauswahl sind nicht nachvollziehbar bzw. nicht dokumentiert.
- Die Projektvorschläge sind inhaltlich nicht sauber abgegrenzt und überlappen.

---
[3] Vgl. ebenfalls Dammer und Gmünden (2005, S. 18).

- Die Projektevorschläge beinhalten die Entwicklung redundanter Lösungen. Somit bleiben Synergiepotenziale verborgen und können nicht erschlossen werden.
- Die Projekte werden im Auswahlprozess nicht gleichbehandelt.
- Projekte werden gestartet ohne die vorgegebenen Prozesse zu durchlaufen.
- Projektinitiativen werden bereits im Vorfeld des Genehmigungsverfahrens gestoppt, verlangsamt, behindert oder aber von höchster Stelle beschleunigt oder begünstigt.

3.3.3 Priorisierung von Projekten

3.3.3.1 Was bedeutet Priorisierung?

Was versteht man eigentlich unter einer Priorisierung? Vereinfacht gesagt wird durch eine Priorisierung eine Rangfolge innerhalb einer Anzahl von Handlungsoptionen hergestellt. Auch Projekte können als Handlungsoptionen aufgefasst und daher priorisiert werden. Was aber sagt eine solche Rangfolge eigentlich aus? Hier fangen die Missverständnisse häufig schon an. Vielfach wird eine solche Rangfolge mit einer zeitlichen Reihenfolge gleichgesetzt. Eine höhere Priorität eines Projektes kann durchaus auch eine zeitliche Reihenfolge implizieren, muss sie aber nicht. Eine Prioritätsrangfolge zwischen zwei Projekten stellt vielmehr eine Vorratsentscheidung für den Fall von Konflikten dar. Benötigen z. B. zwei Projekte zur gleichen Zeit ein und dieselbe Anlage oder Maschine, so sollte das Projekt mit der höheren Priorität zuerst bedient werden.

Warum ist eine Vorratsentscheidung bezüglich der Projektpriorität sinnvoll? Man könnte ja schließlich auch alle Konflikte lösen sobald sie auftreten. Aus der Frage ergibt sich fast schon die Antwort, denn Vorratsentscheidungen werden getroffen, um beim Auftreten eines Problems schnell und sicher handeln zu können, ohne zeitaufwändige Analyse und Entscheidungsprozesse durchlaufen zu müssen. Ein solches Problem könnte z. B. ein Ressourcenkonflikt sein. Nehmen wir an, ein wichtiger Know-how-Träger würde gleichzeitig von zwei Projekten dringend benötigt. Wurden diese Projekte zuvor priorisiert, so würde zunächst das Projekt mit der höheren Priorität bedient und erst danach oder in Auslastungslücken das andere.

Wichtige Portfolioentscheidungen, z. B. welche Projekte in das Portfolio aufgenommen oder welche Ressourcen den einzelnen Projekten zugewiesen werden, können nur sinnvoll getroffen werden, wenn die Projekte – möglichst auf der Basis der übergeordneten Unternehmensziele – in eine Präferenzordnung, also eine **Projektrangliste**, gebracht werden.

> Die Erstellung dieser Präferenzordnung wird als **Projektpriorisierung** bezeichnet. Darunter ist die Definition bzw. Anwendung von Vorrangregelungen für Konfliktsituationen zu verstehen.[4]

---

[4] Vgl. Schelle et al. (2005).

3.3 Projektauswahl und Projektbewertung

Abb. 3.7 Fahrbahnverengung mit und ohne Reißverschlussverfahren

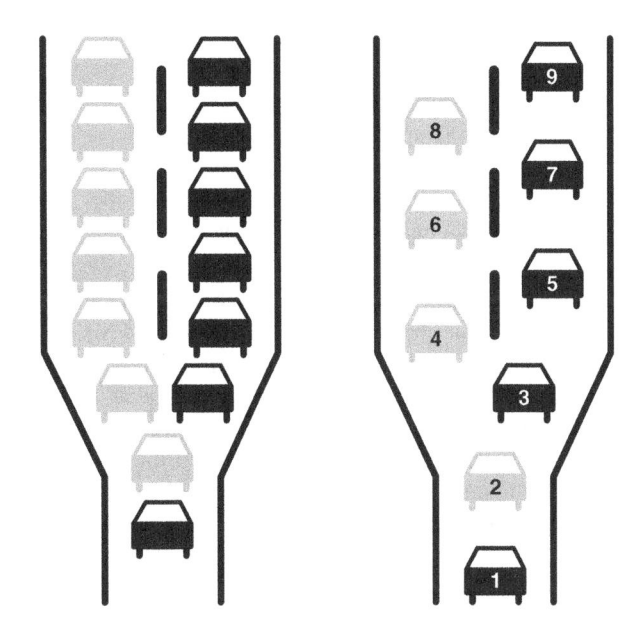

Die Vorteile eine Priorisierung auf Basis einer Vorrangregelung sind uns allen aus dem Straßenverkehr bekannt (siehe Abb. 3.7). Jeder von uns weiß, dass bei der Verengung einer Straße oder Autobahn von zwei Spuren auf eine Spur schnell Staus entstehen. Die Bildung der Staus wird dabei noch begünstigt, wenn die Autofahrer auf beiden Spuren versuchen möglichst schnell durch den Engpass zu kommen und „drängeln". Dieser Fall stellt sich ein, wenn der Vorrang an der Engstelle nicht geregelt ist. In der Abbildung unten ist dieser Fall links dargestellt. Praktisch bei jedem Paar von Autos, das sich der Engstelle nähert, hängt die Einigung von der den beiden jeweiligen Fahrern ab. Der Ausgang der Einigung ist dabei ebenso unbekannt wie die Dauer der „Verhandlung" darüber. Die dadurch entstehende Unsicherheit wirkt sich auf nachfolgende Verkehrsteilnehmer aus und reduziert den Durchfluss im Engpass. Im Bild rechts dagegen ist das heute gültige Reißverschlussverfahren dargestellt. Während im Bild links eine Situation ohne Priorisierung dargestellt wird, wird mit dem Reißverschlussverfahren im Bild rechts gewissermaßen eine Vorratsentscheidung für den Fall getroffen, dass sich mehrere Autofahrer gleichzeitig der Verengung nähern. Wie sieht die Regel hierzu aus? Das Fahrzeug dass die Engstelle zuerst erreicht hat höchste Priorität. Hier gilt also das Prinzip „first in, first out" (FIFO). Für alle nachfolgenden Fahrzeuge gilt, dass immer das erste Fahrzeug der zuvor nicht zum Zuge gekommenen Fahrbahnspur in die Verengung fahren darf.

Wenn alle Fahrer die Regel – also das Reißverschlussverfahren – kennen und korrekt anwenden, fließt der Verkehr deutlich flüssiger durch den Engpass, da es zu deutlich weniger Reibungsverlusten bzw. Konflikten kommt. Natürlich ist gibt es sowohl im Verkehr als auch in der Projektwirtschaft Beteiligte, die sich nicht an Regeln halten können oder wollen. Daher ist neben einer gewissen Kultur auch immer eine Instanz notwendig, die den Regeln Geltung verschafft: im Verkehr kommt diese Rolle der Polizei zu, in der Projektarbeit dem Multiprojektmanagement bzw. einer Projekt-Governance.

Die grundsätzliche Aufgabe der Projektpriorisierung besteht in der Bewertung der unterschiedlichen strategischen Projekte nach adäquaten Kriterien. Als Endergebnis erhält man eine Rangfolge, die einerseits als Grundlage für die Entscheidung zur Realisierung bzw. Nicht-Realisierung und andererseits im Umsetzungsfall als Hilfestellung für die Ressourcenallokation dient. Als bedeutsame Einflussfaktoren für die Priorisierung von Projekten sind dabei die strategische Bedeutung, der monetäre Wert, der relative Vergleich von einzelnen Projekten auf Basis einzelner Aspekte wie Priorität oder Dringlichkeit, Projektinterdependenzen, Synergien zwischen Projekten, Projektrisiken sowie politische Motive zu nennen.[5]

Das in Abb. 3.6 dargestellte Trichtermodell beschreibt den Prozess der Projektportfolioplanung mit häufig vorkommenden Schwierigkeiten und Problemen. Generell ist es von großem Vorteil, wenn die Präferenzen durch das zur Anwendung kommende Priorisierungsverfahren eindeutig geklärt sind. Dies ist aber bei den häufig verwendeten 9- oder 16-Felder-Portfolien gerade nicht der Fall (siehe Abb. 3.8). In jedem Quadranten des Portfolios können und werden sich meist mehrere Projekte befinden und gerade zwischen diesen sind die Präferenzen dann nicht geklärt. Somit bietet ein solches Verfahren auch keine Hilfestellung für die Ressourcenallokation bei den Projekten innerhalb eines Quadranten.

Ziel der Priorisierung sollte eine eindeutige Projektrangliste sein. Wesentliche weitere Anforderungen an die Priorisierung sind in ihrer Nachvollziehbarkeit, der schnellen Anpassung an neue Gegebenheiten sowie der Trennung von Priorisierungsregel und Rangermittlung zu sehen.

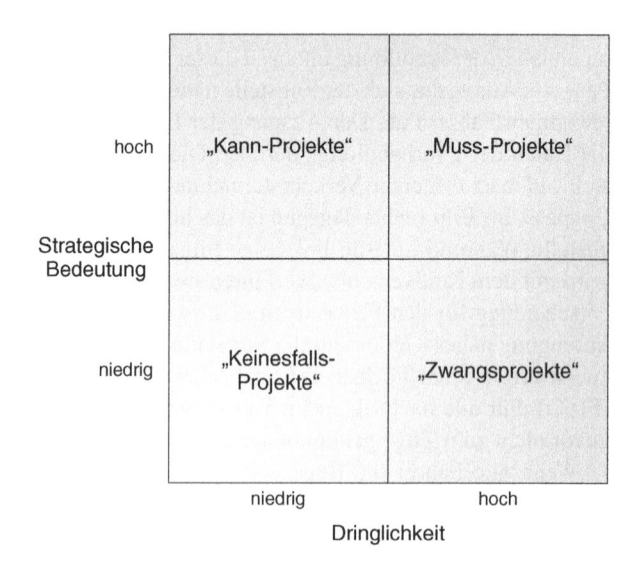

Abb. 3.8 Bedeutungs-Dringlichkeits-Portfolio (Eigene Darstellung)

---

[5]Vgl. Kunz (2005).

3.3 Projektauswahl und Projektbewertung   63

Hierzu ist der Einsatz von **regelbasierten Priorisierungsverfahren** zu empfehlen. Diese erlauben eine situativ an das Unternehmen und die aktuelle Lage angepasste Priorisierungslogik und eine schnelle Ermittlung der Projektrangfolge bei veränderten Rahmenbedingungen. Einschränkend muss aber darauf hingewiesen werden, dass eine Automatisierung der Prioritätsermittlung nicht zu Lasten der Flexibilität gehen darf. Ein Priorisierungsverfahren sollte immer die Möglichkeit vorsehen, temporär wichtige Einflussfaktoren angemessen berücksichtigen zu können. Diese Möglichkeit wird bei der Umsetzung der Priorisierungslogik in einigen PM-Werkzeugen bzw. Implementierungen manchmal zu sehr eingeschränkt.

3.3.3.2 Visualisierungstechniken

Ein Bild sagt mehr als tausend Worte: Schon aus diesem Grund reicht eine Berechnung von Projekträngen allein nicht aus. Vielmehr ist es notwendig, die unterschiedlichen Kennzahlen, welche Einfluss auf die Projektrangfolge haben, auch graphisch darzustellen. Dazu eignet sich vor allem eine Visualisierung mit Hilfe der Portfoliotechnik.

Portfoliodarstellungen werden heute in vielfältiger Form für das Multiprojektmanagement genutzt.[6] Zum Einsatz kommen entweder ordinal- oder intervallskalierte Portfoliodarstellungen (siehe Abb. 3.9).

Mit den Darstellungen lassen sich verschiedene Projektkennzahlen bzw. -klassifizierungen visualisieren. Für die Achsen geeignete Größen sind hierbei Nutzen, Risiken, Bedeutung, Dringlichkeit, Zwänge etc.

Die Größe der Blasen bei intervallskalierten Darstellungen kann sinnvoller Weise mit dem Projektnutzen, den Projektkosten oder auch einem Risikoindex ausgedrückt werden.

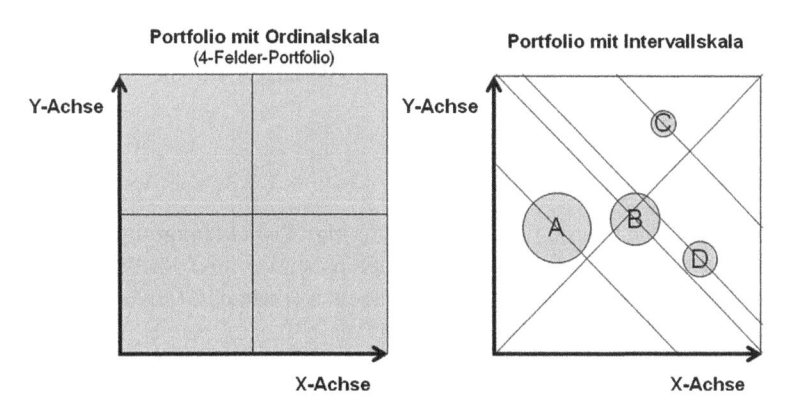

Abb. 3.9 Portfoliodarstellungen (Eigene Darstellung)

---

[6]Vgl. u.a. Schelle (2009).

Zudem lassen sich die Blasen sinnvoll einfärben, z. B. um Projekttypen, Projektphasen oder die Zugehörigkeit der Projekte zu Teilportfolien darzustellen. Auf diese Weise lassen sich in einem einfachen Ordinatensystem mehrere Dimensionen darstellen, was allerdings die Interpretation anspruchsvoller macht.

Die beiden Darstellungsformen haben jeweils gewisse Vor- und Nachteile. Ordinalskalen können ohne großen Erhebungsaufwand auf der Basis einfacher Projektklassifizierungen erstellt werden. Ein Vier-Felder-Portfolio nach Bedeutung und Dringlichkeit ließe sich schon erstellen, wenn für jedes Projekt eine Klassifizierung der Kriterien mit den Ausprägungen „hoch" und niedrig" vorläge. Der Nachteil von Vier-, Neun- oder 16-Felder-Portfoliodarstellungen liegt in der geringen Trennschärfe des Verfahrens. Nimmt man ein Portfolio von 40 Projekten an, so würde bei einer angenommenen Gleichverteilung jeder Quadrant 10 Projekte umfassen. Innerhalb der Quadranten bleibt die Rangfolge jedoch ungeklärt, sodass sich das Verfahren zwar für eine grobe Selektion der Projekte eignen mag, nicht aber für weitergehende Aufgabenstellungen wie z. B. die Ressourcenallokation.

Intervallskalierte Portfoliodarstellungen erlauben hingegen eine sehr trennscharfe Ermittlung von Projektprioritäten. In der Abbildung wird dies durch die Anwendung des Diagonalverfahrens verdeutlicht. Die Positionen der Projekte werden mittels der Kriterien in Form von Koordinaten im Portfolio bestimmt und dargestellt. Wir nehmen an, dass die Achsen so gewählt sind, dass die Attraktivität eines Projekts mit dem X- und Y-Wert gleichermaßen steigt. Um das attraktivste Projekt zu finden, bewegt man nun eine orthogonale Linie zur Diagonalen von rechts oben nach links unten. Im Beispiel trifft diese Linie zuerst auf Projekt C, dann auf die Projekte D, B und A. Somit ist eine Projektrangfolge anhand der beiden Kriterien ermittelt worden. Das Verfahren kann auch dann angewendet werden, wenn die Kriterien unterschiedliche Gewichte erhalten. Grafisch entspräche dies einer Neigung der Diagonale zur Achse des stärker gewichteten Kriteriums.

Sofern mehr als zwei Kriterien zur Bestimmung der Rangfolge herangezogen werden sollen, kommt das grafische Portfolioverfahren an seine Grenzen. In diesem Fall sind Entscheidungsbäume oder Scoring-Verfahren für die Priorisierung zu empfehlen.

3.3.3.3 Priorisierungsmethoden

Ziel der Projektpriorisierung sollte eine **eindeutige Projektrangfolge** sein. Wesentliche weitere Anforderungen an die Priorisierung sind in ihrer Nachvollziehbarkeit, der schnellen Anpassung an neue Gegebenheiten sowie der Trennung von Priorisierungsregel und Rangermittlung zu sehen.

Hierzu ist der Einsatz von regelbasierten Priorisierungsverfahren zu empfehlen. Diese erlauben eine situativ an das Unternehmen und die aktuelle Lage angepasste Priorisierungslogik und durch weitgehende Automatisierungsmöglichkeiten eine schnelle Ermittlung der Projektrangfolge bei veränderten Rahmenbedingungen.

Für die eigentliche Priorisierung stehen verschiedenste Verfahren zur Verfügung, die sich zudem miteinander in vielfältiger Form kombinieren lassen. Die nachfolgende Abbildung 3.10 stellt eine Auswahl wichtiger und geeigneter Verfahren im

Eindimensionale Priorisierungsmethoden	Vergleichende Priorisierungsmethoden	Mehrdimensionale Priorisierungsmethoden
Kapitalwert-Methode (Net Present Value)	Paarvergleiche/ Sensitivitätsanalysen	Checklisten-Verfahren (meist i.V.m. Punktbewertung)
Interner-Zinsfuß-Methode	Lineare Programmierung	Portfolio-Modelle (Diagonalverfahren)
Entscheidungsbaum-Verfahren		Punktbewertungsverfahren (Scoring-Modelle)
Realoptionen-Bewertung		Regelbäume (unter Berücksichtigung unterschiedlicher Kriterien)

Abb. 3.10 Übersicht über die gängigen Priorisierungsverfahren (Kunz 2005, S. 123 ff.)

Überblick vor. Weitergehende Informationen zu Priorisierungsverfahren finden sich u.a. bei Kunz.[7]

3.3.3.4 Flexibilität des Priorisierungsverfahrens

Eine flexible Priorisierung aller Unternehmensprojekte sollte nach Möglichkeit die Berücksichtigung unterschiedlicher Priorisierungskriterien erlauben und sich flexibel an neue Rahmenbedingungen anpassen. Während in früheren Jahren die meisten Organisationen eine einmalige Priorisierung der Projekte im Rahmen des jährlichen Budgetprozesses für ausreichend erachteten, wächst in jüngerer Zeit die Erkenntnis, dass aufgrund der vielfältigen Änderungen in einem Projektportfolio während eines Jahres eine drastische Verkürzung der Projektpriorisierungs- und Steuerungszyklen notwendig ist. Viele Unternehmen gehen inzwischen von der statischen Projektpriorisierung über zu einer **rollenden Planung** des Projektportfolios. Dies führt dazu, dass zur Ermittlung der Projektprioritäten deutlich weniger Zeit zur Verfügung steht als dies noch im Rahmen einer jährlichen Projektpriorisierung möglich war. Um dieser beschleunigten Form der Projektpriorisierung gerecht zu werden, müssen vermehrt Möglichkeiten geschaffen werden, die Projektprioritäten auf der Basis fest definierter Regeln automatisch zu ermitteln. Eine weitere funktionale Anforderung besteht in der Standardisierung des Projektberichtswesens. In der Vergangenheit war es häufig üblich, dass sich jedes Projekt seine eigene Berichtsstruktur schuf, was dazu führte, dass sich Entscheidungsträger – wie zum Beispiel Lenkungsausschussmitglieder – in unterschiedliche Berichtsstrukturen immer wieder neu einarbeiten oder hineindenken mussten. Dies kann durch ein standardisiertes Berichtswesen deutlich verbessert werden.

Als wichtigste Auswahleigenschaften im Sinne einer umfassenden Beurteilung von Projekten kann man den Nutzen und das Risiko ansehen.[8]

Interessant ist zu8dem die Frage, bis zu welchem Zeitpunkt auf seinem Lebensweg ein Projekt in die Auswahl einbezogen werden soll. Werden bereits laufende

---
[7] Kunz (2005, 123 ff.) sowie Eßeling (2009).
[8] Lukesch (2000, S. 58).

Projekte in die Projektauswahl mit einbezogen, so müssen unter anderem die so genannten Sunk Costs berücksichtigt werden.

> **Definition**: Unter **Sunk Costs** versteht man Kosten von Projekten, die in der Durchführung bereits relativ weit fortgeschritten sind und damit bereits einen großen Teil ihrer Gesamtkosten verursacht haben.

Werden solche Projekte bei der Projektauswahl mit einbezogen, so sind bei der Errechnung des finanziellen Nutzens des Projekts diese Sunk Costs nicht mehr zu berücksichtigen. Mit anderen Worten werden bei der Berücksichtigung laufender Projekte im Rahmen der Projektauswahl lediglich Grenznutzen und Grenzkosten solcher Projekte einander gegenübergestellt. Da bei laufenden Projekten somit die um die Sunk Costs verminderten Gesamtkosten des Projekts mit dem vollen Nutzen ins Verhältnis gesetzt werden, steigt die Rentabilität des Projekts im Laufe seiner Durchführung immer weiter an und verbessert damit die Position des Projekts im Rahmen der Projektauswahl.[9]

Abbildung 3.11 zeigt eine Musterlösung für eine eindeutige Priorisierung, bei der berücksichtigt wird, dass in den meisten Unternehmen Zwangsprojekte eine höhere Priorität erhalten als Kann-Projekte. Diese Priorisierungspraxis konnte auch empirisch belegt werden.

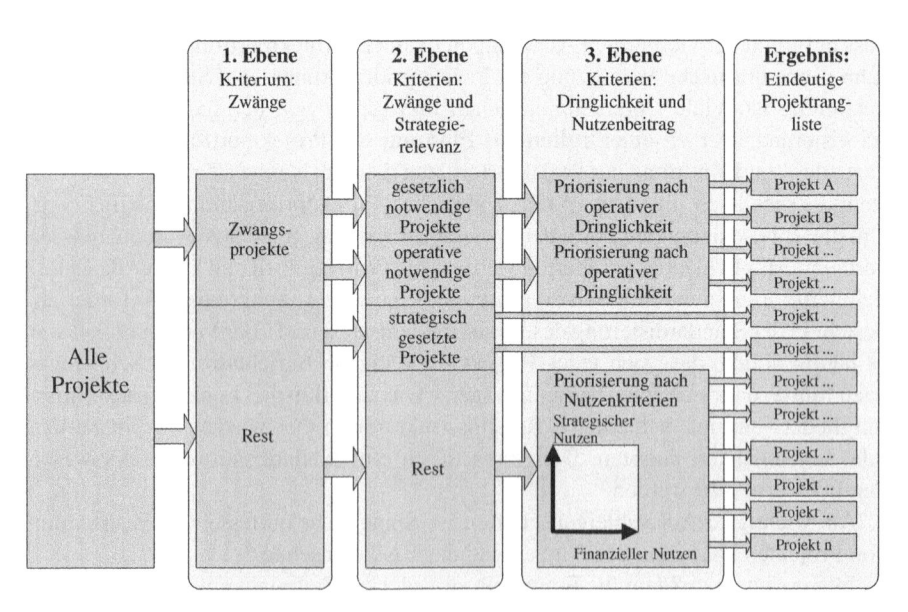

Abb. 3.11 Musterlösung für ein eindeutiges Priorisierungsverfahren (Vgl. Seidl und Baumann 2009, S. 2232, sowie Seidl 2007, S. 144)

---

[9]Lukesch (2000, S. 58).

Der Umgang mit Zwängen ist kein einfaches Thema. Vielfach wird versucht, unter dem Deckmantel vermeintlicher gesetzlicher, regulatorischer oder operativer Notwendigkeiten Freiräume für Projekte zu gewinnen, die einer Prüfung mit härteren Maßstäben nicht immer standhalten. So kann es manchmal wirtschaftlicher sein, eine gesetzliche oder vertragliche Auflage nicht zu erfüllen und stattdessen eine Pönale zu zahlen. In der Praxis ist auch häufig zu beobachten, das Projekte mit dem Prädikat Muss- oder Zwangsprojekt versehen werden, obwohl eine Umsetzung aktuell noch nicht erforderlich ist, sondern erst in ein oder zwei Jahren angegangen werden muss.

3.4 Projektübergreifendes Ressourcenmanagement

Das Ressourcenmanagement ist einer der bedeutendsten Aspekte des Multiprojektmanagements. Da die Ressourcen, insbesondere die Personalressourcen, meist teuer und knapp sind, entbrennt um diese häufig ein Wettbewerb der Projekte.

3.4.1 Ressourcenmanagement in Multiprojektsituationen

Nicht zu unterschätzende Einflussfaktoren beim Ressourcenmanagement sind einerseits die Macht der Linienorganisation, der eine Ressource (z. B. ein Mitarbeiter) zugeteilt ist, sowie andererseits die Eigendynamik von Mitarbeitenden, die bei der Wahrnehmung von Aufgaben durchaus auch von persönlichen Präferenzen geleitet sein kann.

Beim Einsatz der Ressourcen wird zuweilen kritisch festgestellt, dass ein Primat der Dringlichkeit gegenüber der Wichtigkeit bestehe: bedingt durch den operativen Druck aus dem Tagesgeschäft heraus wird demnach ein Großteil der Ressourcen durch „Dringliches" gebunden und somit potenziellen und laufenden Projekten entzogen. Dabei sind Projekte meist das geeignete Instrument, um die in immer kürzeren Zyklen notwendigen Veränderungsprozesse im Unternehmen durchzuführen. Der wachsenden Bedeutung der Projektarbeit kann in diesem Kontext dadurch Rechnung getragen werden, dass entsprechende Ressourcen für die Projekte bereitgestellt und in geeigneter Form disponiert werden (Hirzel 2002).

Das Ressourcenmanagement findet sowohl auf strategischer als auch auf operativer Ebene statt. Aus diesem Grund ist es sehr wichtig, eine klare Aufteilung des jeweiligen zeitlichen Betrachtungshorizonts vorzunehmen. Tabelle 3.1 zeigt eine solche Strukturierung des Ressourcenmanagements beispielhaft auf.

Eines der wichtigsten Instrumente für das Ressourcenmanagement ist die so genannte **Einsatzmittelganglinie** (siehe Abb. 3.12). Diese gibt für den Ressourcenbedarf eines Projekts im Zeitverlauf wieder. Die Einsatzmittelganglinie ist eine ideale Grundlage für die Kommunikation und Verständigung zwischen dem Bedarfsträger – dem Projekt bzw. Projektleiter – und dem Bedarfsdecker – also dem Linien- oder Personalverantwortlichen – im Ressourcenmanagement.

Tabelle 3.1 Rollierendes Ressourcenmanagement

Operatives Ressourcenmanagement		Strategisches Ressourcenmanagement	
Vergangenheit	Kurzfristig (z. B. laufender Monat)	Mittelfristig (z. B. laufendes Quartal)	Langfristig (z. B. Geschäftsjahr)
Ex-post-Analyse der tatsächlichen Ressourcenallokation	Detaillierte Planung (auf AP- und Tagesbasis) Zuordnung konkreter Ressourcen Feste, gesicherte Zuordnung der Ressourcen zu Projekten Steuerung der Ressourcen durch den/die Projektleiter	Mittlere Planungstiefe (Projektphasen/AP und Monat/Woche) Mix aus Planressourcen und konkreten Ressourcen (wo dies notwendig oder klar ist) Nur konkrete Ressourcen sind bereits fest zugesichert Steuerung der Planressourcen durch die Ressourcenmanager, Steuerung benannter Mitarbeiter durch den Projektleiter	Zuordnung von Planressourcen (skillbasiert) Planerische Grobzuordnung der Ressourcen zu Projekten und erwarteten Themen Steuerung der Ressourcen durch Ressourcenpoolverantwortliche

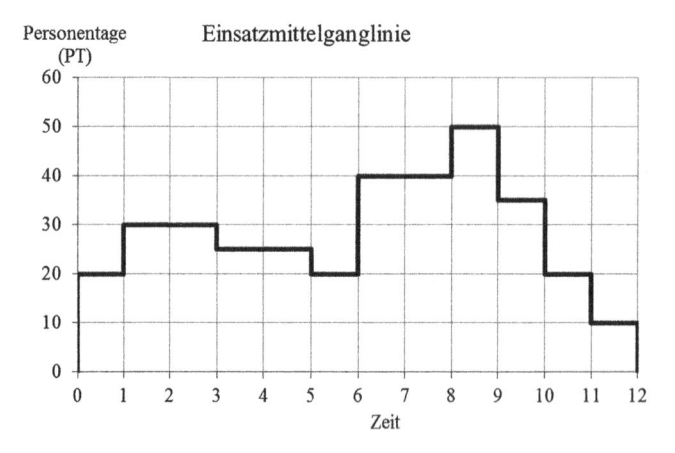

Abb. 3.12 Beispiel einer Einsatzmittelganglinie

Einsatzmittelganglinien können durch Kumulation oder Filterung für verschiedenste Sichten genutzt werden. Aus Projektsicht ermöglichen sie so die Darstellung des Gesamtbedarfs einer bestimmten Ressourcenart wie z. B. den gesamten Personalbedarf in Tagen genauso wie den Bedarf an einer einzelnen Engpassressource. Aus Sicht eines Linien- oder Ressourcenpoolverantwortlichen kann man mit dieser

Darstellung sowohl den Bedarf einzelner Projekte, den Bedarf für Linientätigkeiten oder aber auch den Gesamtbedarf visualisieren.

Für das Multiprojektmanagement ist dieses Instrument somit sehr interessant und wichtig, es sollte aber einheitlich verwendet werden. Dazu ist es sinnvoll und notwendig, zwei wesentliche Dimensionen projektübergreifend festzulegen: zum einen Ressourcengruppen, für die der Einsatzmittelbedarf ermittelt werden soll und zum anderen die Zeitperioden, nach denen die Erhebung und Darstellung erfolgt.

Bei der **Abgrenzung der Ressourcengruppen** sind verschiedene Aspekte zu berücksichtigen. Sie sollten nicht zu grob definiert werden, damit Engpässe und Schlüsselkompetenzen sicht- und steuerbar werden. Andererseits dürfen sie gerade in größeren Unternehmen nicht so stark differenziert werden, dass sie unübersichtlich und somit nicht mehr steuerbar werden.

Die **Festlegung der Steuerungsperioden** erfordert ähnliche Abwägungen. In den meisten Fällen wird man sich zwischen einer monatlichen und einer wöchentlichen Sicht entscheiden. Die monatliche ist etwas gröber, daher etwas leichter zu handhaben und entspricht eher auch der Finanz- und Controllingsichtweise eines Unternehmens. Die Wochensicht hingegen bietet gewisse Vorteile für die operative Ressourcensteuerung, da sie eine Periode (meist) gleichbleibender Kapazität repräsentiert, gut zur Planungssicht der Mitarbeiter passt und einen guten Mix zwischen kurz- und mittelfristiger Orientierung bietet. Zudem lassen sich regelmäßige bzw. wiederkehrende Tätigkeiten meist besser auf Wochen- als auf Monatsebene planen.

3.4.2 Prioritätsorientierte Ressourcenallokation

Nachdem die Projektrangfolge geklärt ist, sollte eine an den Projektprioritäten orientierte Ressourcenallokation erfolgen. Diese muss natürlich auch die geplante zeitliche Inanspruchnahme der Ressourcen berücksichtigen.

Wesentliche Fragen in diesem Kontext lauten:

- Welche Projekte können mit einer gegebenen Ressourcenkapazität abgewickelt werden? Wann?
- Wie werden die Ressourcen quantitativ und qualitativ optimal den Projekten zugeordnet?
- Wer entscheidet über die Ressourcenzuordnung?
- Wie geht man mit Ressourcenengpässen um?
- Nach welchen Prinzipien kann eine Optimierung erfolgen?

Zur Beantwortung dieser Fragen können unterschiedliche Ansätze verfolgt werden. Um beurteilen zu können, welche Projekte mit einer gegebenen Ressourcenkapazität abgewickelt werden können, müssen Termin- und Ressourcenplanung unter Berücksichtigung der Projektprioritäten miteinander verknüpft werden. Um zudem die Ressourcen optimal den Projekten zuzuordnen, ist zwingend eine prioritätsorientierte Ressourcenallokation notwendig. Dabei können neben den Projektprioritäten ggf. auch die Skills der Ressourcen berücksichtigt werden.

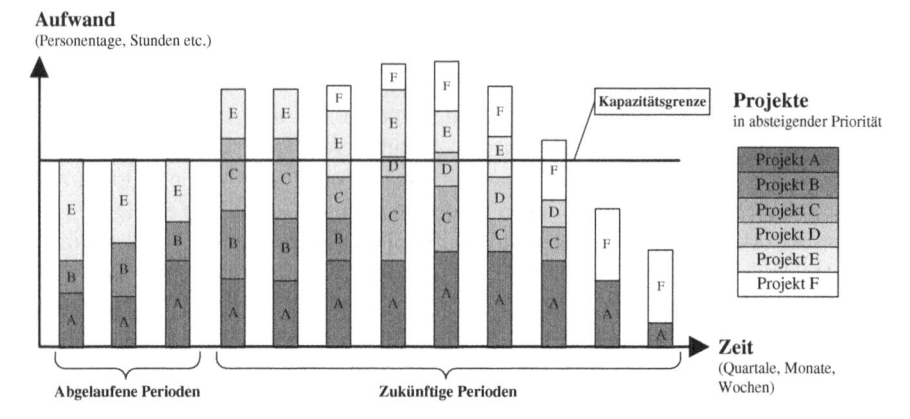

Abb. 3.13 Prioritätsorientierte Ressourcenallokation

Das grundsätzliche Prozedere ist dabei recht einfach. Die nachfolgend dargestellte Abbildung 3.13 verdeutlicht das Prinzip. Hier wird die Ressourcenbindung der verschiedenen Projekte im Zeitverlauf dargestellt. Auf der X-Achse sind die Betrachtungsperioden angeordnet, welche den Planungshorizont in die Zukunft abbilden, die aber auch in die Vergangenheit zurückreichen können. Auf der Y-Achse werden die – tatsächlichen oder geplanten – Ressourcenverbräuche als gestapelte Säulen abgebildet. Dabei sind die Segmente der Säulen von unten nach oben nach der Projektrangfolge angeordnet. Als Zusatzinformation wird die Kapazitätsgrenze als waagerechte Linie dargestellt. Dieses Diagramm lässt sich beliebig variieren. So kann es auf alle Ressourcen oder auch nur auf bestimmte Engpassressourcen angewendet werden. Die Filterung sowie die Wahl der dargestellten Perioden und Kennzahlen lassen weitere Varianten zu.

Diskrepanzen zwischen der prioritätsorientierten Planung und dem tatsächlichen Ressourcenverbrauch werden schnell sichtbar. So müsste im abgebildeten Beispiel kritisch hinterfragt werden, warum in den beiden ersten, bereits abgeschlossenen Perioden die höchsten Aufwände ausgerechnet für das Projekt E erbracht worden sind, das die niedrigste Priorität der drei bearbeiteten Projekte hat.

Ein wichtiger Aspekt ist die Entscheidung über die Ressourcenzuordnung. Hier erscheint es sinnvoll, die Ressourcenanforderung ohne konkrete Personalzuordnung auf der Basis skillorientierter Anforderungen durch die Projektmanager zu stellen, während die konkrete Ressourcenzuweisung dann durch den zuständigen Ressourcen- oder Linienmanager erfolgt.

Schwierig ist immer der Umgang mit Ressourcenengpässen. Für die Projekte ist meistens eine externe Beschaffung die bequemste Lösung. Unternehmensweit müssen dagegen bei dauerhaften Engpässen entsprechende Qualifizierungs- und/oder Personalakquisitionsmaßnahmen ergriffen werden. Diese kommen aber i.d.R. erst späteren Projektvorhaben zugute.

Zu empfehlen ist generell, zunächst die Ressourcenallokation und -steuerung im Bereich von Engpassressourcen anzugehen und zu verbessern. Unternehmensweite

Ansätze wurden in der Vergangenheit oft überfrachtet und zu breit angelegt. Die dadurch bedingte Notwendigkeit, vielfältige Kompromisse einzugehen, hat dann leider häufig dazu geführt, dass der eigentliche Nutzen nicht erzielt werden konnte und auch die Akzeptanz der Ansätze nicht gesichert war.

Wenn man eine Optimierung der Ressourcensteuerung durchführen möchte, sollte man zudem eine grundlegende Festlegung nicht übersehen: man sollte klar festlegen, nach welchen Prinzipien diese Optimierung erfolgen soll. Diese Festlegung ist schlicht eine notwendige Voraussetzung, um überhaupt optimieren zu können.

Hier gibt es grundsätzlich zwei mögliche **Optimierungsprinzipien:**

- **Maximierung**: maximaler Output bei gegebenen Ressourcen
- **Minimierung**: minimaler Ressourcenaufwand bei vorgegebenem Output

Ein ebenso einfaches wie überzeugendes Visualisierungsinstrument für eine prioritätsorientierte Ressourcenallokation bieten gestapelte Balkendiagramme der Ressourcenbindung im Zeitverlauf (siehe Abb. 3.13: Prioritätsorientierte Ressourcenallokation).

Bei der praktischen Umsetzung sollten einige Empfehlungen beachtet werden. So ist es nicht notwendig, das Ressourcenmanagement von Anfang an auf alle Ressourcen auszudehnen. Vielmehr kann es sinnvoll sein, diese Form der Steuerung zunächst auf die Engpassbereiche anzuwenden – unabhängig davon, ob es sich um Personal- oder Sachressourcen handelt.

Einschränkend muss hier allerdings festgestellt werden, dass die Engpassbereiche oft erst identifiziert werden, wenn eine umfassende Ressourcenallokation unter Einbeziehung aller verfügbaren Ressourcen vorgenommen wurde. Eine Einschränkung der Ressourcenplanung auf Engpassressourcen birgt daher immer die Gefahr, dass bereits bestehende oder in der Zukunft drohende Ressourcenengpässe nicht oder nicht rechtzeitig erkannt werden.

Ein anderer wichtiger Aspekt besteht in der angemessenen Festlegung der Detaillierungsebene. So sollte die Ressourcenplanung eher auf der Ebene von Ressourcengruppen oder auch skillbezogenen Gruppen anhand von Planungsressourcen erfolgen, während für die kurzfristig anstehenden Umsetzungsaufgaben eine Zuordnung und damit Allokation von konkreten Einzelressourcen erfolgen sollte. Auch die tatsächliche Ressourcenbindung sollte auf dieser Ebene erfasst und ermittelt werden.

3.5 Das Prinzip der integrierten Projektsteuerung

Was bedeutet eigentlich integrierte Steuerung? Eine der bekanntesten Darstellungen im Projektmanagement ist das in Abbildung 3.14 dargestellte „**Magische Dreieck" der Projektziele** mit den Dimensionen Leistung und Qualität, Aufwand und Zeit. Integrierte Steuerung bedeutet nichts anderes, als diese Zieldimensionen im Zusammenhang zu steuern.

Abb. 3.14 Das Prinzip der integrierten Projektsteuerung

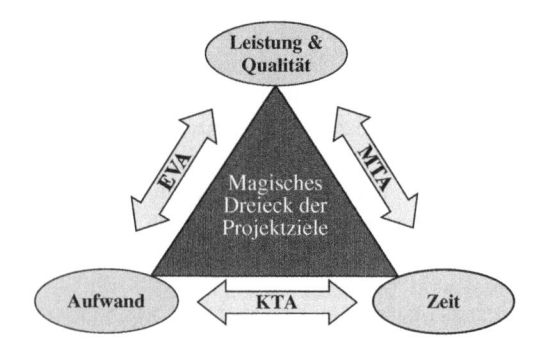

Integrierte Steuerung ist also für einen Projektmanager eigentlich nichts Neues oder Ungewöhnliches, sondern sollte zu seinem täglichen Arbeitszeug gehören. Die integrierte Steuerung ist für das Multiprojektmanagement noch wichtiger als für das Einzelprojektmanagement. Was ist der Grund dafür? Beim Management einzelner Projekte sind die mit Projektmanagementaufgaben betrauten Mitarbeiter und Rollenträger üblicherweise inhaltlich tief in das Projekt eingetaucht. Sie kennen die Probleme und Risiken des Projekts und entwickeln während der Projektlaufzeit ein Gefühl für den Stand der Dinge.

Das aber ist bei Rollenträgern im Multiprojektmanagement ganz anders. Führen wir uns z. B. vor Augen, welche Aufgaben ein Multiprojektcontroller erfüllen muss. Er ist mit einer ganzen Reihe oder gar einer unüberschaubaren Vielzahl von Projekten betraut, welche er unmöglich inhaltlich so tief durchdringen kann wie dies einem Projekt- oder Teilprojektleiter möglich ist. Das kann und soll auch nicht seine Aufgabe sein. Als Multiprojektcontroller muss er aber dennoch alle Projekte in seinem Verantwortungsbereich einschätzen und beurteilen, Risiken und Planabweichungen frühzeitig identifizieren und darstellen und Handlungsempfehlungen für Multiprojektmanagementgremien entwickeln und vertreten können. Wie ist eine solche Aufgabe zu leisten?

Hier kommt die integrierte Steuerung ins Spiel. In einem Portfolio von 50 parallel laufenden Projekten gibt es praktisch immer Planabweichungen. Wie soll aber ein Multiprojektcontroller nun kritische von unkritischen Abweichungen unterscheiden? Indem er eine Abweichung, welche in einer Projektzieldimensionen auftritt, in Beziehung zu den Ergebnissen der Abweichungsanalysen für die übrigen Zieldimensionen setzt und dann den Gesamtzusammenhang bewertet.

Da das Magische Dreieck und die integrierte Steuerung für das Multiprojektmanagement, insbesondere das Multiprojektcontrolling, eine so elementare Grundlage bildet, werden im Folgenden die Zieldimensionen, das Prinzip der integrierten Steuerung und die Bedeutung beider Elemente für das Multiprojektmanagement näher beleuchtet.

Die **Leistungsziele** eines Projekts leiten sich direkt aus den Stakeholder-Erwartungen ab. Sie umfassen die konkreten Ergebnisziele eines Projekts, beschreiben also die vom Projekt erwarteten Ergebnisse oder auch das Projektprodukt. Als

3.5 Das Prinzip der integrierten Projektsteuerung

solches sind sie wesentlicher Teil des Projektauftrags, in dem in der Regel auch die gewünschte bzw. geforderte Qualität der Ergebnisse im Sinne einer Zweckeignung festgehalten wird. In der Projektplanung werden aus dieser Zieldimension die Zielstruktur bzw. das Projektzielsystem sowie die Aufgaben- bzw. Objektstruktur des Projekts abgeleitet.

Die zweite Zieldimension im magischen Dreieck ist die **Zeit**. Neben den Ergebniszielen formulieren die Projekt-Stakeholder in aller Regel auch Terminwünsche. Diese gehen als Vorgehensziele in den Projektauftrag ein und werden im Rahmen der Projektplanung dann zur Termin- und Ablaufstruktur des Projekts ausgearbeitet.

Unter der dritten Dimension, dem **Aufwand**, werden sowohl die Kosten als auch der Ressourcenverbrauch des Projekts – sowohl planerisch als auch im Ist – behandelt. Aus den Stakeholder-Erwartungen werden Kostenziele für ein Projekt abgeleitet, die letztlich zur Festsetzung des Projektbudgets innerhalb des Projektauftrags führen. Zuweilen werden diese ergänzt um Ziele hinsichtlich der einzusetzenden Ressourcen. Diese können sich dabei sowohl auf den Umfang des Ressourceneinsatzes, die zeitliche Bereitstellung oder Verfügbarkeit von Ressourcen als auch auf eine Limitierung des Umfangs beziehen.

Das magische Dreieck ist als zentrales Element des Projektmanagements eigentlich hinreichend bekannt. Umso mehr verwundert es, dass die darin enthaltenen Zieldimensionen meist nur für sich und nicht integriert betrachtet werden. Im Multiprojektmanagement allerdings wird die integrierte Betrachtung und Steuerung dieser Ziele zur Pflicht. Das hat einen ebenso einfachen wie nachvollziehbaren Grund: während man sich in einem einzelnen Projekt im Bedarfsfalle immer noch einen individuellen Eindruck verschaffen bzw. sich in die Projektinhalte und -situation einarbeiten kann, ist dies in einer Multiprojektsituation ab einem gewissen Punkt nicht mehr möglich. Um also viele Projekte von außen zuverlässig betrachten, analysieren, beurteilen und steuern zu können, sind demnach andere Mechanismen erforderlich als die individuelle Kenntnis der detaillierten Einzelprojektsituation.

Aus diesem Grunde reicht es nicht mehr aus, die Zieldimensionen einzeln zu betrachten. Zur sicheren Beurteilung der Projektentwicklung ist es vielmehr erforderlich, zwei grundlegende Prinzipien zu beachten:

- Die Zieldimensionen im magischen Dreieck müssen in Beziehung zueinander gesetzt werden.
- Die Beurteilung der Projektentwicklung erfolgt auf der Basis von Trends.

Ein gängiges Instrument des Projektmanagements, das diese beiden Prinzipien integriert, ist die **Meilensteintrendanalyse (MTA)**.[10] Durch die Meilensteintrendanalyse werden die Zieldimensionen Leistung und Zeit im magischen Dreieck durch eine Trendanalyse der Meilensteintermine verbunden. Gerade bei terminkritischen Projekten hat sich die Meilensteintrendanalyse als Frühwarninstrument bewährt, da sie es ermöglicht, das Risiko von Terminverzögerungen einzuschätzen, ohne tiefere Kenntnisse des Projekts zu besitzen.

---

[10] Vgl. z. B. Motzel (2006, S. 125).

Abb. 3.15 Meilensteintrendanalyse

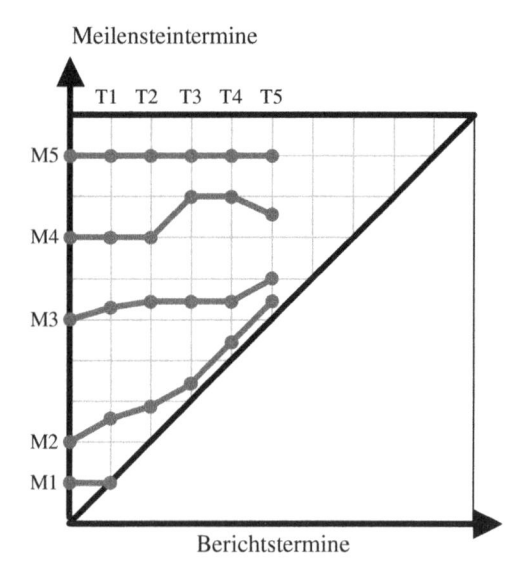

In der Abbildung 3.15 sieht man, dass auf beiden Achsen der Meilensteintrendanalyse Termine verzeichnet werden: auf der x-Achse die Berichts- oder Statustermine im Projekt, auf der y-Achse die zum jeweiligen Statustermin erwartete Erreichung des Meilensteins. Der erste Meilenstein M1 wird bereits mit dem ersten Berichtstermin planmäßig erreicht. Die Planmäßigkeit erkennt man daran, dass die zugehörige Linie parallel zur x-Achse verläuft, das Erreichen des Meilensteins ist daran zu erkennen, dass die Meilensteinlinie die Diagonale erreicht hat. Der Nutzen der Meilensteintrendanalyse wird im Beispiel recht schnell deutlich, wenn man sich den Meilenstein MS2 genauer ansieht. Dieser sollte planmäßig bereits beim zweiten Statustermin erreicht werden, diese Planung konnte aber nicht gehalten werden. Stattdessen „wandert" die Meilensteinlinie in der Folge parallel zur Diagonale, ohne diese zu erreichen. Ein solcher Verlauf sollte einen (Multi-) Projektcontroller alarmieren, insbesondere dann, wenn die übrigen Projektmeilensteine völlig unberührt von der Entwicklung zu sein scheinen. Der in der Abbildung erreichte Status lässt jedenfalls erwarten, dass das Projekt nicht mehr termingerecht abgeschlossen werden kann.

Um die Meilensteintrendanalyse projektübergreifend als Instrument des Multiprojektcontrollings zu nutzen, sollten gewisse Grundsätze beachtet werden:

- Alle Projekte sollten zum Projektstart Meilensteinpläne mit ca. fünf bis zehn wesentlichen Meilensteinen vorlegen, welche relativ gut zeitlich über den Projektlebensweg verteilt sind.
- Das Multiprojektlenkungsgremium/Projektportfolioboard sollte auf jeder Sitzung projektübergreifend alle seit der letzten Sitzung erreichten und bis zum aktuellen Sitzungstermin fälligen Meilensteine behandeln und überprüfen.

3.5 Das Prinzip der integrierten Projektsteuerung

- Im Vorfeld der Sitzungen müssen jeweils für alle nicht abgeschlossenen Meilensteine der Status und die aktuelle Terminprognose gemeldet werden. Ausbleibende Meldungen sind rechtzeitig abzufragen.
- Die Verläufe der Meilensteintrendanalysen sind projektbezogen zu analysieren. Das Multiprojektcontrolling gibt dem Projektportfolioboard auf der Basis dieser Analysen konkrete Handlungsempfehlungen.

Während die Meilensteintrendanalyse die Dimensionen Leistung und Zeit in Beziehung setzt, verbindet die **Kostensteintrendanalyse (KTA)** die Zieldimensionen Aufwand und Zeit, wobei sich hierbei die Trendanalyse auf den Projektaufwand bezieht.

Bei der Kostentrendanalyse[11] werden die erwarteten Projektgesamtkosten von Berichtstermin zu Berichtstermin hochgerechnet und die Entwicklung dieser Prognose in Form einer Trendlinie festgehalten. Diese kann man dann mit dem Gesamtbudget des Projekts vergleichen. Je weiter das Projekt fortschreitet, desto zuverlässiger wird die Kostenprognose sein. Daher kann es für die Multiprojektsteuerung hilfreich sein, als Zusatzinformation den zu einem Berichtstermin erreichten Fertigstellungsgrad mit anzugeben. Im Beispiel (siehe Abb. 3.16) liegt das Projektbudget bei 2,9 Mio. €. In den ersten beiden Berichtsperioden geht die Projektleitung noch davon aus, das Budget unterschreiten zu können, ab der Berichtsperiode August steigt die Kostenprognose jedoch über das Budget. Die Balken zeigen dabei die Abweichung der jeweiligen Kostenprognose zum ursprünglichen Budgetwert. Noch aussagekräftiger kann die Kostentrendanalyse sein, wenn zusätzlich dargestellt wird, wie groß die in die Kostenprognose eingegangenen Anteile der Istkosten und des Restaufwands sind. Zu Beginn des Projekts sind die

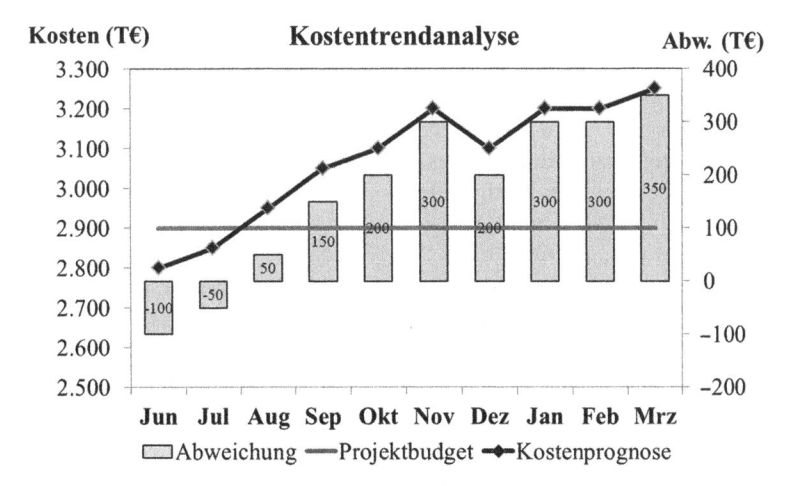

Abb. 3.16 Kostentrendanalyse

---

[11] Vgl. z. B. Motzel (2006, S. 111).

Istkosten noch gering und der Restaufwand somit relativ hoch. Gegen Ende des Projekts wird die Kostenprognose dagegen durch den Istkostenblock dominiert, die Prognosesicherheit ist damit hoch.

Leistungs- und Aufwandsdimension eines Projekts lassen sich zudem durch die so genannte **Earned-Value-Analyse (EVA)**[12] in Beziehung zueinander setzen. Die folgende Abbildung 3.17 zeigt ein Beispiel.

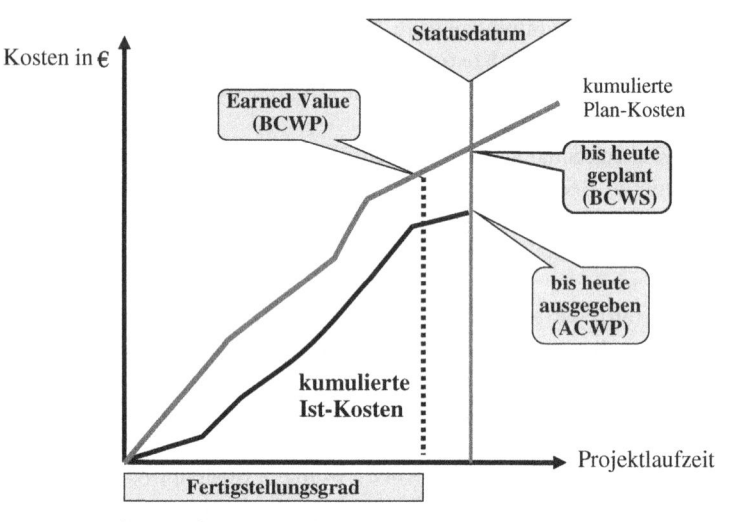

Abb. 3.17 Earned-Value-Analyse

Bei der Earned-Value-Analyse werden die Plankosten über die Projektlaufzeit verteilt. Man unterstellt, dass die budgetierten Gesamtkosten des Projekts dem Wert des Projektes für das Unternehmen entsprechen – andernfalls würde man das Projekt ja schließlich wohl kaum durchführen. Auf Basis der so erstellten Plankostenverteilung und des ermittelten Fertigstellungsgrades kann man während der Laufzeit des Projekts den so genannten „Earned Value" ermitteln, also den durch die bisherige Arbeit erreichten Projektwert. Da diese Größe allgemein definiert ist, kann man sie auch sehr gut für das Multiprojektcontrolling verwenden, insbesondere deshalb, weil sich die Fertigstellungswerte aller betrachteten Projekte periodenbezogen ermitteln und verdichten lassen.

Der Earned Value wird dann als Zähler mit zwei unterschiedlichen Nennern ins Verhältnis gesetzt: verglichen mit den Istkosten ergibt sich der sogenannte Cost-Performance-Index (CPI), verglichen mit den bis zum Statustermin geplanten Projektkosten der Schedule-Performance-Index (SPI).

---

[12] Siehe z. B. Drews und Hildebrand (2007, S. 231 ff.).

Für das Multiprojektmanagement ist eine integrierte Steuerung auch deshalb so wichtig, weil die Projektziele im „magischen Dreieck" in einzelnen Projekten sehr unterschiedlich behandelt werden. So werden Leistungsziele durch die Auftraggeber zwar oft klar formuliert, andererseits im Projektverlauf aber häufig geändert und nur teilweise überwacht. Terminziele sind praktisch immer in konkreter Form vorhanden. Sie werden auch meist intensiv überwacht, andererseits aber in vielen Projekten dennoch nicht immer eingehalten. Für Kostenziele gilt ähnliches: sie werden häufig auf Gesamtprojektebene vorgegeben, können aber deshalb oft nicht mit dem Projekt- bzw. dem Leistungsfortschritt gekoppelt werden. Warum lässt sich all dies immer wieder beobachten? Letztlich nur deshalb, weil der integrierten Steuerung der Zieldimensionen in ihrem Wirkungszusammenhang zu wenig Aufmerksamkeit geschenkt wird.

Die integrierte Steuerung muss in einem geschlossenen Regelkreis ablaufen.[13] Dieser beginnt bei den Projektzielen und dem Projektauftrag, welche die Grundlage für die Projektplanung bilden. Diese Planung bildet dann die Grundlage für die Projektdurchführung. Zu regelmäßigen Statusterminen werden dann die Ist- und Prognosedaten zu den einzelnen Zieldimensionen erhoben, also Leistungsfortschritt, der Istaufwand sowie der prognostizierte Restaufwand bis zur Fertigstellung und natürlich eine Terminprognose zu wichtigen Aktivitäten und Meilensteinen. Dann wird eine Abweichungsanalyse durchgeführt, welche die Zusammenhänge zwischen den Dimensionen berücksichtigt. Bleibt beispielsweise der Ressourcenverbrauch gegenüber der Planung zurück, so kann dies bedeuten, dass Kosten eingespart wurden, weil man besonders effizient gearbeitet hat. Es kann aber auch eine negative Ursache haben, z. B. weil geplante Arbeiten nicht begonnen bzw. abgeschlossen werden konnten. Ob also eine Abweichung positiv oder negativ zu interpretieren ist, kann erst die integrierte Betrachtungsweise klären. Auf Basis der Analyse werden dann die weiteren Planungen angepasst und der Regelkreis somit geschlossen.[14]

3.6 Steuerung und Überwachung des Projektportfolios

„Die wenigsten Firmen betreiben Projektportfoliomanagement, sondern Projektportfoliocontrolling."[15]

Durch die gestiegene Bedeutung von Projekten als Instrument zur Bewältigung des Wandels und durch häufige Veränderungen innerhalb der Projektelandschaften ist die früher weit verbreitete Praxis, ein Projektportfolio nur einmal pro Jahr im Rahmen des Budgetprozesses zu planen und zu priorisieren, in den meisten Unternehmen nicht mehr durchzuhalten. Mehr und mehr setzt sich die Erkenntnis durch, dass eine laufende Projektportfoliosteuerung etabliert werden muss. Die

---

[13] Zum Regelkreis der Managementfunktionen vgl. Dworatschek (1998).
[14] Zu Regelkreis und integrierter Projektsteuerung vgl. Kopp (2005, S. 65).
[15] Aussage eines Multiprojektverantwortlichen einer Schweizer Großbank.

Prioritäten der Projekte werden in vielen Organisationen inzwischen mehrfach pro Jahr verändert, einige haben sogar schon den Übergang zu einer rollierenden Projektportfolioplanung vollzogen.

Der Prozess der Portfoliosteuerung verfolgt im Wesentlichen drei Ziele:

- Die Beurteilung zur Förderung zielkonformen Leistungsverhaltens
- Die Frühwarnung zur raschen Problemerkennung und Problembewältigung
- Die Rückkopplung zur langfristigen Verbesserung von Planung und Entscheidung

Daraus resultieren als Anforderung eine umfassende Kontrolle der Planung, eine Überwachung der Durchführung sowie eine Kontrolle der Projekterfolge im Sinne einer Nachkontrolle.[16]

Der Projektportfoliomanager muss dabei auf Basis der Statusberichte der einzelnen Projekte deren Auswirkungen auf die Projektlandschaft analysieren und sichtbar machen. Hierzu müssen die Projektleiter in regelmäßigen, vorher vereinbarten Berichtsintervallen qualifizierte Statusinformationen zum Projekt abliefern. Es ist zu empfehlen, sowohl den Berichtsprozess als auch die Form der Berichte zu regeln und in einem Projektmanagement-Handbuch festzulegen. Für die Statusberichte selbst sind standardisierte Vorlagen oder eine adäquate Systemunterstützung von Vorteil. An der Qualität des Berichtswesens zeigt sich in der Regel auch, ob die Organisation bereits ein Mindestmaß an Reife im Projektmanagement aufweist. Solange ein „qualifiziertes Projektmanagement im Unternehmen als Fundament fehlt, kann Multiprojektmanagement nicht funktionieren".[17] Für eine Portfolioorientierung reicht eine Standardisierung der Projektvorlagen und –berichte jedoch nicht aus. Vielmehr sind darüber hinaus ein Mindestmaß organisationsweiter Projektmanagementkompetenzen, geregelte Projektmanagementprozesse, eine organisatorische Verankerung des Projekt- und Projektportfoliomanagements und nicht zuletzt die Entwicklung einer Projektkultur im Unternehmen notwendig.

Im Sinne einer integrierten Projektsteuerung ist auch eine **regelmäßige Projektkontrolle** durchzuführen. Nach Lukesch umfasst diese Kontrolle eine Beobachtungs-, die Beurteilungs- sowie eine Präventivfunktion.[18]

Als Elemente der laufenden Projektüberwachung schlägt Lukesch[19] eine Kostenüberwachung auf der Basis der bereits beschrieben Earned-Value-Analyse, eine Terminüberwachung auf der Basis von Meilensteinen sowie eine Überwachung der Funktionalität und Qualität des Projektresultates vor (siehe hierzu auch Tabelle 3.2). Die Nachkontrolle von Projekten soll dem Ergebnis zur Identifikation und Nutzung von Erfahrungswerten und Verbesserungspotenzialen dienen.

---

[16] Lukesch (2000).
[17] Lomnitz (2004, S. 3).
[18] Lukesch (2000, S. 65).
[19] Lukesch (2000, S. 130 ff.).

3.6 Steuerung und Überwachung des Projektportfolios

Tabelle 3.2 Beispiel für Statusreporting mit Ampeldarstellungen[a]

Ampelstatus	Grün	Gelb	Rot
Kosten	Die Kostenprognose für das Gesamtprojekt ist weiterhin im Ziel oder nicht höher als +10%	Die Kostenprognose für das Gesamtprojekt ist zwischen +10% und +20%	Die Kostenprognose für das Gesamtprojekt ist über +20%
Termine	Meilensteine des Projektes sind weiterhin gültig oder wurden/werden voraussichtlich um weniger als einen Monat verschoben	Der Endtermin oder wichtige Meilensteine des Projektes wurden/werden voraussichtlich um 1 bis 2 Monate verschoben	Der Endtermin des Projektes wurde/wird voraussichtlich um mehr als 2 Monate verschoben
Funktionalität	Die vereinbarte Funktionalität wird erfüllt werden	Die vereinbarte Funktionalität muss leicht angepasst werden	Die vereinbarte Funktionalität muss stark verändert werden

[a]Lukesch (2000, S. 72)

Der Prozess der laufenden Projektkontrolle ist nach Lukesch in drei Teile gegliedert. Nachdem der Projektmanager den Projektstatus ermittelt hat, findet eine Kontrolle und Beurteilung dieses Berichts durch den Projektcontroller statt. Dieser fordert, sofern Unstimmigkeiten und Inkonsistenzen gefunden werden, ggf. korrigierte Daten beim Projektmanager an. Sobald der Projektcontroller seine Beurteilung durchführen konnte, wird eine Entscheidung durch das Management herbeigerufen, sofern dies erforderlich ist.

Während es gängige und gute Praxis ist, Budgets für die gesamte Projektlaufzeit zu planen, macht es im Rahmen einer Multiprojektsteuerung sehr viel Sinn, diese nur sukzessive freizugeben, z. B. phasenweise oder für einen Zeitraum, der einem MPM-Steuerungszyklus entspricht.

Eine solche Vorgehensweise hat klare Vorteile. Zum einen sind die so freigegebenen Teilbudgets deutlich belastbarer als eine zu Projektbeginn erstellte Gesamtplanung, zum anderen begrenzen sie das Risiko finanzieller Fehlschläge und ermöglichen Korrektur- und Optimierungsmaßnahmen wie das Verlagern oder Anpassen von Budgetpositionen.

Auf Basis der **Projektstatusberichte** oder ggf. auch eines Multiprojektreviews kann das Projektportfoliomanagement entscheiden, das Projekt entweder fortzuführen, anzuhalten oder abzubrechen.[20] Als Ergebnis eines **Multiprojektreviews** kommen die Kürzung des Portfoliobudgets oder dessen Erhöhung, die Veränderung der Ressourcenallokation, die Anpassung der Projektziele, die Veränderung der Bewertungskriterien im Priorisierungsmodell, der Abbruch von Projekten, die

---

[20]Kunz (2005).

Budgetüberschreitung von Projekten oder Portfolien sowie die Herabstufung der Priorität von Projekten infrage.[21]

Verschiedentlich wird empfohlen, eine **Prioritätsüberprüfung bereits gestarteter Projekte** in einem definierten Rhythmus vorzunehmen.[22] Dies wird damit begründet, dass sich die Prämissen für die Projektentscheidung und die Rahmenparameter zwischenzeitlich geändert haben könnten.

Ziel der Projektportfoliosteuerung ist eine nachhaltige **Steigerung des Projektportfolioerfolgs**. Dieser wird über verschiedene Ebenen erreicht, wie die nachstehende Abbildung 3.18 verdeutlicht.

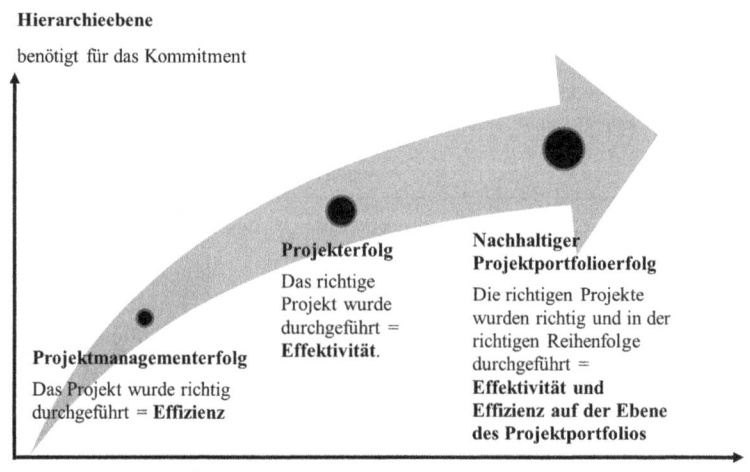

Abb. 3.18 Ebenen des Projekt- und Projektportfolioerfolgs (Siehe Seidl und Baumann 2009, S. 2219 (in Anlehnung an Cooke-Davies 2004, S. 47))

3.7 Der Projektnutzen in der Multiprojektsteuerung

Das Management des Projektnutzens ist bereits im Einzelprojektmanagement ein sehr schwieriges und anspruchsvolles Thema. Das hat unterschiedliche Gründe.

Zunächst einmal ist es sehr schwer, den Nutzen eines konkreten Projekts überhaupt zu messen. Stattdessen werden meist die subjektiven Einschätzungen wichtiger Stakeholder des Projekts zu einer **Nutzeneinschätzung** zusammenfügt. Solche Einschätzungen lassen sich aber nur schwer objektivieren und konkreten Nutzenkennzahlen ausdrücken. Aus diesem Grund wird häufig zwischen qualitativen und quantitativen Nutzen unterschieden.

---

[21] Kunz (2005).
[22] Siehe hierzu z. B. Fleidl und Hurtmanns (2005).

Ein anderer Grund ist in den Veränderungen zu sehen, welche der Nutzen eines Projekts über den Projektlebensweg hin erfährt. Zunächst stehen **Nutzenerwartungen** im Blickpunkt der Betrachtung, welche die am Projekt interessierten Parteien mit dem Projekt verbinden. Diese Nutzenerwartungen gehen normalerweise in den Projektauftrag ein. Sowohl das Projekt- als auch das Multiprojektmanagement haben in der Folge die schwierige Aufgabe, die Umsetzung diese Nutzenerwartungen vor dem Hintergrund des gesamten Projektportfolios zu steuern und zu optimieren. Während der Projektlaufzeit werden zwar werden sukzessive Projektergebnisse fertiggestellt. Diese Projektergebnisse haben aber selten schon einen konkreten Nutzen zur Folge. In den meisten Fällen stellen sie lediglich ein **Nutzenpotenzial** dar, das erst nach einer gewissen Einsatz- bzw. Nutzungszeit einen realen Nutzen bewirkt. Zudem kann empirisch belegt werden, dass während der Laufzeit von Projekten nur selten **Nutzenüberprüfungen** stattfinden.[23] Sofern ein **Nutzeninkasso** in Projekten überhaupt vorgenommen wird, findet dieses meist gegen Ende des Projektes statt. Aber auch zum Projektende können die meisten Projekte aus den eben dargestellten Gründen erst ein Nutzenpotenzial vorweisen. Ein Nutzeninkasso macht demnach erst einem gewissen zeitlichen Abstand zum Projekt Sinn. Dann ist allerdings das Problem gegeben, den Nutzenbeitrag des einzelnen Projektes von anderen Beiträgen und Einflüssen zu isolieren.

Die projektübergreifende **Verfolgung und Optimierung der Nutzenbeiträge** stellt somit eine sehr schwierige Aufgabe für das Multiprojektmanagement, insbesondere das Projektportfoliomanagement dar. Es gilt hierbei, höchst unterschiedliche Angaben zu Höhe und Qualität von Projektnutzenbeiträgen zusammenzuführen, diese auf einen gemeinsamen Nenner zu bringen und darauf aufbauend Entscheidungen vorzubereiten oder zu treffen. Um dies überhaupt leisten zu können, sollte man den Gesamtnutzen der Projekte auf kleinere, in sich abgeschlossene Nutzenbeiträge herunterbrechen, welche einerseits die Verfolgung des Projektnutzens im Zeitverlauf und andererseits die projektübergreifende Zusammenführung von Nutzenbeiträgen innerhalb festgelegter Steuerungsperioden ermöglichen.

Da die Höhe des erwarteten Projektnutzens in den meisten Organisationen maßgeblichen **Einfluss auf die Projektpriorität** hat, sollte die zum Zeitpunkt der Priorisierung zugrunde liegende Nutzenbetrachtung im Projektverlauf überwacht werden. Die folgende Abbildung zeigt unterschiedliche Nutzenverläufe auf, die sich in der Praxis selbst ergeben oder durch Einwirkung des Multiprojektmanagements bewirkt werden können.

Betrachtet man die Grafik (Abb. 3.19), so wird schnell deutlich, dass eine Multiprojektsteuerung eigentlich den Anspruch haben sollte, die Projekte im Portfolio so zu steuern, dass Potenziale zum Vorziehen von Nutzeneffekten genutzt werden können. Anderseits sollte es regulierend eingreifen, wenn erkennbar wird, dass ein Projekt den erwarteten Nutzen nicht, nicht rechtzeitig oder nicht in dem erwarteten Umfang erbringen kann.

---

[23] Empirische Ergebnisse hierzu finden sich u.a. bei Seidl (2007).

Nutzen

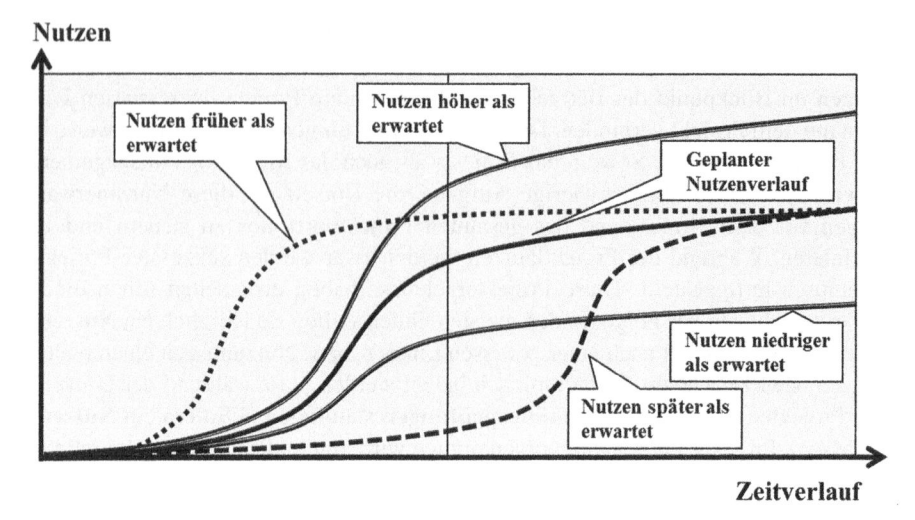

Abb. 3.19 Mögliche Verläufe des Projektnutzens (Eigene Darstellung angelehnt an Lukesch 2000, S. 143, siehe auch Seidl und Baumann 2009, S. 2218)

Empirisch wurden im Gegensatz dazu jedoch Hinweise dafür gefunden, dass Nutzenüberlegungen während der Laufzeit von Projekten nicht im Vordergrund der Betrachtung stehen. In der Praxis scheinen Nutzenüberlegungen primär im Rahmen der Projektgenehmigung und allenfalls noch bei Beendigung des Projekts angestellt zu werden. Unverständlich ist, dass man eher eine Nutzenbetrachtung bei Projektende durchführt als während der Laufzeit, wo man den Nutzen ja noch verändern oder beeinflussen kann.[24]

Eine regelmäßige Überwachung des Nutzens ist eine wesentliche Voraussetzung zur umfassenden Beurteilung des Projektportfolioerfolgs. Hierzu muss man nämlich die im Portfolio erwirtschafteten Nutzenbeiträge kumuliert betrachten und dem entsprechenden Projektportfolioaufwand gegenüberstellen. Damit eine solche Nutzenmessung ermöglicht wird, müssen im Voraus geeignete Messkriterien festgelegt werden. Diese sollten vor dem Projektstart definiert werden, so dass die Entwicklung des Nutzens möglichst auf dem gesamten Projektlebensweg verfolgt werden kann. Hierbei sollte das Prinzip gelten, dass ein Nutzenzuwachs nach jeder Projektphase sichtbar sein muss.[25]

3.7.1 Verfolgung von Projektzielen und Projekterfolg aus Sicht der Stakeholder

Was sind die Ziele des Projekts? Konfrontiert mit dieser Frage werden die unterschiedlichen Stakeholder eines Projekts meist sehr unterschiedliche Antworten

---

[24] Siehe beispielsweise Seidl (2007, S. 192).
[25] Vgl. u. a. Lazic (2004) sowie Seidl und Baumann (2009, S. 2218 und 2234).

geben. Überraschen wird dies niemanden. Umso verwunderlicher ist es, dass viele Projektbeteiligte davon ausgehen, dass die Frage nach dem Erfolg eines Projektes zu eindeutigeren Ergebnisse führt. In der Praxis wird jedoch der Erfolg eines Projektes in der Regel nicht anhand objektiver Kriterien gemessen, sondern vielmehr subjektiv festgestellt – auch hier von den Stakeholdern. Anders ausgedrückt: ob ein Projekt erfolgreich war oder nicht, erfährt man nicht alleine aus dem Projektabschlussbericht, sondern vielmehr auch durch intensives Zuhören auf dem Gang, in der Cafeteria und an anderen Kommunikationsschwerpunkten.

3.7.2 Nutzencontrolling im Projektportfolio

Die Planung und Verfolgung des Nutzens, der durch ein Projekt erzielt werden soll oder erzielt worden ist, gestalten sich schon auf der Ebene eines einzelnen Projekts sehr schwierig. Hierfür gibt es unterschiedliche Gründe.

Ein wesentliches Problem besteht darin, den Nutzen überhaupt zu messen. In der Praxis erscheint „der Projektnutzen" vielmehr als eine unbestimmte Größe, der sich subjektiv aus den Einschätzungen der wichtigsten Projektstakeholder zusammenfügt, aber sich nur schwer objektiv in Form einer oder einiger weniger Kennzahlen ausdrücken lässt. Man sollte daher den qualitativen und den quantitativen Nutzen unterscheiden.

Ein anderes Problem besteht darin, dass sich hinter dem Begriff „Projektnutzen" bei genauerem Hinsehen eine sich im Zeitablauf verändernde Größe verbirgt. In den frühen Projektphasen beschäftigten sich die Stakeholder mit **Nutzenerwartungen**, die mit dem Projekt – zu Recht oder zu Unrecht – verbunden werden. Diese Nutzenerwartung wird in der Regel im Projektauftrag festgeschrieben. Das Projektportfoliomanagement hat in der Folge die schwierige Aufgabe, die Umsetzung dieser Nutzenerwartungen vor dem Hintergrund des gesamten Projektportfolios zu steuern und zu optimieren.

Wie empirisch belegt werden kann, finden während der Laufzeit von Projekten nur selten Nutzenüberprüfungen statt.[26] Sofern ein **Nutzeninkasso** in Projekten überhaupt vorgenommen wird, findet dieses meist gegen Ende des Projekts statt. Zum Projektende können die meisten Projekte allerdings meist erst ein Nutzenpotenzial vorweisen, da die Realisierung eines **konkreten Nutzens** in aller Regel die Nutzung des im Projekt erstellten Produkts oder Ergebnisses über einen gewissen Zeitraum voraussetzt, also erst mit einem gewissen zeitlichen Abstand zum Projekt erfolgt. Ergo kann der konkrete Nutzen auch erst mit diesem zeitlichen Abstand gemessen werden. Die Genauigkeit dieser Ermittlung ist jedoch eingeschränkt, da es oft schwierig ist, den Beitrag des Projekts zum Nutzen gegenüber anderen Beiträgen und Einflüssen zu isolieren.

Das Projektportfoliomanagement steht somit vor der schwierigen Aufgabe, bei der projektübergreifenden Verfolgung und Optimierung der Nutzenbeiträge höchst

---
[26] Seidl (2007, S. 192 f.).

unterschiedliche Qualitäten von Nutzen zusammenzuführen, auf einen gemeinsamen Nenner zu bringen und, darauf aufbauend, Entscheidungen vorzubereiten oder zu treffen.

Hierzu ist es sinnvoll, den Gesamtnutzen der Projekte auf kleinere, in sich abgeschlossene Nutzenbeiträge herunter zu brechen, die einerseits die Verfolgung des Projektnutzens im Zeitverlauf und andererseits die projektübergreifende Zusammenführung von Nutzenbeiträgen durch das Projektportfoliomanagement innerhalb der festgelegten Steuerungsperioden ermöglichen.

Während der Projektlaufzeit können die Ermittlung und Verfolgung von Projektwerten im Rahmen der **Earned-Value-Analyse (EVA)** ein geeignetes Instrument hierfür sein. Kritisch anzumerken ist allerdings, dass diese Methode qualitative Nutzenaspekte nicht erfasst und beim quantitativen Nutzen zuweilen Scheingenauigkeiten vorspiegelt. Daher sollte sich das Nutzencontrolling im Projektportfolio nicht auf diese Methode alleine beschränken.

3.8 Der Umgang mit Unsicherheit

Eine wesentliche Basis und Voraussetzung für ein erfolgreiches Multiprojektmanagement sind verlässliche Projektinformationen. In der Praxis ist diese Basis häufig leider nicht oder nur unzureichend gegeben.

Projekte behandeln oft neuartige Themenstellungen und sind damit auch in einem gewissen Umfang immer risikobehaftet.[27] Beides trägt dazu bei, dass die Beurteilung von Projekten immer gewisse Unsicherheiten beinhaltet.

Der Grad der Unsicherheit hängt stark davon ab, in welcher Phase des Projektlebenszyklus sich ein Projekt befindet. Naturgemäß sind am Anfang des Projektlebenswegs viele Fragen noch völlig ungeklärt, während in späteren Projektphasen der Grad der Unsicherheit angesichts bereits erarbeiteter Ergebnisse und gewonnener Erfahrungen stetig zurückgeht.

Für eine Projektportfoliosteuerung besteht eine große Herausforderung darin, aus einer Vielfalt von unterschiedlich belastbaren Projektplanungs- und Statusinformationen ein homogenes und ausgewogenes Gesamtportfolio zu komponieren.

Ein wesentlicher Ansatz zum angemessenen Umgang mit Unsicherheit besteht darin, den Projektlebensweg in Phasen aufzuteilen und nur die jeweils anstehende nächste Phase als gesicherte Informationsbasis für die Multiprojektsteuerung anzusehen. Ein solches Vorgehen wird durch die Nutzung geeigneter Vorgehensmodelle erleichtert.[28]

---

[27] Siehe Abb. 1.1: Merkmale von Projekten.
[28] Siehe Abschnitt 2.6.3.

3.9 Der Umgang mit Komplexität

Die konvergente Gestaltung eines Projektportfolios stellt hohe Anforderungen an den Umgang mit Komplexität. Unter Komplexität wird nach Bleicher[29] die Eigenschaft von Systemen verstanden, in einer gegebenen Zeitspanne eine große Anzahl von verschiedenen Zuständen annehmen zu können. Diese Vielfalt erschwert die gedankliche Erfassung und Beherrschung dieser Zustände durch den Menschen beziehungsweise den Manager sehr. In der Konsequenz lässt sich auch das Verhalten eines komplexen Systems nur bedingt voraussagen. In der betrieblichen Praxis gibt es – neben dem Multiprojektmanagement – vielfältige komplexe Systeme. Die mit diesen Systemen konfrontierten Aufgabenverantwortlichen und Führungskräfte versuchen in der Regel, ihre Einschätzungen und Beurteilungen nach dem einfachen Prinzip des Ursache-Wirkungs-Denkens vorzunehmen. Das Ursache-Wirkungs-Denken ist aber als Basis des Denken und Handeln für komplexe Systeme nur bedingt oder gar nicht geeignet. Projekte, die im Zeitverlauf schnell andere Zustände annehmen können, bilden in ihrer Gesamtheit geradezu ein Paradebeispiel für ein komplexes System. Für das Multiprojektmanagement sind demzufolge anspruchsvolle, über einfaches Ursache-Wirkungs-Denken hinausgehende Managementtechniken zur Analyse, Prognose und Steuerung erforderlich.

> Complexity is determined by the number of activities and milestones, and the number of participants who need to be coordinated to achieve the project goals. Complexity ranges from a few activities, dates and participants involved to hundreds of thousands of activities (many of them critical with respect to other activities and to the overall project Schedule) and to thousands of internal and external participants of different industries representing a broad variety of professions and interests like suppliers, contractors, consultants, and legal authorities. In addition complex projects (MOEs) often require know-how in different fields such as engineering (construction, structural, electromechanic, electronic) and management (legal, financial. administrative).[30]

Welche Einzelaspekte zur Komplexität der Projektarbeit beitragen können, zeigt die nachfolgende Tabelle 3.3.

Der Herausforderung eines komplexen Systems kann man grundsätzlich auf zwei verschiedene Weisen begegnen. Zum einen kann man sich bemühen, die Komplexität zu reduzieren, zum anderen kann man danach streben, die Komplexität zu bewältigen. Komplexitätsreduzierende Maßnahmen sind nach Bleicher richtig, wenn es um die rationelle und sichere Erreichung bekannter Ziele auf bekannten Wegen geht, jedoch falsch, wenn es darum geht, nach neuen Wegen und Zielen zu suchen.[31]

Zur Bewältigung gestiegener Komplexität empfehlen anerkannte Wissenschaftler aus verschiedenen Disziplinen ganzheitliche Denkansätze. Stellvertretend seien

---

[29] Bleicher (2003, S. 31 ff.).
[30] Grün (2004, S. 4).
[31] Bleicher (2003) verweist an dieser Stelle auf Ulrich und Probst (1988, S. 60 ff.).

Tabelle 3.3 Komplexität der Projektarbeit[a]

	Komplexität der Projektarbeit			
	Niedrig	Mittel	Hoch	Sehr hoch
Anzahl und Verschiedenartigkeit der Projekte	Einzelprojekt	Mehrere ähnliche Projekte	Mehrere ähnliche, einige andersartige Projekte	Verschiedene Projekte, complexes Projektportfolio
Komplexität der Aufgabe	Einfache, flache Aufgabenstruktur	Einfache, aber sehr differenzierte Aufgabenstruktur	Verschiedene und differenziert strukturierte Aufgaben	Hockkomplexe Strucktur
Neuartigkeit der Aufgabe	Bekannte Aufgabenstellung	Bekannte Aufgabe, aber neu für das Projektteam	Unbekannte ausgabenstellung	Unbekannte, schwierige Aufgabenstellung
Teamgräße	Wenige Personen	Kleines Team	Großes Tem	Sehr großes Tem
Räumliche Verteilung des Projektteams	Alle an einem Ort	Teilteams verteilt auf mehrere Standorte	Teilteams verteilt auf verschiedene Standorte	Virtuelles Team
Stakeholder-Struktur	Wenige Stakeholder mit homogenen Interessen	Wenige Stakeholder mit unterschiedkichen Interessen	Diverse Stakeholder mit unterschiedlichen Interessen	Unterschiedlichste Stakeholder mit z.T. unbekannten Interesseb
Leitungsstrukturen	Zentrale Entscheidungs-instanz	Weniger, klare Verantwortlichkeiten	Jonkurrierende Verantwortlichkeiten (Matrix)	Unkiare Verantwortlichkeiten
Änderungshäufigkeit	Keine Varänderungen des Projektauftrags	Wenige, unbedeutende Änderungen	Regelmäßige Change Requests	Permanente Varänderung des Projektauftrags
Aufgabenbearbeitung durch die Projektmitarbeiter	Je Mitarbeiter nureine Aufgabe bis zu deren Abschluss	Wenige gleichzeitige Aufgaben je MA	Mehrere gleichzeitige Aufgaben je MA	Permanent wechselnde Aufgaben je MA

[a]In Anlehnung an Schwienhorst und Purle (2006, S. 33)

hier die biokybernetischen Ansätze von **Vester**[32] genannt. Für den Umgang mit Komplexität können verschiedene Prinzipien identifiziert werden. Unter Komplexität wird im Allgemeinen die Möglichkeit der geistigen Erfassung und Beherrschung eines Systems verstanden. Sie beruht auf dem Reichtum der Beziehungen zwischen den Elementen und seiner Umwelt und äußert sich bei dynamischen Systemen in einer sehr hohen Anzahl möglicher Zustände, die das System annehmen kann.[33] Nach Malik[34] sind die drei wesentlichen Prinzipien beim Umgang mit Komplexität die Rekursion, die Autonomie und die Lebensfähigkeit. Bleicher[35] stellt fest, dass die Rekursion bei naturwissenschaftlich zu untersuchenden Systemen einen relativ hohen Grad der Selbstähnlichkeit annehmen kann, sich andererseits diese Aussage aber nicht ohne weiteres auf das soziale System übertragen lässt. Die Multiprojektsteuerung in einem Unternehmen steht vor der Herausforderung einerseits, den zunehmenden Abhängigkeiten der Projekte von ihrer Umwelt und den gestiegenen Ansprüchen ihrer Interessensgruppen Rechnung zu tragen, andererseits dem Streben der Projekte nach autonomer Umsetzung der Projektaufträge gerecht zu werden. Die projektinternen- und externen Abhängigkeiten bedeuten eine immer stärkere Vernetzung der Projektwirtschaft und führen damit zu einer hohen Komplexität der Aufgabe. Der Ruf nach Autonomie, Unternehmergeist und Intrapreneurship führt andererseits zu einer Abkopplung und dem Schaffen von Freiräumen in den Projekten. Die Autonomie rekursiver Systeme kann dabei durch drei Formen beeinflusst werden: durch allgemeine Verhaltensregeln, durch die Zuteilung von Ressourcen sowie konkrete Eingriffe in Detailoperationen.

3.10 Der Umgang mit Abhängigkeiten

Eine große Herausforderung für eine wirksame projektübergreifende Steuerung aller Projekte stellen die vielfältigen Wechselwirkungen und Abhängigkeiten dar, die zwischen den einzelnen Projekten innerhalb eines Projektportfolios oder eines Programms bestehen. Nur wenn diese Abhängigkeiten erkannt und beherrscht werden, kann das Multiprojektmanagement erfolgreich sein. Eine fehlende Transparenz der Vernetzungen zwischen den Projekten gefährdet dagegen den Erfolg auf Projekt-, Programm- und Projektportfolioebene.

In modernen Unternehmen wird heute eine Vielzahl von Projekten parallel durchgeführt, was einerseits zu einer hohen Dichte im Projektportfolio und andererseits zu einem hohen Vernetzungsgrad führt.

Vernetzungen zwischen Projekten können auf verschiedene Ursachen zurückgeführt werden. Für unsere Betrachtungen reicht es aus inhaltliche, zeitliche

---

[32] Vester (2002). Bleicher (2003) verweist zudem auf Vester (1980).
[33] Bleicher (2003, S. 49) mit Verweis auf Ulrich (1970).
[34] Malik (1984, S. 11.).
[35] Bleicher (2003, S. 53).

und kapazitive Abhängigkeiten als Ursache für die Interprojektbeziehungen zu unterscheiden.

Die inhaltlichen, zeitlichen und kapazitiven Vernetzungen der Projekte sind oftmals nicht vollständig erfasst und daher auch die daraus resultierenden Abhängigkeiten nicht umfassend bekannt. Eine vorausschauende Steuerung der Abhängigkeiten sowie die Abschätzung der Folgen von Veränderungen im Portfolio sind somit nur eingeschränkt möglich.[36]

Der anerkannte Biokybernetiker Frederic Vester konstatiert: „Wachstum im begrenzten Raum, das zu höherer Dichte und damit höherer Vernetzung führt, verlangt als strategische Antwort auf den entstehenden Dichtestress ... eine neue Organisationsstufe".[37] Überträgt man diesen Gedanken auf Multiprojektsituationen, resultiert daraus die Forderung nach einem leistungsfähigen Multiprojektmanagement als strategischer Antwort auf die geforderte neue Organisationsstufe.

Daraus erwachsen zusätzliche Anforderungen an das Multiprojektmanagement: einerseits sollte es eine Methode zur Wechselwirkungsanalyse umfassen, andererseits sollten die (Multi-)Projektmanagementprozesse die Erfassung und Steuerung der Projektabhängigkeiten in angemessener Weise sicherstellen.

Dieser Abschnitt beschäftigt sich zunächst mit dem methodischen Aspekt. Steht ein Instrumentarium zur Erfassung und Analyse von Projektabhängigkeiten zur Verfügung, so ergibt sich eine Reihe von Vorteilen. Veränderungen des Projektportfolios, wie z. B. die Aufnahme eines neuen oder der Abbruch eines laufenden Projektes können in ihren Auswirkungen auf das gesamte Projektnetzwerk besser abgeschätzt werden. Auch die Auswirkungen einer Entscheidung in einem Projekt auf andere Projekte, beispielsweise die Definition einer Schnittstelle für ein neues IT-System, können besser eingeschätzt und beurteilt werden. Weiter werden die Effekte von Planabweichungen einzelner Projekte auf andere, abhängige Projekte sowie auf das gesamte Portfolio sichtbar und können analysiert werden.

Sind die Vernetzungen zwischen den Projekten bekannt, so wird auch die zwischen den Projekten notwendige Kommunikation erleichtert, da entlang der Wirkungsgefüge auch adäquate Kommunikationswege aufgebaut werden müssen. Diese wiederum ermöglichen erst ein effektives Informations- und Berichtswesen.

Als Basis für eine effektive Multiprojektsteuerung ist es wichtig, Abhängigkeiten unterschiedlichster Art zu identifizieren, zu bewerten und bei der Steuerung des Projektportfolios angemessen zu berücksichtigen. Es wird zudem eine Methode benötigt, die geeignet ist, unterschiedliche Formen von Abhängigkeiten abzubilden.

In der Projektpraxis werden Wechselwirkungen und Abhängigkeiten in vielfältiger Weise wahrgenommen, dargestellt und diskutiert. Teilweise lassen sich diese quantifizieren, teilweise nur qualitativ beschreiben. Auch die Unterscheidung und Behandlung von unmittelbaren bzw. direkten und indirekten Wirkungsbeziehungen

---

[36] Ansätze siehe Kunz (2005, S. 151 ff.) und Seidl (2007, S. 80 f.).
[37] vgl. Vester (2002, S. 68).

3.10 Der Umgang mit Abhängigkeiten

bereitet häufig Probleme. Die Wirkungen selbst müssen ggf. in ihrer Wirkungsstärke differenziert werden. Gegebenenfalls kann es zudem sinnvoll sein, kurz- und langfristige Wirkungen zu unterscheiden.

Die Vielfalt der genannten Einzelaspekte zeigt, dass für die Multiprojektsteuerung eine möglichst allgemeingültige Beschreibung der Wirkungsbeziehungen zwischen den Projekten zunächst sinnvoll erscheint. Im Folgenden wird ein pragmatisches, aber dennoch wirkungsvolles Verfahren für die beschriebene Problemstellung vorgeschlagen.

Ein Projektportfolio lässt sich als ein komplexes System auffassen, insofern erscheint es nur nahe liegend, einen systemorientierten Ansatz zur Behandlung von Projektabhängigkeiten zu verfolgen.

> Denn zum Verständnis komplexer Systeme ist keineswegs eine noch größere Genauigkeit oder Datendichte von Belang, sondern die Erfassung der richtigen Vernetzung, [...][38]

In jüngerer Zeit wird beim Umgang mit Komplexität immer häufiger gefordert, diese Komplexität zu reduzieren. Diese – recht populäre – Forderung geht aber häufig am Kern des Problems vorbei. Wenn die Realität komplex ist, sollte eher versucht werden, diese Komplexität angemessen abzubilden – sie zu beherrschen. Unangemessene Vereinfachungen können hingegen zu Fehleinschätzungen und -entscheidungen führen.[39]

Systemdenken ermöglicht es in komplexen Situationen zu effektiven Problemlösungsansätzen zu kommen. Unter einem System wird im Allgemeinen eine Ansammlung von Elementen sowie deren Eigenschaften verstanden, welche miteinander in Verbindung stehen und dadurch ein wahrgenommenes Ganzes bilden. Ein komplexes System besteht aus einer Vielzahl an Elementen, einer starken Vernetzung und Wechselwirkung zwischen diesen und zeigt ein zeitabhängiges Verhalten (Dynamik).

Systemisches Denken ist ein ganzheitlicher Ansatz, welcher, im Gegensatz zu den traditionellen Formen der Analyse (die Zergliederung eines Ganzen in seine Teile), nichts voneinander getrennt betrachtet, sondern sich mit dem Ganzen, dem Verbundenen befasst. Im Mittelpunkt dieser Methodik steht das Zusammenspiel der Systemelemente. Hierbei steht weniger die Genauigkeit der Darstellung der einzelnen Elemente im Vordergrund; vielmehr reicht die Erfassung des Zusammenspiels der groben Zusammenhänge aus. Diesbezüglich können Distanz und Unschärfe förderlich sein.

An die Stelle von einfachen Ursache-Wirkungs-Beziehungen (reduktionistische Denkweise) treten beim vernetzten Denken Beziehungen mit Fern-, Rück-, und Nebenwirkungen.

Eine systemische Sicht auf das Projektportfolio ermöglicht, die Wirkungsbeziehungen zwischen den Projekten zu verstehen und damit steuerbar zu machen.[40]

---

[38] Vester (2002, S. 179).
[39] Vgl. u.a. Bleicher (2003, S. 31), Schwienhorst und Purle (2006, S. 33) und Seidl (2007, S. 75).
[40] Siehe auch Seidl und Aubermann (2005, S. 129) sowie Seidl und Cronenbroeck (2003, S. 14).

Auch ein Projektportfolio-System besteht aus Elementen – den einzelnen Programmen und Projekten – die miteinander in Beziehung stehen. Ein Element ist in diesem Zusammenhang der kleinste, definierte Bestandteil eines Systems. Das bedeutet für ein Projektportfolio-System, dass hier nur Abhängigkeiten auf Projektebene betrachtet werden. Eine Beziehung zwischen zwei Elementen beschreibt deren beiderseitige Beeinflussung, hier also die Wechselwirkungen zwischen den Projekten.

> Denn entscheidend ist nicht nur, was mit wem verbunden ist, sondern auch, wie es damit verbunden ist, also die Kenntnis der Stärke, der Art und der Richtung der Wechselwirkungen zwischen den Teilen. F. Vester[41]

Die **Wirkungsbeziehungen** zwischen den Projekten sind immer gerichtet. Eine kausale Wirkung zwischen zwei Elementen wird durch einen Pfeil dargestellt. Das Projekt A wirkt auf das Projekt B. Das Projekt B ist abhängig von Projekt A. Die Projekte C und D wirken wechselseitig aufeinander. Beide Projekte sind wechselseitig abhängig voneinander.

Die einzelnen Systemelemente lassen sich durch zugewiesene Eigenschaften detaillierter beschreiben. Wesentliche Eigenschaften von Projekten sind in diesem Kontext Leistung (Ergebnis), Termine (Zeit) und Kosten (Aufwand).

Grundlegend sind drei Arten von Abhängigkeiten zu unterscheiden: inhaltliche, zeitliche und kapazitive Wirkungsbeziehungen. Dies steht im Einklang zur Systemtheorie, nach der eine Beziehung auf zwei vollständige Elemente ausgerichtet sein oder sich auf bestimmte Eigenschaften bzw. Ausprägungen von Eigenschaften beschränken kann. Somit lassen sich leistungsbezogene bzw. inhaltliche (L), terminliche (T) und ressourcenbezogene (R) Abhängigkeiten zwischen Projekten differenzieren. In der Abbildung 3.20 wird dazu eine grafische Visualisierung dargestellt, mit der sich diese drei Wirkungsarten einfach darstellen lassen. Die drei wesentlichen Projekteigenschaften werden dabei im magischen Dreieck dargestellt.

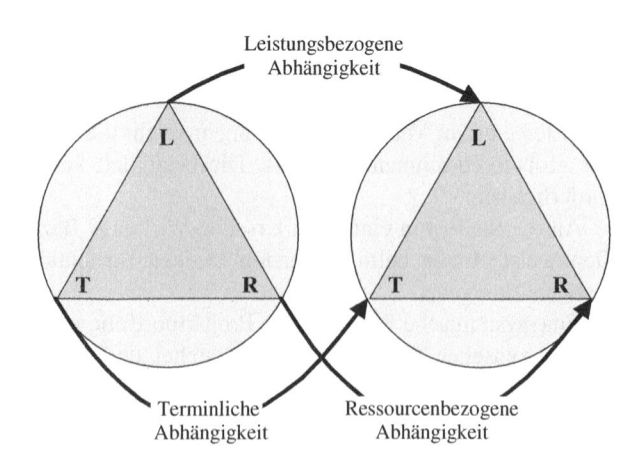

Abb. 3.20 Mögliche Wirkungen von Projektabhängigkeiten (Zur Darstellung der Abhängigkeiten siehe Seidl und Ziegler 2008)

---

[41] Vester (2002, S. 157).

3.10 Der Umgang mit Abhängigkeiten

Eine **leistungsbezogene Abhängigkeit** zwischen zwei Projekten besteht, wenn eine Änderung der Leistung von Projekt A potenziell auf die Leistung von Projekt B auswirkt. Die beiden nachfolgend aufgeführten Beispiele verdeutlichen einen solchen Vernetzungszusammenhang:

1. Das Projekt A erbringt eine Vorleistung für das Projekt B, indem es bestimmte Lieferobjekte bereitstellt oder funktionale, technische oder organisatorische Voraussetzungen schafft.
2. Die Projekte C und D basieren auf gleichen Prozessen, Daten oder IT-Funktionalitäten bzw. entwickeln diese weiter.

Eine **ressourcenbezogene oder kapazitive Abhängigkeit** besteht dagegen, wenn sich eine Änderung des Ressourcenbedarfs in Projekt A potenziell auf die verfügbaren Ressourcen von Projekt B auswirkt. Eine solche kapazitive Vernetzung kann durch eine entsprechende Kennzeichnung des Pfeils (R = Ressourcenabhängigkeit) verdeutlicht werden. Eine Besonderheit der Ressourcenabhängigkeit ist darin zu sehen, dass sie immer eine Wechselwirkung zwischen den Projekten auslöst. Auch hierzu zwei Beispiele:

1. Die Projekte A und B greifen auf gleiche IT-Ressourcen zu.
2. Die Projekte C und D greifen auf gleiche Personalressourcen zu.

Zeitliche Abhängigkeiten sind in Projekten ohnehin allgegenwärtig. Eine solche besteht immer dann, wenn sich eine Änderung von Terminen in Projekt A potenziell auf die Termine von Projekt B auswirkt. Zeitliche Vernetzungen zwischen Projekten ergeben sich ausschließlich aus inhaltlichen oder ressourcenbezogenen Abhängigkeiten.
Beispiele:

1. Das Projekt B oder eine Phase in diesem Projekt kann erst beginnen, nachdem Projekt A abgeschlossen ist oder ein bestimmter Meilenstein in diesem Vorhaben erreicht wurde.
2. Zwischen den Projekten C und D bestehen aufgrund gemeinsam genutzter IT-Ressourcen zeitlich abgestimmte Vorgänge.

Bislang wurde lediglich betrachtet, ob eine Wirkung oder Wechselwirkung zwischen den Projekten im Projektportfolio auftritt. Selbstverständlich lässt sich diese Betrachtungsweise noch stärker differenzieren. Eine Wirkung kann **konfliktär** oder **synergetisch** sein. Durch diese Unterscheidung kann insbesondere die inhaltliche Wirkung zwischen zwei Projekten noch genauer abgebildet werden. Nachteilig an diesem Ansatz ist allerdings, dass das dafür erforderliche Modell sehr schnell unübersichtlich und somit schwer beherrschbar wird.

Wahrgenommen werden vor allem die konflikträchtigen Wirkungen. Diese können sowohl aus inhaltlich-strukturellen, kapazitiven und zeitliche Abhängigkeiten resultieren: Inhaltlich-konfliktäre Wirkungen ergeben sich aus Abhängigkeit aufgrund gemeinsamer Strukturen, Ressourcenkonflikte aus konkurrierender Beanspruchung gleicher Ressourcen und zeitliche Wirkungen aus Vorgangsverknüpfungen zwischen den Projekten. Synergetische Wirkungen ergeben sich dagegen in erster Linie aus inhaltlichen Abhängigkeiten: bei einer inhaltlich-logischen oder inhaltlich-technologischen Abhängigkeit zwischen zwei Projekten ergänzen sich die Projekte bzw. bauen aufeinander auf.

Nimmt man zudem eine **Bewertung der Wirkungsstärke von Abhängigkeiten** vor, so kann man Aussagen über den Umfang von Veränderungen von Elementen oder deren Eigenschaften treffen, die durch die Beziehung zu einem anderen Element hervorgerufen werden. Damit das System beherrschbar bleibt, wird eine einfache Differenzierung der Wirkungsstärken empfohlen, die z. B. die folgenden Intensitätsstufen unterscheidet:

0 – keine bis sehr schwache Wirkung
1 – schwache bis mittlere Wirkung
2 – starke Wirkung

Die differenzierte Wirkungsstärke lässt sich mit einfachen Mitteln auch grafisch darstellen. Die unterschiedliche Wirkungsstärke kann dabei durch unterschiedliche Linienstärken, Strichelungen oder Grautöne visualisiert werden. Eine Differenzierung der Wirkungsstärke sollte allerdings mit Bedacht angewendet werden. Nützlich erscheint sie nur dann, wenn die Wirkungsstärken nach einheitlichen Bewertungsmaßstäben ermittelt werden und keine großen Abweichungen aufgrund von individuellen Einschätzungen auftreten. Eine klare und eindeutige Normierung der Wirkungsstärke ist dringend zu empfehlen, damit das Wirkungsnetz ein realistisches Bild der Gegebenheiten ermöglicht. Tabelle 3.4 zeigt ein Beispiel für eine solche Normierung.

Tabelle 3.4 Normierung der Wirkungsstärke

Kodierung	Wirkungsstärke	Zeitlich	Inhaltlich	Kapazitiv
0	keine bis schwache	< eine Woche	Keine/geringe Wirkung auf Projektergebnis	< ein Personenmonat
1	mittlere	eine Woche bis ein Monat	Change Request erforderlich	Ein bis sechs Personenmonate
2	Starke	> ein Monat	Projektziel gefährdet	> sechs Personenmonate

Da sich zeitliche Abhängigkeiten ausschließlich aus inhaltlichen oder kapazitiven Abhängigkeiten ergeben, könnte die Spalte entfallen.

Die Wirkungsstärke kann auch nach dem **Grad der Kompensationsmöglichkeiten** beurteilt werden. In diesem Fall ergäbe sich möglicherweise eine Kodierung, wie sie in Tabelle 3.5 dargestellt ist.

3.10 Der Umgang mit Abhängigkeiten

Tabelle 3.5 Wirkungsstärke anhand der Kompensationsmöglichkeiten

Kode	Wirkungsstärke	Zeitlich	Inhaltlich	Kapazitiv
0	keine bis schwache	ohne Auswirkung auf Inhalt oder Ressourcen kompensierbar	ohne Auswirkung auf Zeit oder Ressourcen kompensierbar	ohne Auswirkung auf Zeit oder Inhalt kompensierbar
1	mittlere	mit Auswirkung auf Inhalt oder Ressourcen kompensierbar (change request)	mit Auswirkung auf Zeit und/oder Ressourcen kompensierbar (change request)	mit Auswirkung auf Zeit und/oder Inhalt kompensierbar (change request)
2	Starke	nicht (wirtschaftlich) kompensierbar (Projektziel gefährdet)	nicht (wirtschaftlich) kompensierbar (Projektziel gefährdet)	nicht (wirtschaftlich) kompensierbar (Projektziel gefährdet)

Dies zeigt, dass sich die einzelnen Formen der Abhängigkeiten jeweils kompensieren lassen. So kann eine zeitliche Abhängigkeit prinzipiell durch Anpassung der Projektinhalte oder durch erhöhten Ressourceneinsatz kompensiert werden. Inhaltliche Wirkungen lassen sich entsprechend durch Anpassung von Ressourceneinsatz und Terminplanung kompensieren, kapazitive Wirkungen erfordern hingegen inhaltliche oder zeitliche Kompensationsmaßnahmen.

In der Praxis sind diese Varianten natürlich zuweilen nicht oder nur eingeschränkt gegeben, was zu entsprechenden Bewertungen der Wirkungsstärke führt. Der Hinweis, dass sich zeitliche Abhängigkeiten ausschließlich aus inhaltlichen oder kapazitiven Abhängigkeiten ergeben, gilt natürlich auch hier.

Ein drittes Beispiel zur Normierung zeigt die folgende Tabelle. Bei zeitlichen Abhängigkeiten wird hierbei der Grad der Synchronisierung als Maßstab zu Grunde gelegt. Bei den inhaltlichen Abhängigkeiten wird die Substituierbarkeit der Zulieferung zur Bewertung herangezogen und bei den kapazitiven Abhängigkeiten der Grad der gemeinsamen Ressourcennutzung.

Die systematische **Erfassung von Wirkungsbeziehungen** zwischen Projekten im Projektportfolio lässt sich am besten mithilfe einer **Einflussmatrix**[42] vornehmen.

In der Matrix werden die Projekte sowohl in den Zeilen als auch in den Spalten aufgelistet. Die Diagonale wird nicht berücksichtigt, da dort die Wirkung eines Projektes auf sich selbst abgebildet würde. Nun werden die Projekte jeweils paarweise hinsichtlich der zuvor gewählten Wirkungsart miteinander verglichen.

Die Fragestellung lautet dabei immer: Wenn sich in Projekt A eine Veränderung ergibt, wie stark verändert sich dann durch direkte Einwirkung von Projekt A das Projekt B? In den Zellen der Matrix (siehe Abb. 3.21) wird dementsprechend die jeweilige Wirkungsstärke (Normierung entsprechend Tabelle 3.6) dokumentiert.

---

[42] Vgl. Abb. 2.5, siehe z. B. auch Seidl (2004, S. 246).

Abb. 3.21 Matrix zur Erfassung von Wirkungsbeziehungen im Paarvergleich

Abhängigkeit leer = keine 1 = Abhängigkeit gegeben 2 = starke von → auf	Projekt A 1	Projekt B 2	Projekt C 3	Projekt D 4	Projekt E 5	Projekt F 6	Projekt G 7	Projekt H 8	Projekt I 9	Aktiv-Summe
1 Projekt A					1	1				2
2 Projekt B										0
3 Projekt C	1	1				1				3
4 Projekt D						1				1
5 Projekt E							1	1	1	3
6 Projekt F	1	1	1		1		1		1	6
7 Projekt G					1					1
8 Projekt H				1	1					2
9 Projekt I	1				1					2
Passiv-Summe	3	2	1	1	7	2	2	1	1	

Tabelle 3.6 Normierung der Wirkungsstärke

Kode	Wirkungsstärke	Zeitlich	Inhaltlich	Kapazitiv
0	keine bis schwache	Die Projekte verlaufen asynchrony	Vorleistung ist unwesentlich für Projektergebnis; Alternativen denkbar	Der Anteil gemeinsam genutzter Ressourcen ist gering ($x < 20\%$)
1	mittlere	Einige Sychronisationspunkte (z. B. synchrone Projektphasen)	Vorleistung ist wesentlich für Projektergebnis; Alternativen denkbar aber mit Auswirkung auf die Planung (change request)	Der Anteil gemeinsam genutzter Ressourcen ist mittelgroß ($20\% < x < 40\%$)
2	starke	Viele Sychronisationspunkte (z. B. synchrone Arbeitspakete)	Vorleistung ist zwingend erforderlich für Projektergebnis; Alternativen undenkbar bzw. wirtschaftlich fraglich	Der Anteil gemeinsam genutzter Ressourcen ist hoch ($x > 40\%$)

Durch die Bildung der Zeilen- und Spaltensummen lassen sich nun sehr einfach zwei Kennzahlen für jedes Projekt hinsichtlich der gewählten Wirkungsart ermitteln. Die **Aktivsumme** beschreibt dabei die Dominanz oder auch Einflussstärke, die **Passivsumme** dagegen die Beeinflussbarkeit bzw. den Grad der Abhängigkeit eines Projektes im Projektportfolio. Die Aktivsumme beschreibt also die Wirkung des betrachteten Projekts auf andere Projekte. Je größer dieser Wert ist, desto höher ist der Einfluss des Projektes auf andere Projekte. Aus der Passivsumme lässt sich dagegen ablesen, wie stark das Projekt von anderen Projekten beeinflusst bzw. abhängig ist.

3.10 Der Umgang mit Abhängigkeiten

Je höher der Wert ist, desto stärker ist auch die Abhängigkeit von anderen Projekten. Aus diesen beiden Basisgrößen lassen sich noch weitere Kennzahlen bilden, welche Aussagen über das Ausmaß der Wechselwirkungen zulassen.

Das **Produkt aus Aktiv- und Passivsumme** drückt aus, wie stark das Projekt mit anderen Projekten über Abhängigkeitsbeziehungen vernetzt ist. Ein niedriger Wert bedeutet, dass sich das Projekt recht gut isoliert steuern lässt; hohe Werte weisen hingegen auf die Notwendigkeit einer projektübergreifenden Koordination hin.

Auch der **Quotient aus Aktiv- und Passivsumme** gibt wichtige Hinweise: Er drückt die **relative Wirkungsstärke** des Projekts auf andere Projekte aus. Die Projekte im Portfolio, welche hier über die höchsten Werte verfügen, sollten mit besonderer Sorgfalt gesteuert werden, da so die größten Wirkungen im Gesamtportfolio erreicht werden.

Nun wird noch ein Instrument zur **Visualisierung der Wirkungsbeziehungen** benötigt. Die kombinierte Visualisierung von Aktiv- und Passivsumme in einem Portfolio (siehe Abb. 3.22) ermöglicht grundlegende Handlungsempfehlungen:

„**Dominante Projekte**" (aktive oder bestimmende Projekte) sind solche, die stark auf andere Projekte im Portfolio wirken, ohne selbst in nennenswertem Maße beeinflusst zu werden. Die Projektleiter dieser Projekte müssen daher Störungen und Änderungen frühzeitig aktiv an diejenigen Projekte kommunizieren, die hiervon beeinflusst werden.

„**Kritische Projekte**" wirken hingegen ähnlich stark auf andere Projekte wie sie selbst beeinflusst werden. Sie sind also sehr stark über Wechselwirkungen mit anderen Projekten vernetzt. Hier müssen effiziente Informationsflüsse zwischen allen Projektleitern sichergestellt und Probleme in diesem oder angrenzenden Projekten frühzeitig kommuniziert werden. Bei kritischen Projekten kann es zudem sinnvoll sein, zu prüfen, ob das Projekt ein geeigneter Nukleus zu Bildung einer

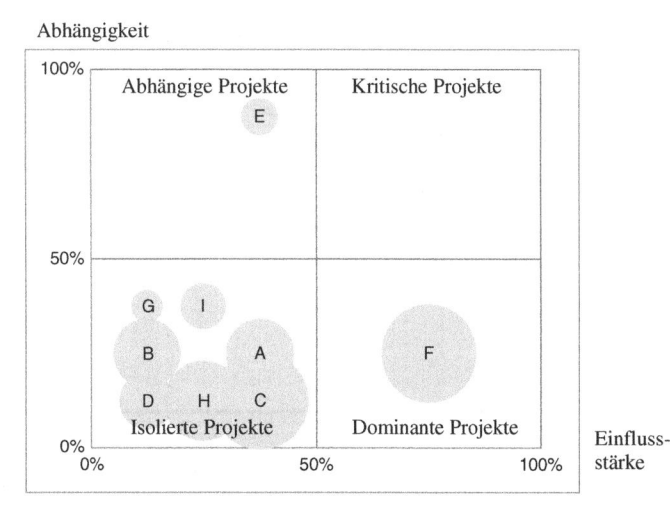

Abb. 3.22 Portfolioanalyse der Projekte nach ihren Wirkungsbeziehungen

Programmorganisation sein könnte. Potenzielle Kandidaten für die Programmbildung sind im Übrigen auch an einem hohen Aktiv-Passiv-Produkt (s. o.) zu erkennen.

„**Abhängige Projekte**" (oder reaktive Projekte) sind sehr stark auf die Ergebnisse anderer Projekte angewiesen. Ihre Projektleiter müssen daher darauf achten, dass sie ständig gut über den Fortgang dieser für sie relevanten Projekte informiert werden.

„**Isolierte Projekte**" sind nur in geringem Maße mit anderen vernetzt und können somit relativ unabhängig geführt werden.

Auf diese Weise werden Projektabhängigkeiten transparent und vermittelbar. Auch können die Folgen von Änderungen im Projektportfolio besser abgeschätzt werden.

Abhängigkeiten sollten in unterschiedlicher Form in der Portfoliosteuerung Berücksichtigung finden. Die gemeinhin wichtigste Konsequenz besteht in der Korrektur von Projektrangfolgen. Ein probates Umsetzungsinstrument kann in diesem Zusammenhang der **Aufbau von Projektlandkarten** für die wichtigsten Projekte der Organisation sein, wie die Abbildung 3.23 verdeutlicht.

Welche Projekte in die Projektlandkarte aufgenommen werden sollen, kann anhand der ermittelten Projektkenngrößen (z. B. Vernetzungsgrad) entschieden werden. Bei dieser Selektion ist jedoch darauf zu achten, dass indirekte Abhängigkeiten sichtbar bleiben, wenn ein Projekt aus der Darstellung herausgefiltert wird, da sie dennoch in der Praxis wirken! Grafisch könnte die indirekten Wirkungen schwächer dargestellt werden, z. B. durch gestrichelte Linien.

Um Entwicklungen darzustellen, könnte man Veränderungen der Projektlandkarte im Zeitverlauf animiert wie einen Film ablaufen lassen und so Trends visualisieren.

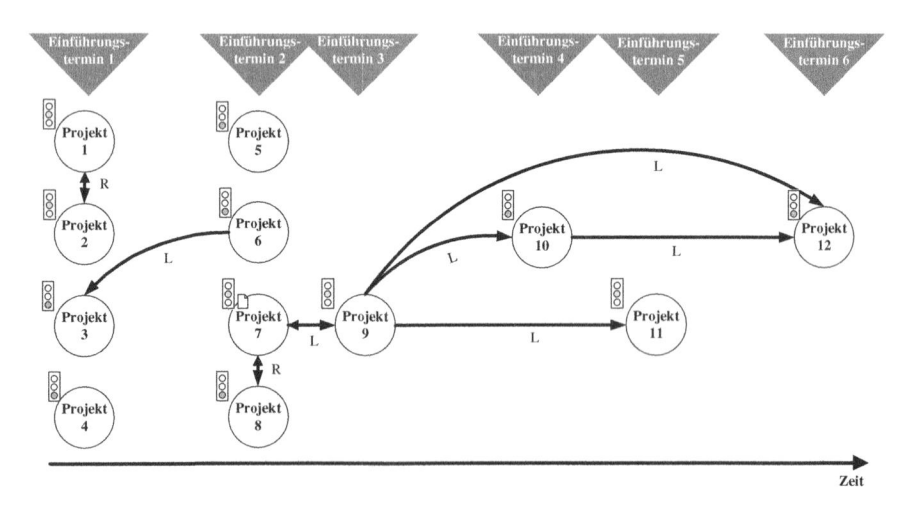

Abb. 3.23 Beispiel einer Projektlandkarte (angelehnt an Seidl und Ziegler 2008)

3.11 Konzept der kritischen Kette

Das Konzept der kritischen Kette ist ein innovatives, engpassorientiertes Konzept, das sich in Mehrprojektsituationen sehr gut anwenden lässt.[43] Allerdings ist die erfolgreiche Anwendung des Konzepts an einige Vorbedingungen geknüpft. Zudem ist die Einführung einer Steuerung nach dem Prinzip der kritischen Kette eine Veränderungsprojekt, das erfahrungsgemäß einen sehr starken „Mental Change" bei den Betroffenen – auch dem Management – erfordert.

Das Konzept setzt auf zwei grundlegende Elemente des Multiprojektmanagements, die wir bereits kennengelernt haben:

1. Zunächst müssen anhand strategischer Prioritäten die „richtigen" Projekte auswählt und inhaltlich spezifiziert werden.
2. Danach sorgt das Multiprojektmanagement nach dem Prinzip der kritischen Kette dafür, die ausgewählten und priorisierten Projekte mit den geforderten Leistungen termin- und budgetgerecht umzusetzen.

Damit beansprucht das Konzept, alle gemeinhin an ein (Multi-) Projektmanagement gerichteten Erwartungen vollständig zu erfüllen. Man sollte sich also mit dem Ansatz zumindest einmal intensiv und kritisch auseinandersetzen.

Der erste der beiden oben genannten Schritte stellt im Wesentlichen eine Voraussetzung für die erfolgreiche Anwendung des Konzepts dar. Kann dieser nicht geleistet werden, so ist der Umsetzungserfolg kaum zu erreichen. Eine weitere Voraussetzung besteht darin, dass alle dem Konzept unterworfenen Projekte ausgearbeitete Ablaufpläne mit vollständig eingeplanten Anordnungsbeziehungen aufweisen. Dies ist erforderlich, um die operativen Steuerungskennzahlen für das Konzept zu ermitteln und darzustellen.

Was aber ist eigentlich die Idee des Konzepts? In den meisten Unternehmen ist Projektarbeit in einer Matrixorganisation organisiert. Das bedeutet, dass die in den Projekten eingesetzten Mitarbeiter arbeiten in der Regel sowohl an Projekt- als auch an Linienaufgaben und meist in mehreren Projekten gleichzeitig arbeiten. Damit ist meist eine ganze Reihe von Problemen verbunden:

- Die Mitarbeiter sind sich nicht im Klaren, welche ihrer Aufgaben die höchste Bedeutung und welche die höchste Dringlichkeit hat.
- Projektmanager und Linienvorgesetzte haben unterschiedliche Auffassung über die Priorität der Aufgaben
- Die Mitarbeiter wechseln häufig zwischen bearbeiteten Aufgaben bzw. bearbeitete Projekten hin und her. Die dafür erforderlichen Rüst- und Einarbeitungszeiten wurden bei der Aufwandschätzung nicht berücksichtigt und führen in der Umsetzungsphase zu Verzögerungen auf Aufgaben- und Projektebene.

---

[43] Vgl. u.a. Lörz und Techt (2007).

- Die Mitarbeiter bekommen mehr Aufgaben zugewiesen, als sie in der zur Verfügung gestellten Bearbeitungszeit parallel bearbeiten können.
- Die Mitarbeiter sollen mehr Aufgaben parallel bearbeiten als dies unter Effizienzgesichtspunkten sinnvoll ist.

Negativ wirkt sich dabei vor allem das sogenannte **schädliche Multitasking** aus, das sich bei den Mitarbeitern einstellt, wenn sie zu viele Aufgaben parallel bearbeiten müssen.

3.11.1 Prinzip 1: Zeitliche Staffelung der Projekte

Eine grundlegende Idee des Critical-Chain-Managements besteht aus den vorgenannten Gründen darin, die Anzahl parallel laufender Projekte durchaus drastisch zu reduzieren. Diese Reduzierung der Projekte im System soll durch eine so genannte Staffelung der Projekte erreicht werden: während vielfach versucht wird, alle Projekte möglichst früh zu bearbeiten – in der Hoffnung, dass sie so auch früher abgeschlossen werden – setzt das Konzept der kritischen Kette darauf, die Projekte zeitlich möglichst so zu staffeln, dass zumindest bei Engpassressourcen Parallelbearbeitungen weitegehend verhindert werden. Dadurch werden folgende Wirkungen erreicht:

- Das schädliche Multitasking wird reduziert.
- Die zeitliche Koordination der zu bearbeitenden Aufgaben wird verbessert.
- Die Aufgaben können durch die dafür vorgesehenen Mitarbeiter mit höherer Intensität bearbeitet werden.
- Der Projektdurchsatz steigt bzw. die Realisierungszeiten für die einzelnen Projekte werden – zum Teil drastisch -verkürzt.

Das Prinzip leuchtet recht schnell ein, aber in der Praxis ist die Umsetzung nicht ganz so einfach zu erreichen. Zudem fußt das Konzept auf verschiedenen Annahmen, die nicht immer gegeben sind.

Eine erste Annahme besteht darin, dass in allen Projektplänen signifikante Reserven und Puffer enthalten sind, die man im Rahmen der Anwendung des Konzepts erschließen und nutzen kann. Hier liegt ein gewisses Dilemma vor: einerseits unterstellt die Theorie der kritischen Kette, dass speziell zeitliche Planungen grundsätzlich erhebliche Reserven beinhalten, welche durch die mit der Arbeit betrauten Mitarbeiter nicht aufgelöst werden, indem z. B. ein Arbeitspaket vorzeitig beendet wird. Andererseits baut das Konzept aber darauf, dass es gelingen muss, die individuellen Reserven aufzulösen und durch eine Gesamtreserve des Projekts zu ersetzen. Diese ist eine sehr hohe Anforderung, die sich nur durch einen grundlegenden Kulturwechsel erfüllen lässt! Voraussetzung für einen solchen Kulturwandel ist dabei, dass die betroffenen Mitarbeiter das Vertrauen entwickeln können, dass die Aufgabe ihrer individuellen Sicherheitsmaßnahmen in Form individuell geplanter

Reserven durch den Aufbau kollektiver Reserven im Rahmen des Critical Chain Managements vollständig kompensiert wird.

3.11.2 Prinzip 2: Bündelung von Reserven

Das zweite grundlegende Prinzip des Konzepts der kritischen Kette besteht somit in der **Bündelung von Reserven**. Die Projektplanungen aller Projekte betonen hierzu den jeweils frühestmöglichen Abschluss von Arbeitspaketen und versuchen die vormals in jedem Arbeitspaket enthaltenen Puffer durch einen zeitlichen Gesamtpuffer am Ende jedes einzelnen Projekts zu ersetzen. Dadurch soll verhindert werden, dass zeitliche Puffer ungenutzt verstreichen. Es müssen also Anreize zum frühzeitigen Abschluss von Aufgaben geschaffen werden.

3.11.3 Prinzip 3: Operative Priorisierung mithilfe des Pufferindexes

Wesentlich für eine möglichst frühzeitige abschließende Bearbeitung einzelner Aufgaben ist, dass für den Bearbeiter klar ersichtlich wird, welche seiner Aufgaben vorrangig zu bearbeiten und möglichst rasch abzuschließen ist. Hierfür muss eine einfache und klare Priorisierung der täglichen Arbeit erfolgen. Beim Konzept der kritischen Kette erfolgt diese Priorisierung anhand einer spezifischen Kennzahl, des so genannten Pufferindexes. Der **Pufferindex** ergibt sich aus dem Verhältnis des Pufferverbrauchs zum Fortschrittsgrad des Projekts – jeweils auf Gesamtprojektebene ausgedrückt in Prozent. Wurden also einem Mitarbeiter Aufgaben aus unterschiedlichen Projekten zugewiesen, so muss er nach dem Konzept der kritischen Kette zunächst die mit dem höchsten Pufferindex bearbeiten.

Dieses einfache Priorisierungsprinzip wird durch einige begleitende Regeln abgesichert:

- Zu Realisierung anstehende Arbeitspakete werden in der Reihenfolge ihrer Priorität gestartet.
- Arbeitspakete werden grundsätzlich nur dann gestartet, wenn eine ausreichende Anzahl notwendiger Ressourcen verfügbar ist. Ist diese Bedingung nicht erfüllt, so starten sie bis auf weiteres nicht!
- Die Bearbeitung einzelner Arbeitspakete erfolgt möglichst ununterbrochen bis zum erfolgreichen Abschluss, um schädliches Multitasking weitgehend zu vermeiden. Zwangspausen können allerdings zur Bearbeitung anderer Aufgaben genutzt werden.

Im Ergebnis werden alle Arbeitspakete intensiv bearbeitet und in kürzest möglicher Zeit abgeschlossen. Durch die intensive Bearbeitung werden Rüst- und Einarbeitungszeiten minimiert und somit die Gesamtleistung verbessert. Dies lässt sich im Übrigen auch empirisch belegen.[44] Das Konzept der kritischen Kette bietet als wesentlichen Anreiz die Aussicht auf eine Verkürzung der Projektdurchlaufzeiten. Dies ist aus wirtschaftlicher Sicht gleichzusetzen mit einer früheren Nutzung der Projektergebnisse. Somit ist das Konzept besonders interessant und wertvoll für solche Unternehmen, die wesentliche Bestandteile ihrer Wertschöpfung direkt aus der Projektarbeit generieren.

Unternehmen, welche ihre Projekte nach dem Konzept der kritischen Kette steuern, benötigen natürlich daran angepasste Berichtsformen. Die folgende Abbildung 3.24 zeigt eine für die Multiprojektsteuerung geeignete Darstellungsform.

Abb. 3.24 Multiprojektsteuerung nach dem Konzept der kritischen Kette (Siehe u.a. Techt und Lörz 2007 sowie Arold 2011)

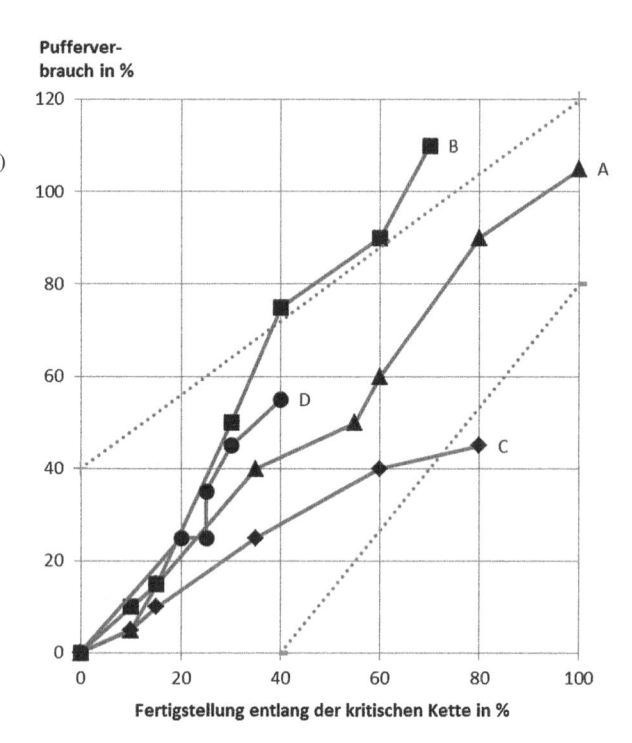

3.12 Konzepte zur Daten-, Informations- und Wissensintegration

Bevor man sich näher mit dem Begriff des Projektwissensmanagements auseinandersetzt, sollten die Begriffe „Daten", „Informationen" und „Wissen" begrifflich geklärt werden.

Daten sind Repräsentationen von Fakten über beliebige Interessensobjekte. Daten können verschiedene Ebenen repräsentieren:

---

[44] So hat ein IT-Dienstleister einer großen deutschen Bank den Zusammenhang von Projektintensität und Projekterfolg für abgeschlossene Projekte untersucht.

3.12 Konzepte zur Daten-, Informations- und Wissensintegration

- Dinge, Objekte (i. S. von Entitäten)
- Attribute
- Beziehungen (zwischen Entitäten)

Eine Information stellt im Unterschied dazu Daten in einem spezifischen Kontext dar und spiegelt somit auch die Bedeutung von Daten wieder. Informationen ergeben sich aus den Daten selbst, der Datendefinition und der Präsentation der Daten.

Im Unterschied dazu bedeutet Wissen, eine Information vor dem Hintergrund von (i. d. R. persönlichen) Erfahrungen zu interpretieren, die Signifikanz der Informationen zu erkennen und zu verstehen. Wissen ergibt sich somit aus Informationen (nicht Daten!) und einem speziellen Erfahrungskontext. Im Projektmanagement sind drei Typen von Wissen zu unterscheiden:

- Das Ex-Post-Wissen aus Projekten
- Das aktuelle Wissen in Projekten
- Das Wissen über die aktuellen Projekte

Das Ex-Post-Wissen aus Projekten wird durch eine Nachbetrachtung der Projekte gewonnen und umfasst somit die so genannten „Lessons Learned". Dieses Wissen kann sehr wichtig für nachfolgende Projekte sein, steht aber parallel laufenden Projekten aufgrund des späten Ermittlungs- und Aufbereitungszeitpunkts in der Regel nicht mehr zur Verfügung.

Das aktuelle Wissen in Projekten umfasst das Wissen, das zur Durchführung des Projekts notwendig ist und hierzu im Projekt entwickelt oder erhoben wurde.

Für die Steuerung des Projektportfolios ist nicht die Summe des aktuellen Wissens in allen Projekten erforderlich, sondern vielmehr ein relevantes Wissen über die Projekte sowie deren jeweiligen Projekt- und Organisationskontext.

Das PM-System tauscht darüber hinaus mit seinem Umsystem, also der Organisation selbst, zwei weitere Wissenstypen aus:

- Projektrelevantes Wissen der Organisation und
- Organisationsrelevantes Projektwissen

Das Projektwissensmanagement ist noch eine recht neue Disziplin im Rahmen des Projektmanagements. Die Anwendung von Projektwissensmanagement auf Projekte ist insofern Erfolg versprechend, als Projekte über eine Vielfalt gut dokumentierter und bereits vielfältig klassifizierter Informationen und Dokumente verfügen. Projekte sind somit ein gutes Anwendungsfeld für das Wissensmanagement. Andererseits sind die Motive für die aktive Nutzung des Instruments Projektwissensmanagement je nach Sichtweise sehr unterschiedlich. Aus der Sicht einer konkreten Projektorganisation, also insbesondere aus der Sichtweise des Projektleiters und des Projektteams, sind die Anreize zur Aufbereitung von Projekterfahrungen teilweise recht gering. Hemmnisse liegen teilweise in ganz allgemeinen Umständen begründet, wie sie bereits aus dem Projektwissensmanagement selbst bekannt sind. Dazu gehören zum Beispiel Hemmungen, negative Erfahrungen oder Fehler offen zu legen und für andere aufzubereiten, weil man Nachteile für die eigene Position befürchtet. Betrachtet man allerdings Projekte auf ihrem Lebensweg, so muss man feststellen, dass die Aufbereitung von Projekterfahrungen vor allem deshalb nicht attraktiv ist, weil sie in der Regel dem Projekt selbst nicht mehr zu Gute kommen. Somit wird in einem typischen Projektverlauf, d. h. beim Bearbeiten unter hohem Termindruck und bei hohen Ressourcenengpässen, die Aufbereitung von Projekterfahrungen nur allzu gerne zugunsten anderer, vermeintlich wichtigerer oder dringenderer Aufgaben geopfert. Ganz anders sieht die Motivationslage aus der übergeordneten Sicht des Projektportfoliomanagements oder des Gesamtunternehmens aus. Aus dieser Perspektive ist die Aufbereitung von Lessons Learned eine sehr wichtige, ja geradezu notwendige Tätigkeit. In dem Zusammenwirken dieser beiden Sichtweisen wird es also darauf ankommen, geeignete Anreizsysteme zu schaffen, welche sicherstellen, dass der Aufbereitung und Dokumentation von Projekterfahrungen hinreichend Raum eingeräumt wird.

Bei dem effizienten Umgang mit Wissen ist neben der Dokumentation und Bereitstellung entsprechender Unterlagen vor allem auch ein geeignetes Trägersystem notwendig.

Eine solche Plattform sollte idealer Weise dem **Kollaborationsansatz** folgen, bei dem jeder Projektmitarbeiter gleichzeitiger Autor und Nutzer der abgelegten Dokumente ist. Nur so lässt sich ein intensiver Austausch bewerkstelligen. Reine Publishing-Ansätze, bei denen das aufbereitete Wissen zunächst einen Redaktionsprozess durchläuft, haben sich in der Vergangenheit als zu schwerfällig für diesen Zweck erwiesen. Während die Bereitstellung von Informationen über solche Plattformen bereits in vielfältiger Weise zufrieden stellend geregelt werden konnte, bereitet ein angemessenes Informations-Retrieval nach wie vor einige Probleme. Wichtig erscheint hier, dass neben den klassischen Verfahren, wie der hierarchischen Ablage oder den Klassifikationen mit Freitextsuche, auch modernere Zugriffsmöglichkeiten bereitgehalten werden, wie zum Beispiel die Unterstützung einer semantischen Navigation.[45]

Für die Projektarbeit haben sich generische Konzepte, wie ein **Projekttagebuch** mit organisationsspezifischen Eintragstypen, als geeignete Instrumente herausgestellt.

Als technische Basis für das Wissensmanagement kommt heutzutage zunehmend die Portaltechnik zum Einsatz. Die Tabelle 3.7 zeigt auf, mit welchen Komponenten der Aufbau von Projektportalen für das Projektwissensmanagement erfolgen kann.

Ein wesentliches Erfolgskriterium ist auch bei technischen Implementierungen von Plattformen zum Projektwissensmanagement die Möglichkeit zur weitgehenden Personalisierung der Arbeitsplattform. Die Tabelle 3.8 listet die verschiedenen Dimensionen der Personalisierung auf.

Auch im Rahmen des Projektwissensmanagements wird das Konzept eines kontinuierlichen Lernens in Projekten verfolgt (Schindler 2002).[46]

---

[45] zur Frage Publishing- versus Collaboration-Ansatz siehe Diefenbruch und Hoffmann (2002, S. 42).
[46] Siehe Schindler 2002.

3.12 Konzepte zur Daten-, Informations- und Wissensintegration

Tabelle 3.7 Portale im Internet und Intranet[a]

Internet	Themenportale	
	Branchenportale	
	Zielgruppenportale	
	Marktplatzportale	
Intranet	Wissensportale	Instant messaging
		Gruppenbereiche
		Diskussionsforen
	Kollaborationsportale	E-Mail-Integration
		Dokumentenmanagement
		Workflow
	Informationsportale	Groupware
		Recherche, Information Retrieval
		Kategorisierung, Verschlagwortung
		Autorisierung

[a]Angelehnt an Seidl und Schaal (2001, S. 45)

Tabelle 3.8 Dimensionen der Personalisierung von Projektinformationen[a]

Inhalte/ Informations- sphären	Persönliche Sphäre	Projektsphäre	Unternehmens- sphäre	Externe Informa- tionssphäre
Personalisierung der Benutzer- oberfläche	Rollenbasiert/ system- gesteuert	Individuell/ benutzergesteuert		
Personalisierbare Funktionen	Navigation (z. B. Menüs)	Vordefinierte Suchen	Abonnements (z. B. Newsletter)	Benachrichtigungs- agenten
Gewinnung von Benutzerprofi- len	Benutzerbefra- gung	Vom Benutzer erstellte Profile	Automatisch erstellte Profile (WebTracking)	

[a]Seidl und Schaal (2001, S. 46)

Danach wird am Ende einer jeden Projektphase eine Aufbereitung von Lessons Learned vorgenommen, die in die Projektwissensbasis des Gesamtunternehmens eingehen. Aus diesen Lessons Learned werden regelmäßig Best Practices im Projektmanagement für das Unternehmen abgeleitet.[47]

---

[47]Kunz (2005).

3.13 Kompetenzentwicklung und Qualifizierung

Aus Sicht eines Einzelprojektes ist der Anreiz zur Aufbereitung der im Projekt gemachten Erfahrungen oft sehr gering, da diese Aufbereitung mit einem nicht unerheblichen Aufwand verbunden ist, diesem Aufwand aber in der Regel kein adäquater Nutzen für das Projekt selbst gegenübersteht. Aus Projektsicht ist es daher meist sinnvoller und nahe liegender, sich fehlende Kompetenzen und fehlendes Know-how einmalig zu beschaffen. Dennoch ist eine breite Einsicht vorhanden, dass ein projektübergreifendes Lernen sinnvoll und notwendig ist. Dies belegt auch die vorliegende empirische Untersuchung nachdrücklich.

Diese Diskrepanz zwischen der Einzelprojektsicht und dem ganzheitlichen Interesse einer Organisation kann nur durch *Anreizsysteme*, die projektübergreifendes Lernen fördern, einerseits und Zwänge andererseits überbrückt werden.

Anreizsysteme sollten insbesondere *Beiträge zum Wissenstransfer* zwischen Wissensträgern und Bedarfsträgern belohnen, da der Wissenstransfer meist die größte Barriere im Wissensmanagement darstellt.

Die Stärkung eines Wissensaustauschs über obligatorische Beiträge ist hingegen wesentlich schwieriger erfolgreich zu gestalten, da Zwänge primär als Last empfunden werden. Dennoch gibt es auch in diesem Bereich Gestaltungsmöglichkeiten, insbesondere durch die Standardisierung der Projektprozesse und des Projektberichtswesens.

Der projektübergreifende Wissensaustausch wird durch die Einführung einer geeigneten *Arbeitsplattform für Projekte* gefördert. Im Wissensmanagement spricht man in diesem Zusammenhang von Kollaborationsplattformen. Wichtig sind dabei Möglichkeiten zur flexiblen Gestaltung des Arbeitsumfeldes und der Zugriffsrechte. Beobachtungen in der Unternehmenspraxis zeigen, dass dabei gerade die Gestaltung der Zugriffsrechte problematisch ist. Können die vielfältigen inhaltlichen Schutzinteressen der Nutzer nicht angemessen berücksichtigt werden, befürchten viele Nutzer einen Missbrauch oder einen leichtfertigen Umgang mit eingestellten Informationen, was zu Barrieren bei der Akzeptanz des Systems führt und so einen Wissenstransfer behindert.

Eine interessante Möglichkeit zur Entwicklung der Projektmanagementkompetenzen innerhalb einer Organisation bieten *Poolorganisationen*. Diese werden in jüngerer Zeit verstärkt gerade von solchen Unternehmen genutzt, die regelmäßig große Teile ihrer Leistungen über Projekte erbringen. Für solche Organisationen ist es dann oft vorteilhaft, einen Pool hoch qualifizierter Projektleiter aufzubauen, die neben der Projektarbeit keine weiteren Aufgaben mehr bekleiden müssen. Die Schaffung von Projektleiterpools befriedigt in diesen Fällen die stetige steigende Nachfrage nach Projektmanagementkompetenz nach dem Prinzip der Spezialisierung. Diese Entwicklung wird auch durch die stark angestiegene Nachfrage nach Zertifizierung von Projektpersonal belegt.

Literaturangaben

Arold J (2011) Schlank entwickeln – Schnell am Markt, unterstützt durch Critical Chain im Projekt. Vortrag. Sciforma Symposium 2011, Wiesbaden, 5. und 6.4.2011

Bleicher, K (2003) Das Konzept integriertes Management: Visionen – Missionen – Programme, 5. Aufl. Frankfurt am Main, New York, Campus

Cooke-Davies T (2004) Consistently doing the right projects and doing them right – What metrics do you need? The measured 4(2, Summer 2004):44–52

Dammer H, Gmünden, H (2005a) Erfolgsfaktoren des Multi-Projektmanagements – Ergebnisse einer qualitativen Studie. In: Projektmagazin (www.projektmagazin.de), Ausgabe 5/2005

Dammer H, Gmünden H (2005b) Studie zum Multiprojekt-Management 2005, Vortrag zur Beurteilung des Einflusses der IT auf den Projektportfolioerfolg, Berlin, 18. August 2005

Diefenbruch M, Hoffmann M (2002) Informationen nach Maß. In: ExperPraxis 2001/2002. ExperTeam AG, Köln, S 39–43

Drews G, Hillebrand N (2007) Lexikon der Projektmanagement-Methoden. Haufe, Freiburg – Berlin – München

Dworatschek S (1998) Management. In: RKW/GPM (Hrsg.) Projektmanagement-Fachmann. Ein Fach- und Lehrbuch aus der Praxis für die Praxis, 2 Bde., 4. völlig neu überarb. Aufl. RKW-Verlag, Eschborn, S 5–24

Eßeling V (2009) Strategische Projektbewertung – Bezugsrahmen, Empirie sowie Propositionen. Dissertation, Universität Hannover, Rainer Hampp Verlag, München und Mering

Fiedler R (2001) Strategisches Projektcontrolling, Teil 1: Portfolio- und Risikomanagement. In Projektmagazin (www.projektmagazin.de), Ausgabe 18/2001

Fleidl G, Hurtmanns F (2005) Mehr Effizienz und Effektivität bei IT-Projekten: Projektportfolio-Management bei der BayWA AG. In: Projektmagazin (www.projektmagazin.de), Ausgabe 10/2005

Grün O (2004) Taming giant projects. Management of Multi-Organization Enterprises. Heidelberg, Berlin

Hirzel M (2002) Herausforderungen des Multiprojektmanagements. In: Hirzel M, Kühn F, Wollmann P (Hrsg.) Multiprojektmanagement: strategische und operative Steuerung von Projekteportfolios. Frankfurter Allgemeine Buch, Frankfurt am Main, S 11–21

Kopp F (2005) Projektmanagement. Vorlesungsskript FHBB

Kunz C (2005) Strategisches Multiprojektmanagement. Dissertation, Universität Bamberg 2004, Gabler, Wiesbaden

Lazic M (2004) IT-Projektportfolio Management. Diplomarbeit. Institut für Informatik der Universität Zürich, Zürich

Lomnitz G (2004) Multiprojektmanagement: Die Projektlandschaft erfolgreich planen und steuern. In: Projektmagazin (www.projektmagazin.de), Ausgabe 11/2004

Lörz H, Techt U (2007) Critical chain: Beschleunigen Sie Ihr Projektmanagement. Haufe, München

Lukesch CJ (2000) Umfassendes Projektportfoliomanagement in Dienstleistungskonzernen am Beispiel eines großen, international operierenden Versicherungsunternehmens. Dissertation, ETH Nr. 13710, Zürich

Malik F (1984) Strategie des Managements komplexer Systeme. Haupt Bern und Stuttgart, S 11

Motzel E (2006) Projektmanagement Lexikon: Von ABC-Analyse bis Zwei-Faktoren-Theorie. Wiley-VCH

Schelle H (2009) 3.00 Projektmanagement und Unternehmensstrategie. In: GPM Deutsche Gesellschaft für Projektmanagement/GPM Deutsche Gesellschaft für Projektmanagement (Hrsg.) Kompetenzbasiertes Projektmanagement (PM3), Handbuch für die Projektarbeit, Qualifizierung und Zertifizierung auf Basis der IPMA Competence Baseline V. 3.0, Bd. 4, 1. Aufl. 2009. GPM, Nürnberg, S 2115–2138

Schelle H, Ottmann R, Pfeiffer A (2005) ProjektManager. GPM, Nürnberg

Schindler M (2002) Wissensmanagement in der Projektabwicklung: Grundlagen, Determinanten und Gestaltungskonzepte eines ganzheitlichen Projektwissensmanagements. Dissertation. 3. Aufl., Eul, Lohmar - Köln

Schwienhorst L, Purle E (2006) Gesundung – damit sich die Sanierung erübrigt. Professionelles Komplexitätsmanagement zur Bewältigung von Wachstums- und Schrumpfungskrisen. In: Zeitschrift Führung + Organisation, 1/2006, Schäffer-Poeschel, Stuttgart, S 29–34

Seidl J (2007) Konvergentes Projektmanagement (KPM). Konzepte der Integration von Projektportfoliosteuerung und operativem Programm- und Projektmanagement. Dissertation, Universität Bremen

Seidl J, Aubermann M (2005) Konvergentes Projektmanagement (KPM) – Konzepte zur Integration von Projektportfoliomanagement und operativem Projektmanagement. In: Frick A, Kerber G, Marre R (Hrsg.) Dokumentationsband zur interPM 2005 – Entrepreneuership im Projektmanagement. dpunkt, Heidelberg, S 121–138

Seidl J, Baumann D (2009) 3.03 Projektportfolioorientierung. In: GPM Deutsche Gesellschaft für Projektmanagement/GPM Deutsche Gesellschaft für Projektmanagement (Hrsg.) Kompetenzbasiertes Projektmanagement (PM3), Handbuch für die Projektarbeit, Qualifizierung und Zertifizierung auf Basis der IPMA Competence Baseline V. 3.0, Bd. 4, 1. Aufl. 2009. GPM, Nürnberg, S 2205–2242

Seidl J, Cronenbroeck W (2003) Das richtige Projekt zu rechten Zeit – Methodengestütztes Management der Projektvorhaben durch Einsatz von Vernetzungsanalyse und Portfoliotechnik. In: ExperPraxis 2003/2004 – ExperTeam-Jahrbuch für die Praxis der Informationsverarbeitung, S 13–15

Seidl J, Schaal H-G (2001) Innovative Zusammenarbeit in Knowledge-Portalen: Offener Wissensaustausch. In: ExperPraxis 2001/2002, ExperTeam, Köln, S 44–47

Seidl J, Ziegler T (2008) Management von Projektabhängigkeiten. In: Steinle C et al (Hrsg.) Handbuch Multiprojektmanagement und -controlling – Projekte erfolgreich strukturieren und steuern. Erich Schmidt Verlag, Berlin, S 93–108

Ulrich H (1970) Die Unternehmung als produktives soziales System. 2. Aufl. Haupt, Bern und Stuttgart

Ulrich H, Probst G (1988) Anleitung zum ganzheitlichen Denken und Handeln. Ein Brevier für Führungskräfte. Haupt, Bern und Stuttgart, S 60 ff.

Vester F (1980) Neuland des Denkens. Deutsche Verlags-Anstalt, München und Zürich

Vester F (2002) Die Kunst vernetzt zu denken – Ideen und Werkzeuge für einen neuen Umgang mit Komplexität. dtv, Wiesbaden

Kapitel 4
Organisation des Multiprojektmanagements

Die vorausgehenden Kapitel haben gezeigt, dass ein Multiprojektmanagement weite Bereiche eines Unternehmens bzw. einer Organisation erfasst und sehr viele Interessen und Stakeholder berührt. Daher ist es von entscheidender Bedeutung für die Qualität und den Erfolg des Multiprojektmanagements, wie es in die Abläufe des Unternehmens integriert und aufbauorganisatorisch verankert wird. Diese beiden Fragen werden im Folgenden eingehend behandelt.

4.1 Multiprojektmanagement im Organisationskontext

In Unternehmen oder Behörden, in denen Projekte bearbeitet werden, ist das Zusammenspiel zwischen Projekt- und den Linienorganisation von entscheidender Bedeutung für die Gesamtleistung.

Im Idealfall stehen dabei Projekt- und Linienorganisation unter einer einheitlichen übergeordneten Leitung nebeneinander, wie die folgende schematische Darstellung (Abb. 4.1) zeigt.

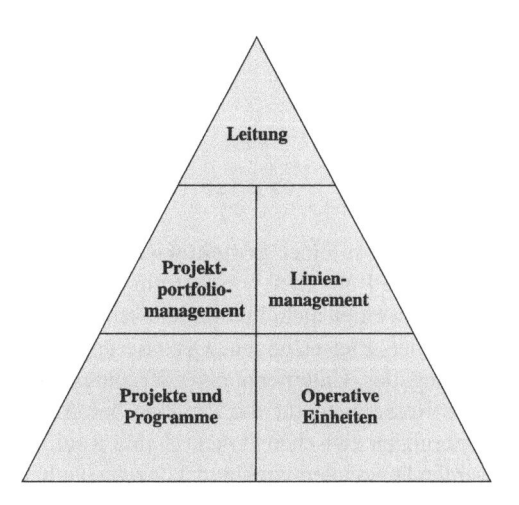

Abb. 4.1 Projekt- und Linienorganisation im Organisationskontext

In der Unternehmenspraxis finden sich solche idealtypischen Formen dagegen selten. So wickeln funktional organisierte Unternehmen Projekte häufig innerhalb der bestehenden Linienorganisation ab. In diesem Fall spricht man von einer *linienzentrierten Projektorganisation*. Den Gegenpol hierzu stellen *projektorientierte Unternehmen* dar, die einen Großteil ihrer Wertschöpfung in Projekten erwirtschaften und die nur wenige, meist administrative Aufgaben in klassischen Linieneinheiten abwickeln.

In einer **linienzentrierten Organisation** (Abb. 4.2) haben Linienaufgaben Vorrang vor den Projektaufgaben oder anders gesagt, das operative Tagesgeschäft (Run the business) hat Vorrang vor dem Veränderungsmanagement (Change the business). Durch die Dominanz der Linie gibt es häufig keine oder eine nur schwach ausgeprägte bereichsübergreifende Projektkoordination. Auch etabliert sich in einem linienzentrierten Umfeld selten eine Projektkultur. Entsprechend orientieren sich auch Karrierepfade und Personalentwicklungsmodelle sehr stark an den aufbauorganisatorischen Strukturen der Stammorganisation. Die wenigen Projekte werden komplett in Verantwortung des Linienmanagements beauftragt und abgewickelt, die Projektleitung ist entsprechend dem zuständigen Linienmanager untergeordnet.

Abb. 4.2 Linienzentrierte Organisation

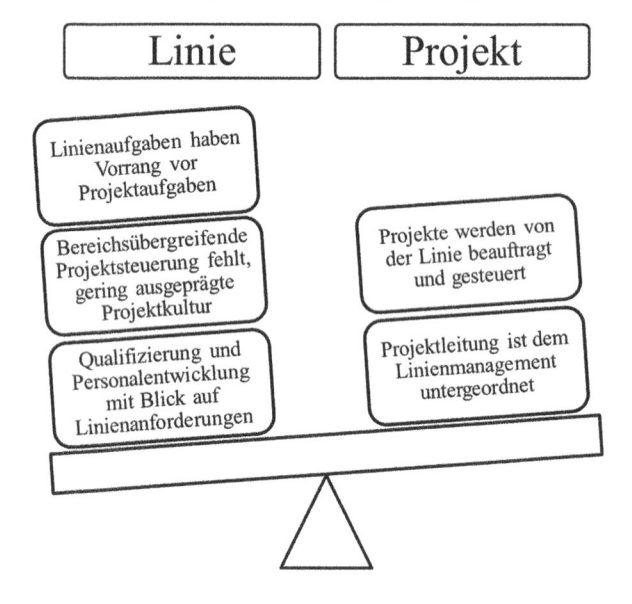

Das Bild in einer **projektorientierten Organisation** (Abb. 4.3) weicht davon grundlegend ab. Hier herrscht ein Zusammenwirken von Projekt und Linie. Die Projekte werden nicht linienorientiert ausgewählt und priorisiert, sondern nach übergreifenden Zielsetzungen. Orientierungspunkt hierfür kann z. B. die strategische Planung des Unternehmens oder eines Bereiches sein. Die Stammorganisation muss Ressourcen für die Projekte bereitstellen und für einen Ausgleich der Anforderungen zwischen Projekten und Routineaufgaben leisten. Aus diesem Grunde werden Personalentwicklungskonzepte an beiden Bereichen ausgerichtet.

Abb. 4.3 Projektzentrierte Organisation

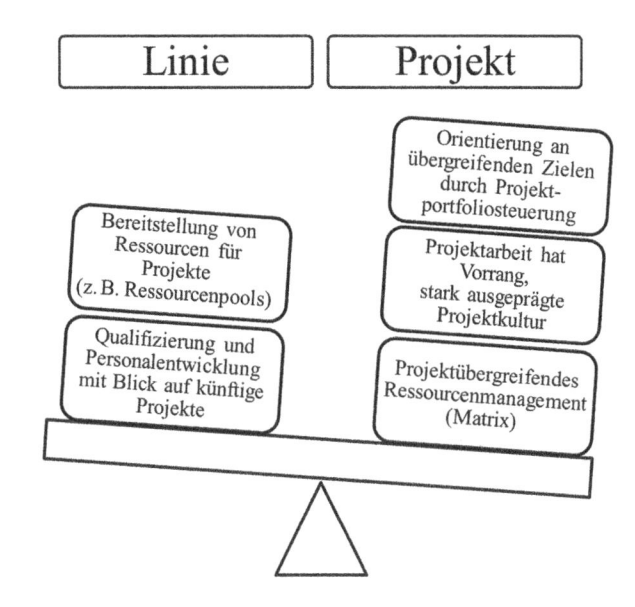

[Abbildung: Waage mit den Seiten "Linie" und "Projekt"]

Linie:
- Bereitstellung von Ressourcen für Projekte (z. B. Ressourcenpools)
- Qualifizierung und Personalentwicklung mit Blick auf künftige Projekte

Projekt:
- Orientierung an übergreifenden Zielen durch Projektportfoliosteuerung
- Projektarbeit hat Vorrang, stark ausgeprägte Projektkultur
- Projektübergreifendes Ressourcenmanagement (Matrix)

Das Zusammenspiel von Projekt- und Stammorganisation ist natürlich auch abhängig von der vorwiegend gewählten Projektorganisation. So werden projektorientierte Unternehmen eher eine reine Projektorganisation oder eine (projektdominierte oder ausbalancierte) Matrixorganisation anwenden. In linienzentrierten Unternehmen sind auch schwächere Formen der Projektorganisation, wie die liniendominierte Matrixorganisation oder die Projekteinflussorganisation anzutreffen.

4.2 Rollen im Multiprojektmanagement

Bereits das Kap. 1 zeigte unterschiedliche Sichtweisen der Interessensgruppen im Multiprojektmanagement auf. Im Folgenden werden deren typische Anforderungen noch einmal extrahiert und aufbereitet (siehe auch Tabelle 4.1).

Die **Leitung** eines Unternehmens ist vor allem an der Frage interessiert, welche Beiträge Projekte erbringen können, um die Unternehmensstrategie umzusetzen und Unternehmensziele zu erreichen. Anderseits wird durch das Topmanagement auch zunehmend kritisch hinterfragt, welche finanziellen Mittel und Ressourcen durch das Projektportfolio gebunden werden.

Für den **Auftraggeber** stehen dagegen primär die von ihm beauftragten Projekte im Vordergrund. Von diesen möchte er wissen, wie deren Status ist und ob die auftragsgemäße Abwicklung sichergestellt ist. Anderseits möchte er den Gesamtkontext, in dem diese Projekte abgewickelt werden, kennen, um Synergien zu nutzen oder mögliche Gefährdungen der Projekte, zum Beispiel durch Ressourcenkonflikte, frühzeitig zu erkennen und abzuwenden.

Tabelle 4.1 Anforderungen der Interessensgruppen an ein Multiprojektmanagement

Status	Problemstellungen
Leitung	Umsetzung übergeordneter/strategischer Ziele
	Optimierung des Verhältnisses von Projektnutzen und Projektkosten bezogen auf alle Projekte
	Verlässliche und verständliche Informationen über alle Projekte
Auftraggeber	Nutzenoptimierung bei den eigenen Projekten
	Angemessene Ressourcenallokation für die eigenen Projekte
	Verlässliche und verständliche Informationen über die eigenen Projekte
	Kostengünstige und rechtzeitige Projektumsetzung
Anwender (des Projektprodukts)/Kunden	Optimierung des Projektprodukts bei den „eigenen" Projekten
	Schnelle Umsetzung des Projekts
Linien- bzw. Ressourcenpoolverantwortliche	Verlässliche Informationen über die bereitzustellende Ressourcen
	Informationen zum künftigen Personal- und Qualifizierungsbedarf
Projektleiter	Effiziente Umsetzung des eigenen Projektauftrags
	Angemessene Ressourcenausstattung im Vergleich zu anderen Projekten
	Management Attention für das eigene Projekt (falls erforderlich)
Projektmitarbeiter	Erfolg der eigenen Arbeit
	Interessante Tätigkeit
	Persönliche Weiterentwicklung
	Wahrnehmung neuer Aufgaben nach Abschluss des Projekts

Der **Projektleiter** orientiert sich in erster Linie an seinem Projektauftrag. Zur Durchführung des Projekts ist er an einer effizienten Abwicklung und Überwachung interessiert. Auch möchte er wissen, wie das Projekt im Portfoliokontext angesiedelt ist. Da er auch an einer positiven Wahrnehmung des Projekts interessiert ist, stellt er nach außen gerne die Zielbeiträge des Projekts dar.

Jedes Projekt soll ein Ergebnis, ein so genanntes Projektprodukt, bereitstellen. Die zugehörigen Stakeholder sind entweder externe **Kunden** oder die **Anwender des Projektprodukts** im eigenen Unternehmen. Diese Interessensgruppe ist naturgemäß an einer möglichst hohen Zweckeignung des Projektprodukts interessiert und bemüht sich daher um deren Optimierung.

Eine sehr wichtige Interessengruppe bilden Bereichsführungskräfte, welche die Projekte mit Ressourcen ausstatten müssen. Dies sind in der Regel **Linienverantwortliche** oder die **Leiter von Ressourcenpools**. Sie benötigen für ihre Arbeit verlässliche Informationen über die bereit zu stellenden Ressourcen für die Ressourcendisposition sowie Informationen zum künftigen Personal- und Qualifizierungsbedarf, um Ressourcenbedarf und –angebot auch mittel- und längerfristig zur Deckung bringen zu können.

Die **Projektmitarbeiter** schließlich können sehr unterschiedliche Erwartungen an ein Projekt haben. Die Projektarbeit kann für sie einerseits eine Bereicherung ihres Aufgabenumfelds und eine besondere Motivation bedeuten, andererseits aber auch zu Überbelastungen und zu Zielkonflikten mit anderen Aufgaben führen. Auch die persönliche Weiterentwicklung eines Projektmitarbeiters kann durch die Projektarbeit sowohl gefördert als auch behindert werden. So kann sie durchaus zur Empfehlung für neue, verantwortungsvollere Aufgaben genutzt werden, andererseits ist es aber oft schwierig, Projektmitglieder nach dem Projektende wieder in ihre alte oder eine andere Linientätigkeit zurückzuführen.

Linienverantwortliche stehen häufig vor dem Problem, nicht alle Anforderungen, die aus den Projekten an sie gestellt werden, befriedigen zu können. Speziell als **Ressourcenverantwortliche** müssen sie einerseits Mitarbeiter für die Arbeit in Projekten abstellen, andererseits aber auch die ordnungsgemäße Bewältigung der Linienaufgaben sicherstellen. Da gerade in Multiprojektsituationen und im Spannungsfeld zwischen Projekt- und Linientätigkeiten immer wieder Ressourcenkonflikte auftreten, bilden die Linienmanager bzw. Verantwortlichen für die Ressourcenpools eine besonders wichtige Interessengruppe des Projektportfoliomanagements.

Entscheidungen über Prioritäten, Auftragsinhalte, Ressourcenausstattung und Budgets werden in den meisten Organisationen durch **Projektportfoliogremien** getroffen. Sie sind darin interessiert, gut vorbereitete Entscheidungsgrundlagen zu erhalten. Aus diesen sollten die wesentlichen Fakten zu den betrachteten Projekten nachvollziehbar und verständlich hervorgehen.

Für die Vorbereitung solcher Entscheidungen ist meist ein **Portfoliomanager** zuständig. Er schafft die Voraussetzungen dafür, die Projekte objektiv und nachvollziehbar priorisieren zu können. Um Entscheidungsalternativen zu analysieren und nachvollziehbare Vorschläge zu unterbreiten, ist vor allem die Visualisierung von Portfolioinformationen wichtig. Weiter muss der Portfoliomanager immer kurzfristiger veränderte Rahmenbedingungen berücksichtigen. Von daher ist er an einer effizienten Organisation und Werkzeugunterstützung des Projektportfoliomanagements interessiert.

4.3 Prozessmodelle für das Multiprojektmanagement

Im Projektmanagement gibt es inzwischen eine Reihe von Referenz-Prozessmodellen. Diese beschäftigen sich aber fast ausschließlich mit den Projektmanagementprozessen innerhalb einzelner Projekte und Programme. Das Multiprojektmanagement wird durch die heute verfügbaren Prozessmodelle nur in Ausnahmen abgedeckt. In Tabelle 4.2 ist eine Auswahl dieser Modelle dargestellt.

Das Deutsche Institut für Normung definiert den **Projektmanagementprozess** als einen „Prozess zur Planung, Überwachung und Steuerung von Projektprozessen". Ein Projektprozess bewirke danach unmittelbar die Erzielung von Projektergebnissen.[1]

---
[1] Nach DIN 69904, siehe DIN (1980). Eine aktualisierte Begriffsdefinition findet sich in der DIN 69901-5, S. 14, siehe DIN (2009, S. 14).

Tabelle 4.2 Referenzmodelle für Projektmanagementprozesse

Ansatz	Charakterisierung
DIN 69901-2	Projektmanagement - Projektmanagementsysteme – Teil 2: Prozesse, Prozessmodell
PMBoK (PMI)	Generisches Modell der Projektmanagementprozesse bzw. PM-Prozess-Gruppen
PRINCE2™ (OGC)	Prozessorientiertes Projekt-Vorgehensmodell des Office of Government Commerce (OGC)
M-Modell[a]	Referenzmodell der Uni Osnabrück mit den Ebenen Projektportfolio, Programm und Projekt.
St. Galler Informationssystem-Modell	Beinhaltet Prozessmodelle für die IS-Portfolio- und Projektsteuerung

[a] Ahlemann (2002)

4.3.1 Prozessmodelle des Project Management Institute (PMI)

Das Project Management Institute (PMI) verfolgt im Projektmanagement innerhalb des **PMBoK** und von **OPM3**[2] stark prozess- und abwicklungsorientierte Ansätze. Das Projektmanagementsystem des PMI ist in die fünf Prozessgruppen gegliedert: Initiierung, Planung, Steuerung, Ausführung und Abschluss. Nach der PMI-Philosophie werden alle genannten Prozessgruppen sowohl für das Gesamtprojekt als auch für die einzelnen Projektphasen vollständig durchlaufen.

Die eigentlichen Projektmanagementprozesse werden grundsätzlich von initiierenden und abschließenden Prozessen eingerahmt, wie Abbildung 4.4 verdeutlicht, welche die Prozessgruppen nach PMI zeigt.

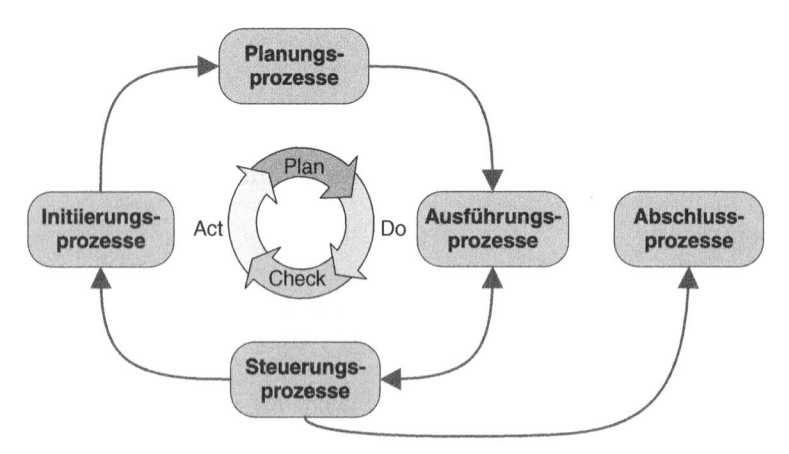

Abb. 4.4 Projektmanagementprozessgruppen nach PMI (angelehnt an Project Management Institute 2004, S. 39 ff.)

---

[2] Project Management Institute (2003).

Die Prozessgruppe der Initiierungsprozesse wird jeweils beim Start eines Projektes oder einer Projektphase durchlaufen. Diese Prozesse schaffen wesentliche Voraussetzungen für die folgende Projektarbeit, z. B. durch die Klärung von Erwartungen und Zielen, Verantwortlichkeiten, Vorgehensweise und die Bereitstellung notwendiger Informationen.

Im Rahmen der Planungsprozesse erfolgt die Detailplanung des Projektes bzw. der anstehenden Projektphase. Die möglichen Handlungsoptionen werden gegenübergestellt und bewertet. Inhalt und Umfang der Arbeiten werden festgeschrieben und geplant. Die Gesamtaufgabe wird strukturiert und in Arbeitspakete aufgeteilt. Die Prozessgruppe beinhaltet neben den Kernprozessen zur Ablauf- und Terminplanung, Aufwandsplanung und der Ressourcenplanung auch unterstützende Prozesse, wie zur Qualitätsplanung und Risikoidentifikation, ein. Ergebnis ist ein Gesamtplan des Projektes bzw. der anstehenden Phase.

Die Ausführungsprozesse beinhalten die Arbeits- und Ressourceneinsatzplanung sowie Abnahme- bzw. Freigabeprozesse auf Arbeitspaketebene. In dieser Gruppe sind ebenfalls weitere Unterstützungsprozesse angesiedelt, z. B. für das Qualitätsmanagement und das Informationswesen im Projekt.

Die Steuerungsprozesse im Projekt gliedern sich in die beiden Hauptprozesse Reporting und Change Management. Hauptaufgabe dieser Prozessgruppe ist kontinuierliche Überwachung des Projektfortschritts und der Zielerreichung.

Gegenstand der Abschlussprozesse sind vorrangig die administrative Beendigung von Projekten oder Projektphasen sowie die Beendigung von Leistungsbeziehungen und Vertragsverhältnissen. Wichtige Ergebnistypen dieser Prozesse sind der Projektabschlussbericht, die aufbereiteten Lessons Learned sowie die Bestandteile der Projektdokumentation.

Innerhalb des PMBoK werden die Detailprozesse aller genannten Prozessgruppen detailliert beschrieben.

4.3.2 Das PRINCE2-Prozessmodell des OGC

Auch der **PRINCE2**-Standard weist ein Prozessmodell auf, das den Fokus auf die Projektprozesse legt. Wie Abbildung 4.5 zeigt, verfügt das Modell jedoch auch über eine Steuerungsebene, die entweder die Form eines Programmmanagements hat oder einem Projektportfoliomanagement entspricht. Allerdings sind diese Steuerungsprozesse nicht weiter differenziert.

Im zeitlichen Ablauf betont der PRINCE2-Ansatz sehr stark die Bedeutung der Projektphasen und der Phasenübergänge. Diese starke Stage-Gate-Orientierung zeigt anderseits aber auch, dass PRINCE2 sehr abwicklungsorientiert ausgerichtet ist und sich weniger für eine zyklische Steuerung von Projektportfolios eignet. Im Kontext der Projektportfoliosteuerung müssen regelmäßige Steuerungszyklen durchlaufen werden, die leider oft nicht mit den aus Projektsicht sinnvollen Phasendauern harmonieren.[3]

---

[3] Quelle: Office of Government Commerce (OGC).

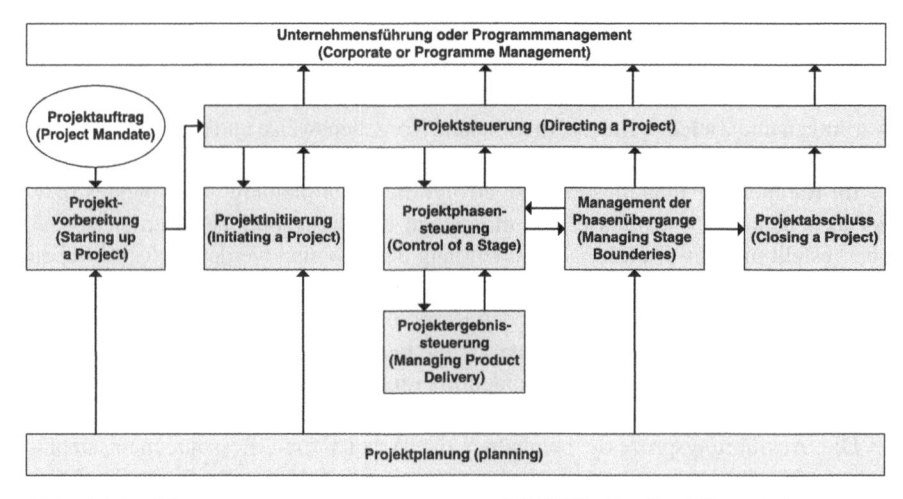

Abb. 4.5 Projektmanagementprozessgruppen nach PRINCE2 (Quelle: Office of Government Commerce (OGC). Leicht angepasste Darstellung, die Texte in Klammern stellen die Originalbezeichnungen des OGC dar. Das OGC veröffentlicht Informationen zu PRINCE2 unter http://www.PRINCE2.org.uk und http://www.PRINCE2.com. Siehe hierzu auch: Angermeier, G: PRINCE2-Tag 2006: Britisches Management-Modell auf dem Vormarsch 2006)

4.3.3 Weitere Prozessmodelle

Für die Beurteilung von Projektmanagement-Prozessen kann das generische Prozessmodell im **M-Modell von Ahlemann**[4] recht gut als Orientierung genutzt werden, das Sollprozesse des Projektmanagements auf den Ebenen Einzelprojekte, Programme und Portfolio darstellt. Vorteil dieser Sichtweise ist die ganzheitliche Betrachtung des Projektmanagementsystems mit der Unterscheidung der Einzelprojektebene und den projektübergreifenden Sichten.

Eine weitere interessante Modellierung entstand mit dem in fünf Ebenen gegliederten **St. Galler Modell für ein Informationssystem-Management (ISM)** im Rahmen des Forschungsprogramms Informationsmanagement 2000 am Institut für Wirtschaftsinformatik der Universität St. Gallen. Einen umfassenden Überblick über dieses Modell gibt Österle.[5] Für das Multiprojektmanagement sind dabei die Ebenen 4 „IS-Projektportfolio" und 5 „IS-Projekt" von Bedeutung.[6]

Einige, vor allem größere Unternehmen, die regelmäßig viele Projekte abwickeln, widmen inzwischen selbst ihren Projektmanagementprozessen eine hohe Aufmerksamkeit. Abbildung 4.6 stellt die Haupt- und Querschnittsprozesse des Projektmanagementsystems eines Finanzdienstleistungsunternehmens dar.

---

[4]Quelle: Ahlemann (2002).
[5]Österle et al. (1992, S. 206 ff.).
[6]Ebenda.

4.3 Prozessmodelle für das Multiprojektmanagement 115

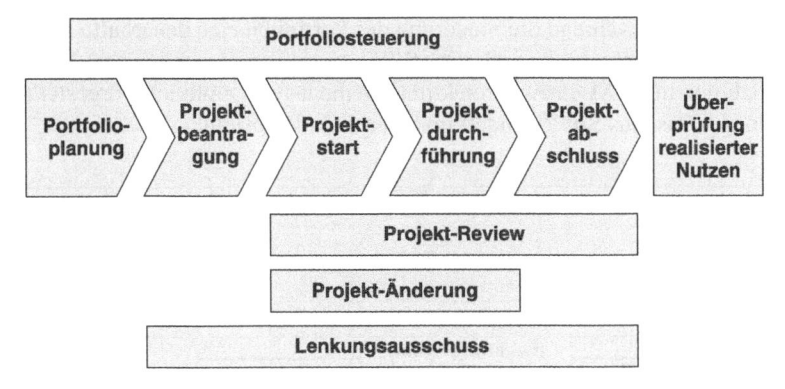

Abb. 4.6 Projektmanagementprozesse eines Finanzdienstleisters (Nees 2005, S. 18)

Der zentral dargestellte Projektprozess orientiert sich am Projektlebensweg. Er wird von diversen Portfoliomanagementprozessen begleitet: am Anfang steht die Projektportfolioplanung, am Ende die Überprüfung des realisierten Nutzens. Koordiniert werden die Projekte durch einen Portfoliosteuerungsprozess. Zudem gibt es eigene Prozessbeschreibungen für die Durchführung von Projektreviews, das Change Management im Projekt und die Vorbereitung und Durchführung von Lenkungsausschusssitzungen, die jeweils für Teilportfolien abgehalten werden.

Lukesch nutzt ein dreistufiges Phasenmodell für den Lebensweg eines Projektes. Ausgehend von der Entwicklung der Projektidee kommt es zur eigentlichen Projektphase, die Lukesch in Planung und Durchführung unterteilt. Im Anschluss an diese Projektphase tritt die Nutzungsphase ein. Diese beinhaltet die Nutzung der Projektresultate.[7]

4.3.4 Das S/P/P-Modell der Projektmanagementprozesse

Im Rahmen einer eigenen Forschungsarbeit an der Universität Bremen hatte der Autor selbst Gelegenheit einige wichtige Fragen des Multiprojektmanagements zu untersuchen.[8] Auch dazu wurde ein Modell der Projektmanagementprozesse genutzt. Das **S/P/P-Modell** stellt eine Fortentwicklung des M-Modells von Ahlemann[9] dar. S/P/P steht dabei für die drei Modellebenen: Strategie/Portfolio/Projekt. Im Unterschied zum M-Modell wurde die Ebene der Einzelprojekte mit der Ebene der Programme zusammengefasst. Darüber hinaus wurde die Ebene der Unternehmensstrategie als Prozessebene ergänzt. Der Hauptgrund für die Zusammenfassung der Programm- und Projektebene im Rahmen des SPP-Modells liegt in deren zeitlicher Befristung. Sowohl Projekte als auch Programme folgen einem Lebensweg

---
[7]Lukesch (2000, S. 7).
[8]Seidl (2007).
[9]Vgl. Ahlemann (2002).

(mit einem Ende), während die Steuerung der Portfolien eine dauerhafte und periodisch erfolgende Aufgabe darstellt. Das S/P/P-Modell wurde erstmals im März 2004 anlässlich der InterPM einem Projektmanagement-Fachpublikum vorgestellt.[10] In Abbildung 4.7 ist das S/P/P-Modell im Überblick dargestellt.

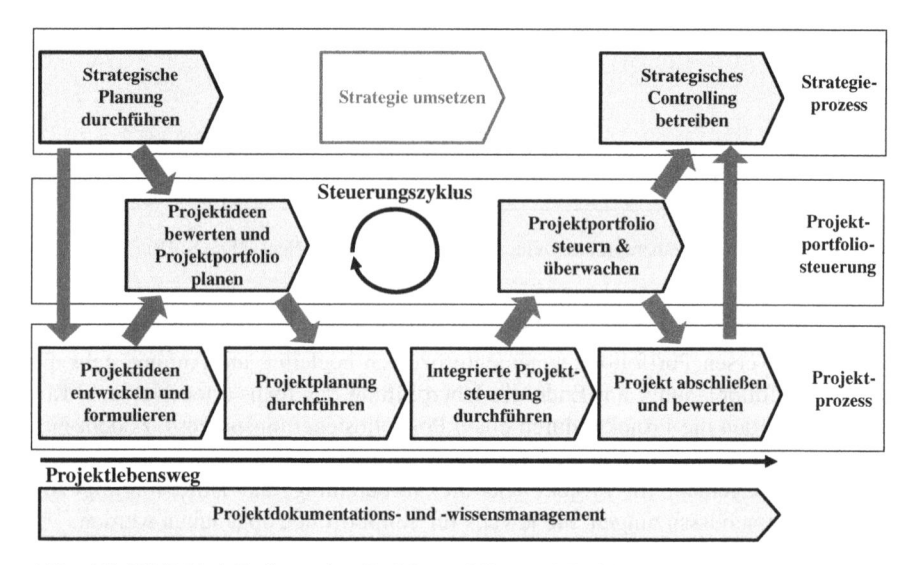

Abb. 4.7 S/P/P-Modell: Strategie-, Projektportfolio- und Projektprozesse im Zusammenhang (Seidl 2007, S. 4)

Der Projektprozess folgt dem **Lebensweg eines Projekts** von der Entwicklung der Projektidee, über die detaillierte Planung und die eigentliche Realisierung bis hin zu Projektabschluss und -nachbetrachtung.

Die Portfoliomanagementprozesse begleiten die Projekte auf diesem Lebensweg, indem sie in regelmäßigen Zyklen das Portfolio durch Bewertung von Projektideen und Aufnahme ins Projektportfolio bilden bzw. aktualisieren und regelmäßig die Projekte im Portfolio überwachen und steuern. Alle Projektmanagementprozesse sind verknüpft mit begleitenden Informations- und Wissensmanagementprozessen.

4.4 Ablauforganisation des Multiprojektmanagements

Aus dem S/P/P-Modell heraus wurde das im Folgenden abgebildete Prozessmodell für das Multiprojektmanagement weiterentwickelt. Abbildung 4.8 zeigt die Prozesse auf den entsprechenden Ebenen.

Auf oberster Ebene ist der Unternehmensentwicklungsprozess abgebildet, der letztlich den Rahmen für die Projektarbeit bildet. Die übergreifende Planung bildet

---

[10] Seidl (2004, S. 143 ff.).

4.4 Ablauforganisation des Multiprojektmanagements

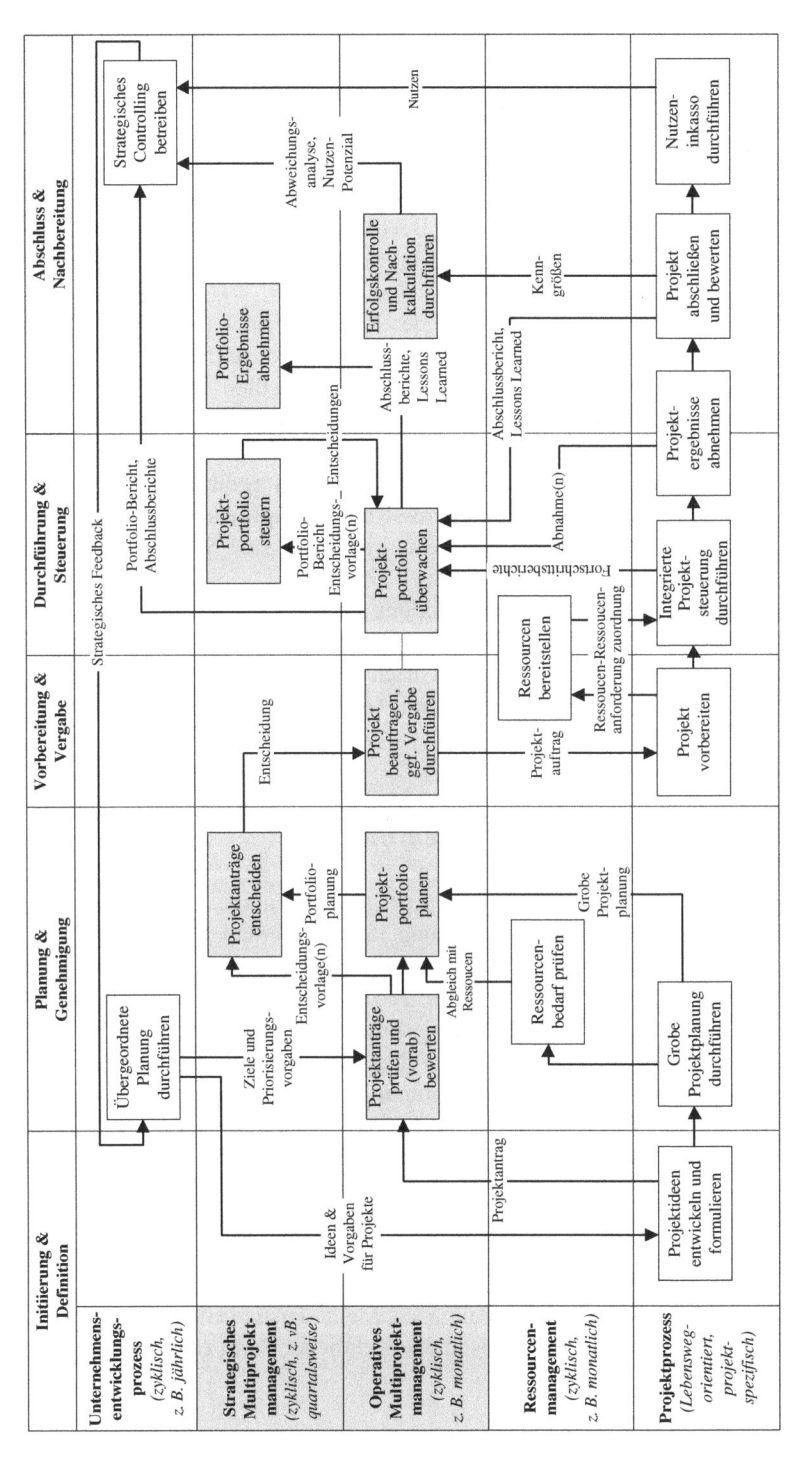

Abb. 4.8 Prozessmodell für das Multiprojektmanagement (J. Seidl 4/2011)

die Vorgabe für die Multiprojektsteuerung, welche die Umsetzung der geplanten Veränderungen durch Projekte steuert, bis schließlich im Rahmen des strategischen Controllings die Zielerreichung überprüft wird.

Darunter finden sich – grau eingefärbt – die Multiprojektmanagementprozesse. Die strategischen Prozessschritte laufen dabei in etwas längeren Zyklen ab als die operativen. Die hier dargestellten strategischen MPM-Prozesse trifft man in der Praxis häufig in quartalsweisen Zyklen an. Bei diesem Zyklus wäre dann ein monatlicher Zyklus für die operativen MPM-Prozesse sinnvoll, was sich auch mit der praktischen Anwendung häufig deckt.

Eine Ebene darunter sind die Prozesse des Ressourcenmanagements zu finden, die ebenfalls zyklisch ablaufen, z. B. wöchentlich oder monatlich.

Im Unterschied dazu laufen die ganz unten dargestellten operativen Projektprozesse nicht zyklisch ab; sie folgen vielmehr dem Projektlebensweg. Da die Dauer von Projekten nach Projekttyp, Branchen, Umfeld und projektspezifischen Faktoren stark variieren kann, muss jedes Unternehmen sorgfältig analysieren, wie lange die Perioden für die zyklischen Prozesse des Multiprojekt- und Ressourcenmanagement bemessen sein sollten, um eine möglichst gute Synchronisation der unterschiedlichen Prozessebenen erreichen zu können.

Im Folgenden werden die in der Abbildung aufgeführten Prozesse nicht nach den links dargestellten Prozessebenen oder den oben dargestellten Prozessphasen beschrieben, sondern topologisch sortiert nach den Vorgänger- und Nachfolgerbeziehungen, da so der Prozessablauf im Gesamtsystem besser verständlich wird.

4.4.1 Übergeordnete Planung durchführen

Die heutige Wirtschaft ist von Dynamik geprägt. Das einzige, was sich als stabil erweist, ist die kontinuierliche Veränderung. Solche Veränderungen lassen sich in kleineren oder auch größeren Schritten vollziehen. Unternehmen, welche auf kleinere, permanente Veränderungsschritte setzen, beschäftigen sich mit Methoden wie dem kontinuierlichen Verbesserungsprozess (KVP) oder dem japanischen KAIZEN. Sind dagegen größere Veränderungsschritte erforderlich, so sind Projekte das Mittel der Wahl. Sollen also bestimmte Transformationsprozesse in einem Unternehmen über Projekte initiiert und umgesetzt werden, so muss zunächst der gewünschte Zustand nach der Transformation, also der Sollzustand, durch die oberste Leitung beschrieben oder zumindest skizziert werden. Hierzu wird in der Regel eine übergeordnete, meist strategische Planung durchgeführt. Darin werden die angestrebten Veränderungen und Ergebnisse für einen mittel- bis langfristigen Zeitraum beschrieben und geplant.

Tabelle 4.3 fasst die wesentlichen Aufgaben, Methoden und Hilfsmittel sowie die Ergebnistypen des Prozesses nochmals in übersichtlicher Form zusammen.

4.4 Ablauforganisation des Multiprojektmanagements

Tabelle 4.3 Prozess „Übergeordnete Planung durchführen"

Ziele & Aufgaben	Methoden	Hilfsmittel	Ergebnisse
Strategische Ziele und Zielumsetzung planen Sollzustand festlegen bzw. skizzieren	Zielplanung Balanced Scorecard Szenariotechnik Delphi-Technik		Zielsystem Balanced Scorecard Strategy Map

4.4.2 Projektideen entwickeln und formulieren

Am Anfang größerer Veränderungsprozesse stehen Projektideen. In der Praxis werden diese meist spontan entwickelt und vorangetrieben, nur wenige Unternehmen leisten sich bislang den Luxus der Entwicklung von Projektideen in einem systematischen Prozess.

So vielfältig wie die Ursprünge von Projektideen sind auch die Projekte selbst. Zwar gibt es grobe Klassifikationen von Projekten, diese können aber nicht über die Unterschiede und heterogenen Ansätze hinwegtäuschen.

Tabelle 4.4 Prozess „Projektideen entwickeln und formulieren"

Ziele & Aufgaben	Methoden	Hilfsmittel	Ergebnisse
Bedarf beschreiben Projektidee skizzieren Projektziele beschreiben Projekt definieren Projektgenehmigung vorbereiten	Bedarfsanalyse	Formblatt Projektskizze Checkliste Zielformulierung Formblatt Projektantrag MPM-Werkzeug	Bedarfsbeschreibung Projektskizze (Bedarf und Ziele) Ausgearbeiteter Projektantrag

Wichtig ist, dass mit fortschreitender Konkretisierung der Projektideen auch eine mehr oder weniger formale Beschreibung der Projektidee einhergeht. Das Ergebnisobjekt am Ende des Prozesses ist ein ausgefüllter Projektantrag, auf dem Weg dahin gibt es bewährte Methoden und Hilfsmittel (siehe Tabelle 4.4). In der Praxis wird recht unterschiedlich gehandhabt, wer als Projektantragsteller fungiert. Oft ist mit dieser Aufgabe schon der spätere Projektleiter betraut. Sofern für den Antrag eine feste Form vorgeschrieben ist, ist das vorgegebene Formular zu verwenden. Es ist in jedem Fall zu empfehlen, den Projektantragsprozess zu standardisieren und den Antragsteller systematisch durch die zu erarbeitenden Inhalte zu führen. Bereits in der Projektskizze enthaltene Angaben, beispielsweise zu Bedarf und Projektzielsetzung, sollten von dort übernommen und ggf. weiter ausgearbeitet werden. So werden auch Doppel- und Mehrfacharbeiten vermieden, der Antragsteller muss nur dann tätig werden, wenn sich entsprechende inhaltliche Änderungen ergeben haben.

Weiter sind Angaben zum Antragsgegenstand und zur Klassifizierung des Projekts zu machen. Die Klassifizierung des Projekts im Antrag umfasst generell die für eine Priorisierung des Projekts notwendigen Kriterien. Diese Kriterien können entweder über vorgegebene Kategorien (z. B. zur Dringlichkeit oder strategischen Bedeutung des Projekts) oder durch ermittelte Kennzahlen (z. B. aus eine Wirtschaftlichkeitsberechnung) ausgedrückt werden. Maßgeblich sind dabei die jeweils aktuellen Vorgaben aus der strategischen Steuerung, die im Antragsformular jeweils in aktueller Form zu berücksichtigen sind.

Das Formular muss vollständig ausgefüllt werden. Alle Inhalte des Projektantrags sollten verständlich, eindeutig, realistisch und widerspruchsfrei formuliert sein.

Hilfreich ist ein Prozess, der sicherstellt, dass bereits frühzeitig wichtige Stakeholder, wie z. B. die Linienvorgesetzten der am Projekt beteiligten Mitarbeiter, über den Projektantrag informiert werden. Ggf. lassen sich bereits in diesem frühen Stadium Vereinbarungen über die Mitarbeit der benötigten Personalressourcen treffen.

Das Multiprojektmanagement sollte in dieser Phase für Fragen bezüglich des Umgangs mit dem Projektantrag unterstützend zur Verfügung stehen. Darüber sollte ein Projektmanagementhandbuch weitere Hilfestellung bei der Bearbeitung des Antrags geben.

Wenn der Projektantrag vollständig beschrieben vorliegt, ist häufig ein erster Genehmigungsprozess zu durchlaufen, bei dem wichtige Entscheidungsträger und Stakeholder (z. B. Auftraggeber und die Leiter betroffener Bereiche) den Projektantrag abzeichnen. Die Genehmigung kann dabei auch in einem Umlaufverfahren erfolgen.

Sofern sich im Projektverlauf signifikante Änderungen ergeben, die sich auf Zielsetzung, Ergebnisse, Zeitplanung oder die Personal- und Sachressourcen des Projekts auswirken, muss darauf durch Erstellen eines Projektänderungsantrags reagiert werden. Dies kann analog zur Erstellung eines Projektantrags erfolgen. Für solche Änderungen sind verschiedene Anlässe denkbar, einige Beispiele sind nachfolgend aufgelistet.

- Erkennbare Änderungen des Bedarfs können zu veränderten Projektzielsetzungen führen.
- Veränderte Prioritäten im Projektportfolio können eine Anpassung der Ressourcen und Finanzmittelallokation erfordern.
- Neue Erkenntnisse im Projektverlauf machen ein geändertes Vorgehen bei der Projektumsetzung erforderlich.
- Abhängigkeiten von Zulieferungen oder anderen Projekten machen eine Überarbeitung oder Neuplanung der Projektabläufe und –termine erforderlich

4.4.3 Projektanträge prüfen und (vorab) bewerten

Die im Rahmen der übergeordneten Planung erarbeiteten Ziele werden im Rahmen der Multiprojektsteuerung aufgegriffen und bilden so den Rahmen für die Auswahl der Projekte und ihre Steuerung. Man kann also die Multiprojektsteuerung als ein wesentliches Element eines Strategieumsetzungsprozesses verstehen.

4.4 Ablauforganisation des Multiprojektmanagements

Tabelle 4.5 Prozess „Projektanträge prüfen und (vorab) bewerten"

Ziele & Aufgaben	Methoden	Hilfsmittel	Ergebnisse
Formale Prüfung des Antrags durchführen Beurteilung des Projekts durchführen Inhaltliche Einordnung des Antrags in das Projektportfolio vornehmen		Checkliste zur Projektprüfung	Entscheidungsvorlage zum Projektantrag

Der Auswahlprozess beginnt mit einer formalen Prüfung der Projektanträge (siehe Tabelle 4.5). Erst wenn die notwendigen Informationen und Unterlagen zu einem Projekt vorliegen, kann eine Bewertung vorgenommen werden, die dann auch eine vergleichende Analyse des Projekts zu anderen Projektanträgen und laufenden Projekten erlaubt.

Hilfreich ist es auch, wenn das Multiprojektmanagement bereits vor Genehmigung oder Ablehnung des Antrags eine eindeutige Projektnummer vergibt, unter der alle Unterlagen zum beantragten Projekt erfasst und geführt werden

Die formale Prüfung des Antrags beinhaltet neben einer Prüfung auf Vollständigkeit und Korrektheit einen finanziellen und einen inhaltlichen Teil. So wird das Projekt anhand des beantragten Budgetumfangs klassifiziert. Zudem wird geprüft, ob und wie das Projektbudget in den finanziellen Rahmen des Projektportfolios passt und ob vorgegebene Budget- und Genehmigungsgrenzen eingehalten wurden. Inhaltlich ist der Antrag auf Überschneidungen mit anderen Projekten zu prüfen.

Wesentliches Verrichtungsobjekt dieses Prozesses ist der Projektantrag. Form und Inhalte des Antrags werden üblicherweise im Projektmanagement-Handbuch eines Unternehmens festgelegt. Das Ausfüllen von Projektanträgen sollte zudem durch elektronische Formulare oder einen Antragsprozess im Rahmen eines MPM-Werkzeugs erleichtert werden. So kann auch die Konsistenz der Anträge und die Vergleichbarkeit der Informationen verbessert werden.

4.4.4 Grobe Projektplanung durchführen

Nachdem die Projektidee in der Projektskizze festgehalten worden ist, ist es notwendig, eine erste grobe Planung durchzuführen. Diese wird als Basis für die weiteren Schritte im Initiierungs- und Genehmigungsprozess dringend benötigt.

Im folgenden Entwurf wird der „Planer" – dies wird in der Regel der designierte Projektleiter sein – systematisch durch die Planung geführt, so dass alle notwendigen Ergebnistypen mit geringem Aufwand erarbeitet werden können. Die Projektplanung umfasst alle Tätigkeiten, die zu einem Projektplan führen (siehe Tabelle 4.6). Dieser besteht aus unterschiedlichen Elementen, die unterschiedliche Planungsgegenstände repräsentieren. Die wichtigsten Teilstrukturen der Projektplanung sind in der nachfolgenden Übersicht (Abb. 4.9) aufgeführt:

Tabelle 4.6 Prozess „Grobe Projektplanung durchführen"

Ziele & Aufgaben	Methoden	Hilfsmittel	Ergebnisse
Projektstrukturplan erstellen Phasenplanung durchführen Grobe Aufwandschätzung erstellen Groben Ressourcenbedarf ermitteln Planung zusammenfassen	Projektstrukturplanung Phasenplanung Schätzverfahren	PM-Software	Vorläufige Ressourcenanforderung Grobplanung (mit Projekt-, Handlungs- und Aufwandstruktur)

Struktur	Fragestellung	Inhalte
Zielstruktur „Zielsystem"	Wozu? Warum?	Zielvorstellungen, Hoffnungen, Motive, Erwartungen, Vorgaben
Projektstruktur „Objekt/Aufgabe"	Was?	Gegenstand, Inhalte, Bestandteile, Objekte, Aufgaben
Handlungsstruktur „Phasen-, Zeitplan"	Wie? Wann?	Aufgaben, Abläufe, Aufwand, Zeiten, Ressourcen, Meilensteine
Kostenstruktur „Kostenplan"	Womit?	Kosten, Budget, Finanzierung
Handlungsträgerstruktur „Organisationsplan"	Wer? Mit wem?	Beteiligte, Betroffene, Pflichten, Rechte, Befugnisse

Abb. 4.9 Planungsmethodik (Praetorius 1999, S. 69)

4.4.5 Projektportfolio planen

Wesentliche Aufgaben im Rahmen des Portfolioplanungsprozesses (siehe Tabelle 4.7) sind das Festlegen von Priorisierungskriterien, die Bewertung bzw. Priorisierung der Projektkandidaten und ggf. auch der bereits laufenden Projekte anhand dieser Kriterien sowie die (Neu-)Zusammenstellung des Portfolios auf Basis der Bewertungen. Zudem wird im Rahmen dieses Prozesses meist bereits eine Ressourcenzuordnung vorgenommen, die allerdings noch recht grob sein kann. Schließlich werden zur Entscheidung anstehende Projekt- und Projektänderungsanträge auf die Tagesordnung der nächsten Sitzung des Projektportfolio-Boards gebracht, wo über sie entschieden wird.

4.4 Ablauforganisation des Multiprojektmanagements

Tabelle 4.7 Prozess „Projektportfolio planen"[a]

Ziele & Aufgaben	Methoden	Hilfsmittel	Ergebnisse
Festlegen von Priorisierungskriterien			Kriterienkatalog
Bewertung von Projekten	Kostenvergleichsanalyse Kapitalwertmethode Nutzwertanalyse[b]	Business Case	Wirtschaftlichkeitsuntersuchungen Bewertete Projektliste
Projektauswahl			Liste der genehmigten Projekte
Projektpriorisierung	Regelbaum Paarweiser Vergleich Portfoliomethode		(möglichst eindeutige) Projektrangliste
Zusammenstellen des Projektportfolios			Portfolio-Übersichten (tabellarisch, Gantt)
Strategische Ressourcenallokation	Prioritätsorientierte Ressourcenallokation	Einsatzmittelganglinien (verschiedene Sichten und Filter)	Ressourceneinsatzplanung

[a] Siehe Kunz (2005, S. 123 ff.)
[b] Weitere Projektbewertungsmethoden sowie eine differenziertere Betrachtung derselben findet sich z. B. bei Kunz (2005, S. 124)

Wichtige Erfolgsfaktoren für die Portfolioplanung sind darin zu sehen, die Projekte vergleichbar zu machen, konsistente Projektinformationen zusammenzustellen und, darauf aufbauend, eine objektive Bewertung und Planung der Projekte zu ermöglichen. Als weitere Erfolgsfaktoren sind die Nachvollziehbarkeit der Bewertung sowie die Qualität der Ressourcenallokation auf Basis der ermittelten Projektprioritäten zu nennen.

4.4.6 Projektanträge entscheiden

In der Sitzung des Portfolio-Boards wird eine fachliche und strategische Beurteilung der eingereichten und vorab geprüften Projektvorlagen vorgenommen (siehe Tabelle 4.8). Projektvorlagen können hierbei sowohl Projektanträge als auch Projektänderungsanträge sein. Das Gremium entscheidet dann über die Aufnahme des Projekts in das Projektportfolio bzw. über Annahme oder Ablehnung des Projektänderungsantrags. Natürlich kann es auch Anträge mit Überarbeitungsauflagen zurückweisen.

Werden Projektanträge durch das Gremium genehmigt, so nimmt dieses auch die Zuordnung der Lenkungsverantwortung vor. Diese Zuordnung hängt sehr stark vom jeweiligen Unternehmens- bzw. Organisationsumfeld ab. In einer linienzentrierten Projektabwicklung würde man die Lenkungsverantwortung vermutlich an die zuständige Fachabteilung übertragen. Denkbar ist aber auch, das Projekt einem Programm zu unterstellen, zu dem das Projekt inhaltliche Bezüge hat. Bei strategisch

Tabelle 4.8 Prozess „Projektanträge entscheiden"

Ziele & Aufgaben	Methoden	Hilfsmittel	Ergebnisse
Fachliche und strategische Beurteilung der Projektanträge		Business Case Checklisten	
Prüfung von Alternativen	Alternativenbewertung Scoring-Verfahren		
Entscheidung der Anträge			Genehmigung (ggf. mit Auflagen), Ablehnung
Zuordnung der Lenkungsverantwortung			Designierter oder ernannter Projektleiter

wichtigen oder stark interdisziplinären Projekten kann auch eine übergeordnete Lenkungsverantwortung durch die Unternehmensleitung oder das Lenkungsgremium selbst definiert werden. In eher projektorientierten Unternehmen ist auch eine Zuweisung der Lenkungsverantwortung an Gremien denkbar, die für bestimmte Teilportfolios verantwortlich sind, z. B. für IT- oder Infrastrukturprojekte.

4.4.7 Projekt beauftragen

Nachdem das Projektportfoliogremium seine Entscheidungen getroffen hat, müssen diese operativ umgesetzt werden (Tabelle 4.9). Diese Aufgabe obliegt wieder einer dauerhaft eingerichteten Multiprojektmanagementorganisation, z. B. in Form eines Stabes oder einer zentralen Projektmanagementabteilung. Diese nimmt den genehmigten Antrag in die Planungen auf und informiert alle beteiligten Stellen über die Genehmigung und ggf. verhängte Auflagen. Bei Ablehnungen wird analog verfahren.

Tabelle 4.9 Prozess „Projekt beauftragen"

Ziele & Aufgaben	Methoden	Hilfsmittel	Ergebnisse
Planerische Umsetzung der entschiedenen Anträge			Information über Gremienentscheidungen
Information der Beteiligten		Protokoll oder Protokollauszug	Formeller Projektauftrag

4.4.8 Exkurs zu 4.4.7: Externe Vergabe durchführen

Während bei internen Projekten eine einfache Benachrichtigung oder ein formloser Projektauftrag ausreicht, stellen externe Beauftragungen deutlich höhere Anforderungen an den Beauftragungsprozess. Die Gründe hierfür sind recht einfach. Eine externe Beauftragung erfordert immer auch eine vertragliche Regelung bzw. eine Vertragsverhältnis zwischen Auftraggeber und Auftragnehmer. Noch höher sind die Anforderungen im Bereich der öffentlichen Verwaltung, da hier strikte Vorgaben für die Vergabe von öffentlichen Aufträgen bestehen. Im Folgenden wird der Bereich der Vergabe in groben Zügen erläutert. Dieser Exkurs ist jedoch nur als unverbindliche Orientierung gedacht; bei konkreten Vergabeverfahren sind die jeweils gültigen und relevanten Regelungen zu beachten!

Unternehmen, welche in großem Maße externe Beauftragungen – insbesondere von Gewerken – vornehmen, sollte den Prozess der externen Beauftragung ggf. separat modellieren und regeln. Öffentliche Auftraggeber werden in jedem Falle einen separaten Vergabeprozess benötigen. Dieser wird ähnlich aussehen, wie die nachfolgend dargestellten Abläufe (siehe Tabelle 4.10).

Tabelle 4.10 Prozess „Vergabe durchführen"

Ziele & Aufgaben	Methoden	Hilfsmittel	Ergebnisse
Planerische Umsetzung der entschiedenen Anträge			Information über Gremienentscheidungen
Information der Beteiligten		Protokoll oder Protokollauszug	
Vergabeverfahren vorbereiten			
Vergaberechtliche Prüfung der Unterlagen durchführen			
Vergabeart festlegen			
Verdingungsunterlagen erstellen		Muster-Leistungsbeschreibung	Verdingungsunterlagen/ Ausschreibung
Verdingungsunterlagen juristisch prüfen		Checkliste zur Prüfung der Leistungsbeschreibung	
Verfügbarkeit von Haushaltsmitteln prüfen			
Angebotsaufforderung veröffentlichen			
Angebote prüfen	Scoring-Verfahren Entscheidungstabellen		Bewertungstabelle
Wirtschaftlichstes Angebot ermitteln			Wirtschaftlichstes Angebot
Zuschlag erteilen			Zuschlagsvermerk
Vertrag mit Auftrag-/Leistungsnehmer schließen			Verträge mit Auftragnehmern

4.4.8.1 Öffentliches Vergabeverfahren vorbereiten

Sofern Projektaufgaben extern vergeben werden, müssen zunächst die für das Vergabeverfahren notwendigen Informationen und Unterlagen zusammengestellt werden. In der Regel gehört die Vorbereitung des Vergabeverfahrens zu den Aufgaben des Projektleiters. Diese Aufgabe führt er in der Regel in Zusammenarbeit mit hierfür spezialisierten Abteilungen und Stellen durch, wie dem Einkauf oder in Behörden mit einer für die Vergabe zuständigen Organisationseinheit.

Die wesentlichen Aufgaben bestehen in der Erstellung der Leistungsbeschreibung, der Zusammenstellung und der Formulierung der auswahlrelevanten Bewertungskriterien für die Angebote. Im öffentlichen Bereich ist darüber hinaus auch die gewählte Vergabeart zu begründen.

Die Leistungsbeschreibung bzw. das Pflichtenheft ist sowohl das zentrale Dokument für die Vergabe einerseits, aber andererseits auch von entscheidender Bedeutung für die spätere Projektdurchführung. Darin ist die geforderte Leistung nach Art, Beschaffenheit und Umfang zu beschreiben. Auch für privatwirtschaftliche Unternehmen lohnt sich hin und wieder ein Blick über den Tellerrand, in diesem Fall auf die Kernpunkte öffentlicher Vergabeverfahren. Gemäß § 8 VOL/A ist die Leistung so eindeutig und aussagekräftig zu beschreiben, dass die Beschreibung von allen Bewerbern im gleichen Sinne verstanden wird und die Angebote miteinander vergleichbar sind. Entscheidend für das Verständnis der Leistungsbeschreibung ist dabei die Sicht der interessierten Bewerber. Alle preisbeeinflussenden Umstände (z. B. Meetings, Statusberichte, Reisekosten, Projektplan, Protokollführung etc.) müssen in der Leistungsbeschreibung angegeben werden. Insbesondere das zu übergebende Ergebnis und die Form sollten - auch im Hinblick auf die spätere Abnahme – an dieser Stelle genau beschrieben werden. Sofern die Leistung unter Verwendung verkehrsüblicher Bezeichnungen nicht hinreichend beschrieben werden kann, ist alternativ eine Darstellung des Zwecks oder der Funktion sowie der an die Funktion gestellten Anforderungen (funktionale Leistungsbeschreibung) oder eine Beschreibung der wesentlichen Merkmale der geforderten Leistung (konstruktive Leistungsbeschreibung) möglich. Sofern möglich sollten einschlägige anerkannte Normen berücksichtigt werden. Grundsätzlich dürfen in der Leistungsbeschreibung nur solche Anforderungen gestellt werden, die auch tatsächlich zwingend benötigt werden. Die Beschreibung technischer Merkmale darf nicht die Wirkung haben, dass bestimmte Unternehmen oder Produkte bevorzugt oder ausgeschlossen werden, es sei denn, dies ist durch die zu vergebende Leistung gerechtfertigt. Die Leistungsbeschreibung ist darüber hinaus produktneutral zu gestalten.

Auch die Kriterien für die Bewertung der Angebote müssen bereits im Vorfeld der Vergabe festgelegt werden. Hierunter sind die entscheidenden Bewertungsmerkmale für die Ermittlung des wirtschaftlichsten Angebotes und demnach für die Erteilung des Zuschlags zu verstehen. Sofern vorhanden sind Ausschluss- bzw. K.o.-Kriterien, d.h. Erfordernisse, die bei Nichterfüllung zwingend zum Ausschluss des Angebotes führen, zwingend zu nennen.

Eine Beschaffung bzw. eine Vergabe dient immer der Bedarfsdeckung. Im Umkehrschluss folgt daraus, dass ein Vergabeverfahren nicht ohne einen konkret

4.4 Ablauforganisation des Multiprojektmanagements

feststellbaren Bedarf eingeleitet werden darf. Ein solches Vergabeverfahren verstieße gegen das Gebot der wirtschaftlichen und sparsamen Verwendung von öffentlichen Haushaltsmitteln.

Nach Fertigstellung der Leistungsbeschreibung wird diese aus vergaberechtlicher Sicht überprüft. Hierbei wird die Einhaltung der vorgenannten Vergabevorschriften, insbesondere im Hinblick auf die Eindeutigkeit und Vollständigkeit sowie Produktneutralität, geprüft.

Auf Grundlage der vorgelegten Unterlagen und in Abstimmung mit dem Projektleiter legt die Vergabestelle die **Vergabeart** fest. Die nationalen und europäischen Vergabevorschriften sehen für die Vergabe von Liefer- und Dienstleistungen verschiedene Verfahren vor, wobei zwischen nationalen und EU-weiten **Vergabeverfahren** zu unterscheiden. Liegt das Auftragsvolumen über einem festgelegten Schwellwert, so ist eine EU-weite Ausschreibung erforderlich. Maßgeblich für den Vergleich mit dem Schwellwert ist dabei der voraussichtliche Gesamtauftragswert ohne Umsatzsteuer.[11] Nationale Verfahren können bei Überschreiten des Schwellwertes nur dann genutzt werden, wenn begründete Ausnahmetatbestände ein Absehen von einem europaweiten Vergabeverfahren ermöglichen. Solche Ausnahmetatbestände, wie z. B. nationale Sicherheitsinteressen, können allerdings in der Praxis nur selten geltend gemacht werden, zumal sie sehr gut begründet sein müssen.[12]

Die Vergabeverfahren selbst sind in Bezug auf das Vorgehen einander sehr ähnlich. Im Einzelnen werden die folgenden Vergabeverfahren unterschieden:

- Offenes Verfahren/Öffentliche Ausschreibung
- Nichtoffenes Verfahren/Beschränkte Ausschreibung
- Verhandlungsverfahren
- Freihändige Vergabe

Beim Nichtoffenen Verfahren muss zwingend ein Teilnahmewettbewerb durchgeführt werden, während Verhandlungsverfahren und freihändige Vergabe jeweils mit und ohne Teilnahmewettbewerb durchgeführt werden können.

Ist keine EU-weites Verfahren erforderlich kann eines der folgenden nationalen Vergabeverfahren gewählt werden:

- **Öffentliche Ausschreibung**
  Veröffentlichung der Ausschreibung ohne vorherige Beschränkung des Teilnehmerkreises
- **Beschränkte Ausschreibung**
  Aufforderung zu Angebotsabgabe an eine beschränkten Zahl von Unternehmen
- **Freihändige Vergabe**

---

[11] Siehe Gesetz gegen Wettbewerbsbeschränkungen (GWB) § 100, Abs. 1 in Verbindung mit § 2 der Verordnung über die Vergabe öffentlicher Aufträge (VgV).
[12] Siehe GWB, § 100 Abs. 2.

Im Normalfall muss dabei die **Öffentliche Ausschreibung** als Vergabeverfahren verwendet werden. Von diesem Grundsatz darf nur abgewichen werden, wenn besondere Umstände oder spezifische Besonderheiten des zu vergebenden Auftrags diese Ausnahme rechtfertigen. Nur dann darf der Bieterkreis auf einen ausgewählten Kreis von Anbieter eingeschränkt werden.

Für eine **beschränkte Ausschreibung** müssen also besondere Voraussetzungen erfüllt sein. Dies kann beispielsweise dann gegeben sein, wenn der Auftraggeber eine vollständige Übersicht über alle potenziellen Anbieter hat und so den Nachweis führen kann, dass nur eine geringe Zahl der Marktteilnehmer die in der Leistungsbeschreibung geforderten Anforderungen überhaupt erfüllen können. Ein anderer Umstand, der eine beschränkte Ausschreibung rechtfertigen könnte, kann gegeben sein, wenn der Aufwand für die Durchführung einer öffentlichen Ausschreibung in einem nicht vertretbaren Missverhältnis zum möglichen Nutzen steht.

Generell sollte geprüft werden, ob vor dem Vergabeverfahren ein **Teilnahmewettbewerb** durchgeführt werden sollte. Hierbei werden Unternehmen im Wege einer öffentlichen Bekanntmachung aufgefordert, Teilnahmeanträge zu stellen. Schon in dieser Phase können von den Anbietern Nachweise eingefordert werden, welche dessen Eignung für die Durchführung des Auftrags belegen. Der Auftraggebr wählt dann anhand der vorgelegten Unterlagen diejenigen Teilnehmer aus, welche zur Angebotsabgabe auffordert werden. Durch den vorgeschalteten Teilnahmewettbewerb kann sich der öffentliche Auftraggeber somit eine Anbieterübersicht verschaffen und geeignete Bieter vorab selektieren.

Eine **freihändige Vergabe**, also eine Auftragsvergabe an nur einen Bieter, muss naturgemäß noch wesentlich besser begründet sein, als eine beschränkte Ausschreibung, da sie ja eigentlich das Prinzip der öffentlichen Ausschreibung außer Kraft setzt. Wann kann das im Sinne des Gemeinwohls vertretbar sein? Nun, wenn der Wert eines Auftrags sehr niedrig ist, kann ein Ausschreibungsverfahren schlicht unwirtschaftlich sein. Somit machte es unterhalb definierter Bagatellgrenzen durchaus Sinn, auf dieses zu verzichten und stattdessen eine freihändige Vergabe durchzuführen. Eine freihändige Vergabe kann zuweilen auch durch erhöhte Geheimhaltungsabforderungen begründet sein. Kritischer zu sehen ist es hingegen, wenn die freihändige Vergabe damit begründet wird, dass die zu beziehende Leistung besonders dringlich sei oder der Leistungsgegenstand durch den Auftraggeber nicht angemessen beschrieben werden kann.

In jedem Falle macht es Sinn, auch für freihändige Vergaben bestimmte Auflagen aufrechtzuerhalten, wie beispielsweise die Pflicht, mehrere Angebote verschiedener Anbieter einzuholen.

Die Gründe für das Absehen von einer Öffentlichen Ausschreibung müssen seitens durch den Auftraggebers ausführlich begründet und in Vergabeakten dokumentiert werden.[13]

---

[13] Siehe VOL/A, § 3 Nr. 5.

4.4 Ablauforganisation des Multiprojektmanagements

Überschreitet der Auftragswert den Schwellwert, so sind – mit ganz wenigen Ausnahmen[14] – **EU-weite Vergabeverfahren** obligatorisch. Dabei unterscheidet man folgende Verfahren:

- Offenes Verfahren bzw. öffentliche Ausschreibung
- Nichtoffenes Verfahren mit öffentlichem Teilnahmewettbewerb
- Verhandlungsverfahren mit/ohne öffentlichen Teilnahmewettbewerb

Die Gründe, warum von dem Grundsatz des Offenen Verfahrens abgewichen werden kann, gleichen im Wesentlichen den zuvor genannten möglichen Ausnahmen bei den nationalen Vergabeverfahren. In der Veröffentlichung oder den Verdingungsunterlagen sind bei EU-weiten Vergabeverfahren zudem alle Zuschlagskriterien anzugeben und zwar möglichst in der Reihenfolge ihrer Bedeutung.

Gewisse Unterschiede zu den nationalen Verfahren gibt es hingegen bei den Fristvorgaben. In einem nationalen Vergabeverfahren gelten keine festen Fristvorgaben, die vorgegebenen Fristen müssen nur so gewählt sein, dass ein Bieter sie auch erfüllen kann. Dagegen sind die Fristen in den verschiedenen EU-weiten Vergabeverfahren explizite vorgegeben.

Bei EU-weiten Vergabeverfahren muss zudem vierzehn Tage vor dem Zuschlag eine Information an alle nichtberücksichtigten Bieter gesandt werden, welche den unterlegenen Bietern die Überprüfung der Rechtmäßigkeit des Vergabeverfahrens vor der zuständigen Vergabekammer ermöglichen soll.

Nach der Entscheidung über die Vergabeart werden die **Vergabeunterlagen** gemäß den Vorgaben der VOL/A fertiggestellt.[15] Diese bestehen aus der Angebotsaufforderung sowie den Verdingungsunterlagen.

Die Verdingungsunterlagen enthalten als wesentlicher Teil der Vergabeunterlagen alle Elemente, die Bestandteil des zu schließenden Vertrages werden sollen. Sie bestehen aus der Leistungsbeschreibung und den Vertragsbedingungen. Während die Leistungsbeschreibung den Inhalt und Umfang der zu erbringenden Leistung in technischer Hinsicht festlegt, beinhalten die Vertragsbedingungen den rechtlichen Teil der Verdingungsunterlagen. § 9 Nr. 2 VOL/A legt fest, dass in den Verdingungsunterlagen eine Aussage darüber enthalten sein muss, welche Bedingungen Vertragsbestandteil werden sollen. Obligatorisch sind die Allgemeinen Vertragsbedingungen für die Ausführung von Leistungen – kurz VOL/B - als Vertragsbestandteil vorzusehen.[16] Zudem können Zusätzliche, Ergänzende, Besondere und Technische Vertragsbedingungen vorgesehen werden.

Beispiel für Zusätzliche Vertragsbedingungen sind z. B. Allgemeinen Geschäftsbedingungen, die der Ergänzung der Allgemeinen Vertragsbedingungen der VOL/B dienen.

Um eine notwendige Regelung für mehrere Einzelaufträge in speziellen Bereichen zu treffen, können Ergänzende Vertragsbedingungen geschaffen werden,

---

[14] Zu diesen Ausnahmen siehe GWB, § 100 Abs. 2.
[15] Siehe Deutscher Verdingungsausschuss für Leistungen (DVAL) (2009, § 9).
[16] Siehe Deutscher Verdingungsausschuss für Leistungen (DVAL) (2003).

wie beispielsweise die ergänzenden Vertragsbedingungen für IT-Leistungen (EVB-IT).[17]

Weiterhin können Besondere Vertragsbedingungen für den jeweiligen Einzelfall vertraglich vereinbart werden. Um die für den Einzelfall benötigten Regelungen beurteilen zu können, ist eine enge Abstimmung zwischen der Vergabestelle und dem Projektleiter notwendig.

Voraussetzung für die Geltung der vorgenannten Vertragsbedingungen ist, dass die Vertragspartner sie zum Vertragsbestandteil erklären. Von der Vergabestelle in den Verdingungsunterlagen vorgeschriebene Bedingungen werden nur dann zum Bestandteil des Vertrages, wenn der Bieter mit ihnen einverstanden ist. Das Einverständnis des Bieters ist anzunehmen, wenn er den Vertragsbedingungen in seinem Angebot nicht widerspricht und keine Änderungsvorschläge unterbreitet. Bringt der Bieter mit dem Angebot zum Ausdruck, dass im Falle eines Vertragsschlusses ausschließlich seine Geschäftsbedingungen gelten, so ist das Angebot nach § 25 Nr.1 Abs.1 lit. d) VOL/A zwingend auszuschließen.

Die Vertragsbedingungen sowie die Leistungsbeschreibung müssen nach ihrer Fertigstellung normalerweise noch einmal aus juristischer Sicht geprüft werden. Sofern diese Prüfung Änderungen auslöst, werden diese sinnvollerweise zwischen dem Projektleiter und einem Juristen und/oder einem Vertragsexperten abgestimmt.

Bevor eine Angebotsaufforderung versandt oder eine Veröffentlichung des Angebots erfolgen kann, müssen die notwendigen **Haushaltsmittel** mit der zuständigen Stelle abgestimmt werden. Die erwarteten Mittel für das Projekt sind dort entsprechend einzuplanen.

Öffentliche Aufträge sind entgeltliche Verträge zwischen öffentlichen Auftraggebern und Unternehmen, die Liefer-, Bau- oder Dienstleistungen zum Gegenstand haben und Auslobungsverfahren, die zu Dienstleistungsaufträgen führen sollen. Somit ist davon auszugehen, dass keine ernstliche Absicht zur Beschaffung einer Leistung besteht, wenn Haushaltsmittel nicht zur Verfügung stehen. Ausschreibungen zu anderen Zwecken als zur Beschaffung sind nicht zulässig.

Die Wirtschaftlichkeit und Sparsamkeit ist einer der wichtigsten Haushaltsgrundsätze, der bei der Ausführung des Haushalts, d. h. insbesondere auch im Vergabeverfahren, beachtet werden muss.

Die günstigste Zweck-Mittel-Relation besteht darin, dass entweder ein bestimmtes Ergebnis mit möglichst geringem Einsatz von Mitteln (Minimalprinzip) oder mit einem bestimmten Einsatz von Mitteln das bestmögliche Ergebnis (Maximalprinzip) erzielt wird.

Der Grundsatz der Sparsamkeit bedeutet in diesem Zusammenhang zunächst, dass die einzusetzenden Mittel auf den zur Erfüllung der Aufgaben unbedingt notwendigen Umfang zu beschränken sind. Hierbei muss jedoch beachtet werden, dass die billigste Lösung nicht unbedingt die wirtschaftlichste ist. Auf längere Sicht ist jedoch die wirtschaftlichste mit Sicherheit die sparsamste Lösung. Das Wirtschaftlichkeitsprinzip schließt folglich das Sparsamkeitsprinzip ein.

---

[17] Die EVB-IT sind nachzulesen unter http://www.cio.bund.de

4.4.8.2 Angebotsaufforderung veröffentlichen

Nachdem die Vorbereitungen abgeschlossen sind, kann nun das eigentliche Ausschreibungsverfahren eingeleitet werden. Dabei wird die Angebotsaufforderung durch die Vergabestelle an den/die potenziellen Bieter versandt. Bei öffentlichen Ausschreibungen kann die Veröffentlichung auch über das Internet oder ein amtliches Ausschreibungsblatt erfolgen.

4.4.8.3 Angebote prüfen und wirtschaftlichstes Angebot ermitteln

Nach Erhalt der Angebotsaufforderung erstellen die potenziellen Auftragnehmer ihr Angebot. Bei Ausschreibungen werden die Angebote bis zum vorgesehenen Angebotsschlusstermin ungeöffnet gesammelt und erst dann geöffnet.

Alle vorliegenden Angebote müssen zunächst auf ihren ordnungsgemäßen und fristgerechten Eingang sowie Erfüllung der formalen Ausschreibungsbedingungen geprüft werden.

Bei freihändigen Vergaben oder Verhandlungsverfahren ist es möglich, mit den Bietern zu verhandeln. Hierbei kann es vorkommen, dass die mit der Ausschreibung versandten Bedingungen vom Bieter nicht in allen Punkten anerkannt werden oder von diesem mit Ergänzungen versehen werden, über die ebenfalls verhandelt werden muss. In diesen Fällen werden meist Rechts- und Vergabeexperten in die Vertragsverhandlungen einbezogen.

Bei Ausschreibungsverfahren darf der Bieter grundsätzlich keine Änderungen oder Ergänzungen der Verdingungsunterlagen vornehmen, es sei denn, es sind Änderungs- bzw. Nebenangebote ausdrücklich zugelassen und der Bieter kennzeichnet sein Angebot als solches.

In einem Ausschreibungsverfahren darf nach Öffnung der Angebote bis zur Zuschlagserteilung mit Bietern über ihre Angebote grundsätzlich nicht verhandelt werden.

Die Projektleiter übernehmen die fachliche Prüfung der Angebote und werten diese -sofern erforderlich - anhand einer Bewertungsmatrix aus. Bei der Bewertung ist das wirtschaftlichste Angebot zu ermitteln, der niedrigste Angebotspreis allein ist nicht entscheidend. Der Preis sollte jedoch eine entscheidende Rolle bei der Bewertung spielen.

Grundsätzlich dürfen für den Zuschlag nur Angebote in Betracht kommen, deren Bieter für die Erfüllung der geforderten vertraglichen Leistung die erforderliche Fachkunde, Leistungsfähigkeit und Zuverlässigkeit besitzen.

Unter Fachkunde sind hierbei die Kenntnisse, Erfahrungen und Fertigkeiten zu verstehen, die für die anforderungsgerechte Ausführung der zu vergebenden Leistung erforderlich sind.

Unter der Leistungsfähigkeit des Bieters sind vor allem dessen betriebliche Fähigkeiten zu verstehen. Hier kommt es insbesondere darauf an, ob die technischen und personellen Kapazitäten und die betriebliche Ausstattung des Bieters ausreichen, um den betreffenden Auftrag ohne Schwierigkeiten auszuführen. Er muss über ausreichend qualifiziertes Personal verfügen. Neben den betrieblichen Fähigkeiten wird vom Bieter auch eine ausreichende Solvenz gefordert.

Die Zuverlässigkeit des Bieters wird im Wesentlichen danach beurteilt, ob er bislang seinen gesetzlichen Verpflichtungen nachgekommen und für die Zukunft eine vertragsgerechte Ausführung der Leistungen erwartet werden kann.

Nach der inhaltlichen Prüfung der Angebote ist dann das **wirtschaftlichste Angebot** zu ermitteln. Kriterien dafür können beispielsweise Preis, Qualität, Ausführungsfrist, Betriebskosten, Ästhetik, Zweckmäßigkeit, Kundendienst, Rentabilität, technische Hilfe und technischer Wert sein.

Bei der Festlegung der Kriterien ist die Vergabestelle nur soweit gebunden, als sich die Kriterien nach dem Wortlaut der EG-Vergaberichtlinien auf den jeweiligen Auftrag beziehen müssen. Sogenannte „vergabefremde Aspekte" dürfen nicht in die Bewertung einbezogen werden. Die Kriterien sind dann als unbedenklich anzusehen, wenn diese zum Inhalt der Leistungsbeschreibung gemacht worden sind.

Die Auswahl des wirtschaftlich günstigsten Angebots erfordert einen wertenden Vergleich der eingereichten Angebote unter Berücksichtigung der aufgestellten (und bekannt gemachten) Bewertungskriterien. Als wirtschaftlich günstigstes Angebot ist dasjenige anzusehen, das unter Berücksichtigung der maßgeblichen Wirtschaftlichkeitskriterien das beste Preis-Leistungs-Verhältnis aufweist.

4.4.8.4 Zuschlag erteilen

Ist das wirtschaftlichste Angebot ermittelt, so wird diesem der Zuschlag erteilt und damit die eigentliche Vergabe durchgeführt.

Sollte eine Überprüfung der/s Angebote/s nicht zur Zufriedenheit des Auftraggebers erfolgen, können bei einer freihändigen Vergabe sowie ausnahmsweise bei Ausschreibungen mit funktionalen Leistungsbeschreibungen mit dem am wirtschaftlichsten gewerteten Bieter in geringem Maße weitere Verhandlungen aufgenommen werden oder es besteht die Möglichkeit, das Verfahren an dieser Stelle aufzuheben. Hierbei sollte in jedem Fall Kontakt mit der Vergabestelle aufgenommen werden.

Das Ergebnis der Auswertung ist bei mehreren Angeboten in einer Bewertungsmatrix darzustellen und mit einem abschließenden Vermerk an die Vergabestelle zu leiten.

Bei freihändigen Vergaben mit nur einem Angebot ist in einem Vermerk festzuhalten, dass das Angebot forderungsgerecht und angemessen ist.

Sofern keines der Angebote die Anforderungen erfüllt, kann das Vergabeverfahren aufgehoben werden. In diesem Fall sind die Gründe hierfür mitzuteilen.

Abschließend ist von der Vergabestelle ein Vergabe-/Zuschlagsvermerk zu erstellen, der alle wesentlichen Entscheidungen und Informationen des Vergabeverfahrens enthält. Das Angebot wird aus haushaltsrechtlicher Sicht geprüft und die tatsächlichen Haushaltsmittel dafür festgelegt.

4.4.9 Projekt vorbereiten

Nun kann die konkrete Vorbereitung des Projekts beginnen, welche in der folgenden Tabelle 4.11 im Überblick dargestellt sind.

4.4 Ablauforganisation des Multiprojektmanagements

Tabelle 4.11 Prozess „Projekt vorbereiten"

Ziele & Aufgaben	Methoden	Hilfsmittel	Ergebnisse
Detaillierte Projektplanung (Aufgaben-, Termin-, Aufwands- und Ressourcenplanung) erstellen[a] Projektorganisation festlegen Projektstart/Kick-off-Meeting vorbereiten	Projektstrukturierung Netzplan-Technik Gantt-Diagramm Schätzverfahren	MPM-Werkzeug Checkliste Kick-off	Projektplan Ressourcenplanung

[a] Siehe hierzu z. B. Cronenbroeck (2008, S. 50–101)

Zunächst muss der Projektleiter eine detaillierte Aufgaben-, Termin-, Aufwands- und Ressourcenplanung erstellen. Als Grundlage für die Projektplanung sind die bereits im Projektantrag definierten Projektziele heranzuziehen. Sie stellen das zu erreichende Ergebnis dar, an welchem sich die Planung ausrichten sollte. Bei extern vergebenen Projekten ist zudem die Leistungsbeschreibung eine wesentliche Grundlage für die Detailplanung.

Der Projektplan kann gegebenenfalls auch durch den Auftragnehmer erstellt werden, die Verantwortung für die Existenz und Güte des Plans liegt aber beim Projektleiter.

Zunächst sollte der Projektleiter eine **Phasenplanung** des Projekts durchführen. Ziel dabei ist es, das Projekt in überschaubare Abschnitte einzuteilen. Anfang und Ende jeder Phase sollten durch **Meilensteine** gekennzeichnet sein. Diese sollten inhaltlich beschrieben, müssen aber noch nicht terminiert sein, da in diesem Stadium der Planung üblicherweise noch keine Terminsicherheit für das Projektvorhaben gegeben sein kann.

Dann wird ein **Projektstrukturplan** erstellt. Der Projektstrukturplan ist eine Gliederung des Projekts in eine überschaubare Anzahl von planbaren und kontrollierbaren Aufgabenpaketen. Das gesamte Projekt wird in Teilaufgaben zerlegt und die Beziehungen zwischen diesen Aufgaben beschrieben. Der Projektstrukturplan ist Basis für die Ablauf-, Termin- und Ressourcenplanung. Er sollte möglichst in grafischer Form als Baum dargestellt werden.

Aufbauend auf der Phasenplanung und dem Projektstrukturplan kann die **Ablaufplanung** vorgenommen werden. Hierbei wird ein terminliches Modell eines Projektes erstellt, aus dem die Reihenfolge und die Dauer der einzelnen Arbeitspakete hervorgehen. In einem Ablaufdiagramm kann die zeitliche Abfolge der einzelnen Arbeitspakete und deren Abhängigkeiten visualisiert werden. Bei der Schätzung der Dauer eines Arbeitspaketes sollten mögliche Verzögerungen einkalkuliert werden, um den Projektablauf nicht mehrmals überarbeiten zu müssen (Einbau von Pufferzeiten, usw.). Termin- und Ablaufplanungen lassen sich durch Netzpläne bzw. Balkendiagramme (Gantt-Diagramme) anschaulich darstellen.

Im nächsten Schritt werden alle für das Projekt benötigten Personal- und Sachmittel durch den Projektleiter geschätzt und in einer **Ressourcenbedarfsplanung** festgehalten. Der Projektleiter muss dann die Verfügbarkeit der Ressourcen überprüfen und mit den zuständigen Stellen abstimmen. Hauptaugenmerk der Kapazitäts- oder Ressourcenplanung sind die Planung und der effiziente Einsatz der Projektressourcen. Für einen erfolgreichen Projektablauf müssen alle Ressourcen vorausschauend entsprechend ihrer **Qualifikationen** ausgewählt werden und zur richtigen Zeit und am richtigen Ort zur Verfügung stehen. Dabei sind mögliche Ausfallzeiten (Krankheit, Urlaub etc.) dahingehend zu berücksichtigen, dass Vertretungsregelungen bzw. Pufferzeiten vorhanden sind.

Sollte die Summe der Aufwände der verschiedenen Arbeitspakete den in der Wirtschaftlichkeitsuntersuchung vorgegebenen Gesamtaufwand überschreiten, ist die **Wirtschaftlichkeitsbetrachtung** ggf. anzupassen. In diesem Fall muss der Projektleiter das Multiprojektmanagement bzw. seine Lenkungsgremien entsprechend informieren.

Neben den Personalressourcen müssen auch die für das Projekt benötigten Sachmittel (Maschinen, Material), z. B. Software-Lizenzen, Werkzeuge, Räume, Arbeitsmittel etc., durch den Projektleiter geplant und deren Verfügbarkeit geprüft werden.

Die erforderliche Beschaffenheit des Leistungsgegenstands sollte in einem **Qualitätsmodell** geplant werden. Hierbei sollen messbare Anforderungen an den Leistungsgegenstand definiert werden. Dabei gibt es verschiedene Orientierungs- und Gestaltungsmöglichkeiten.

- Qualitätsvorgaben (Normen, Standards...)
- Verfahrensvorgaben (durch Einsatz bestimmter Techniken und Methoden)
- Qualitätskontrollen (Planung der durchzuführenden Qualitätskontrollen und Prüfmethoden)
- Qualitätsverantwortung (Berufung eines Qualitätsverantwortlichen)

Durch diese Qualitätsplanung kann sich der Projektleiter im Vorfeld bereits absichern und die Qualität seines Projektes vorab bereits beeinflussen. Zudem sollten die bereits im Vertrag verankerten Projektabbruchkriterien im Projektplan oder als Anlage noch einmal schriftlich festgehalten werden.

Nun steht die Festlegung der **Projektorganisation** an. Diese wird üblicherweise in einem **Projektorganigramm** dokumentiert. Obligatorische Elemente des Organigramms sind die Projektleitung bzw. der Projektleiter, die Teilprojektleiter sowie die zugehörigen Teams von Projektmitarbeitern. In der Darstellung sollte das so genannte Kernteam des Projekts ggf. besonders hervorgehoben werden.

Zudem wird im Organigramm auch das dem Projekt zugeordnete Entscheidungsgremium dargestellt, in welchem i.d.R. Manager der Auftraggeber- und der Auftragnehmerseite vertreten sind. In einem etablierten Multiprojektmanagementsystem sollte das Organigramm auch das zuständige Projektportfolio-Board enthalten, dem das Projekt zugeordnet ist.[18]

---

[18]Siehe z. B. Cronenbroeck (2008, S. ff.).

4.4 Ablauforganisation des Multiprojektmanagements

Das **Projekt-Kick-Off-Meeting** ist die erste offizielle Sitzung des Projektteams, nachdem der Projektauftrag erteilt wurde. Sie dient noch nicht dazu, inhaltlich am Projekt zu arbeiten, sondern soll Gelegenheit für die Teammitglieder geben, sich über das Projektziel zu informieren und sich gegenseitig kennen zu lernen. Das Kick-Off-Meeting dient verschiedenen Zielen:

- **Vorstellungsrunde**: Um später auch die direkte Kommunikation im Projektteam sicherzustellen, muss jedem Teammitglied klar sein, wer welche Erfahrungen und Know-how-Schwerpunkte besitzt. Dies ist insbesondere auch wichtig für Themen, die nicht im unmittelbaren Zusammenhang mit dem eigentlichen Projekt-Thema stehen, da häufig Wissen aus anderen, angrenzenden Bereichen nützlich für die Lösung von Problemen ist. Außerdem ist dies der geeignete Zeitpunkt, um die Erwartungen, Hoffnungen und Wünsche der Teammitglieder abzufragen und gegebenenfalls zu korrigieren.
- **Klärung der Rollen** der einzelnen Teammitglieder: Für jedes Teammitglied gibt es bereits zum Beginn eines Projektes eine oder mehrere ihm zugedachte Rollen.
- **Vorstellen des Projekts** für alle Projektbeteiligten: Da im Vorfeld der offiziellen Projektbeauftragung meist schon Gerüchte über das neue Projekt entstehen, sollten die Teammitglieder ganz zu Anfang insbesondere über das genaue Projektziel sowie die sonstigen Rahmenbedingungen informiert werden. Falls möglich, ist es sinnvoll, das Ziel noch einmal zur Diskussion zu stellen und so auch die Teammitglieder am Prozess der Zielfindung zu beteiligen.
- **Abstimmung des Projektplans mit dem Projektteam**
- **Festlegen von Spielregeln für die Zusammenarbeit**: Die Zusammenarbeit im Projektteam kann mit der Vereinbarung von Spielregeln konfliktfreier gestaltet werden. Sie sollten von allen Teammitgliedern gemeinsam erarbeitet werden, damit von Beginn an eine hohe Akzeptanz vorhanden ist. Folgende Themenbereiche können in die Spielregeln einbezogen werden:
  - Organisation (Protokoll, Raumreservierung, Beschlussfindung, Moderation, etc.)
  - Kommunikation innerhalb des Teams und mit der Umgebung
  - Verhaltenskodex (Vorbereitung von Sitzungen, Pünktlichkeit, maximale Redezeit, etc.)
  - Sanktionen bei Nichteinhalten der Spielregeln („Mannschaftskasse" etc.)

Folgender **Ablauf** für einen Projekt-Kick-Off hat sich als sinnvoll erwiesen:

- Der Projektleiter eröffnet die Sitzung. Er stellt sich vor und informiert dabei auch über seine relevanten Erfahrungen aus der Vergangenheit.
- Der Projektleiter stellt das inhaltliche Projektziel vor.
- Jedes Teammitglied stellt sich selbst vor und schildert seine Erfahrungen, die es möglicherweise auch aus früheren ähnlichen Projekten einbringen kann. Außerdem kann jeder Teilnehmer seine Wünsche und Befürchtungen äußern, die zunächst kommentarlos aufgenommen werden.

- Der Projektleiter informiert über weitere Details zum Projektauftrag und geht dabei auch auf die Wünsche und Vorschläge der Teammitglieder ein. Dazu gehört auch die Information über Aufgaben und Befugnisse von Instanzen und Gremien aus der Projektorganisation.
- Gemeinsam werden die Spielregeln für die künftige Zusammenarbeit im Team festgelegt.
- Die weitere Vorgehensweise wird vereinbart (nächster Termin, Tagesordnungspunkte etc.)

4.4.10 Ressourcen bereitstellen

Nach der Planung und Genehmigung eines Projekts muss dieses zunächst mit Ressourcen ausgestattet werden, bevor es mit der Arbeit beginnen kann (siehe Tabelle 4.12).

Basis für die Ressourcenallokation ist die vom Projektleiter erstellte Planung, hier speziell die so genannte **Einsatzmittelplanung**. Ausgehend von der Aufgabenplanung auf Arbeitspaketebene werden dabei die zur Ausführung der Arbeiten notwendigen Ressourcen ermittelt. Wichtig dabei ist, dass auch die notwendigen Qualifikationen bei der Planung berücksichtigt werden und in sie Eingang finden.

Während die Projektplanung sich vorrangig an der Ergebnis-, Aufgaben- und Ablaufstruktur des Projekts orientiert, muss die Einsatzmittelplanung im Ergebnis für jede im Projekt erforderliche Ressource bzw. Ressourcengruppe deren Qualifikation und sowie den Bedarf je Zeiteinheit über die gesamte Projektlaufzeit darstellen.

Für eine gleichermaßen effektive wie effiziente projektübergreifende Ressourcensteuerung wäre es dabei sinnvoll und hilfreich, alle in Projekten eingesetzten Ressourcen – also vorrangig das in Projekten eingesetzte Personal – in nach Qualifikation abgegrenzten **Ressourcengruppen oder –pools** zusammenzufassen und diese für alle Projekte als Grundlage für die Bedarfsanforderung festzuschreiben. Dabei sollte natürlich darauf geachtet werden, dass identifizierte Engpassressourcen auch in den Ressourcengruppen in ausreichender Weise abgegrenzt und erkennbar sind.

Tabelle 4.12 Prozess „Ressourcen bereitstellen"

Ziele & Aufgaben	Methoden	Hilfsmittel	Ergebnisse
Ressourcenbedarf ermitteln	Einsatzmittelplanung	Einsatzmittelganglinie je Ressourcengruppe	Einsatzmittelanforderung des Projekts
Ressourcenverfügbarkeit prüfen (qualitativ und quantitativ!)		Ressourcenbedarf nach Projekten (ggf. nach Projektprioritäten geordnet)	Einsatzmittelplanung des Ressourcenverantwortlichen
Konkrete Ressourcen zusagen bzw. abordnen			Ressourcenvereinbarung

Auf Basis des vom Projekt ermittelten Einsatzmittelbedarfs muss dann eine Zuordnung konkreter Ressourcen erfolgen. Dies kann je nach betroffener Ressource bzw. Ressourcengruppe nach unterschiedlichen Gesichtspunkten und mit unterschiedlicher Dauer und Verbindlichkeit geschehen. Einen Projektleiter wird man in der Regel für die gesamte Dauer eines Projekts persönlich abstellen, während man z. B. Programmierer einem Projekt nur für deutlich kürzere Zeiträume zuordnen kann und auch ein Wechsel der eingesetzten Mitarbeiter häufiger und meist auch problemloser erfolgen kann.

4.4.11 Integrierte Projektsteuerung durchführen

Nun beginnt die eigentliche Steuerung des Projektes (siehe Tabelle 4.13). Diese setzt eine sorgfältige Planung und eine regelmäßige, korrekte und zeitnahe Erfassung aller Ist-Daten durch den Projektleiter voraus. Treten kritische Abweichungen gegenüber der Planung auf, muss die Projektleitung umgehend geeignete Gegenmaßnahmen einleiten. Zu den Hauptaufgaben des Managements gehört die Projektkontrolle, welche folgende Punkte beinhaltet:

- Ermittlung der Ist-Daten
- Gegenüberstellung der Plandaten (aus Projektplan)
- Abweichungs- bzw. Ursachenanalysen
- Planung und Einleitung von Gegenmaßnahmen

Der Projektleiter überprüft im Rahmen der Projektkontrolle sowohl die erbrachte Leistung als auch die Termine. Gleichzeitig müssen die für die Leistungserbringung angefallenen Aufwände und Kosten überwacht und nachverfolgt werden. Zu jedem gesetzten Meilenstein muss die bis dahin vereinbarte Leistung und die dazugehörige Rechnung durch den Projektleiter überprüft und abgenommen werden. Sollte keine Abnahme erfolgen, sind dem Auftragnehmer die festgestellten Mängel zu benennen mit einhergehender Aufforderung, diese in einer angemessenen Frist zu beheben. Der Auftragnehmer hat festgestellte Mängel zu beseitigen. Der Projektleiter hat eine

Tabelle 4.13 Prozess „Integrierte Projektsteuerung durchführen"

Ziele & Aufgaben	Methoden	Hilfsmittel	Ergebnisse
Projektfortschritt ermitteln	0–100-Methode 50–50-Methode	Leistungsrückmeldungen Zeitaufschreibung	Projektstatusbericht
Trends ermitteln und Abweichungen analysieren	Meilensteintrendanalyse Kostentrendanalyse Earned-Value-Analyse	MPM-Werkzeug	Projektstatusbericht
Steuerungsmaßnahmen durchführen Wirkung kontrollieren			Projektstatusbericht

Abnahmeerklärung zu erstellen, wenn die Leistung vollständig und in ausreichender Qualität erbracht worden ist.

Bei auftretenden Abweichungen zeigt die Ursachenanalyse mögliche Planungsfehler, Ausführungsfehler oder Änderungen der Rahmenbedingungen auf. Der Projektleiter hat durch die analysierten Ursachen die Möglichkeit, in den Ablauf einzugreifen und ggf. gegenzusteuern.

Die darauf aufbauende Projektsteuerung setzt eine laufende und effektive Projektkontrolle voraus. Auf Grundlage der Projektkontrolle sollte der Projektleiter in der Lage sein, Abweichungen schnellstmöglich zu erkennen und zieladäquate Maßnahmen einzuleiten. Der Projektleiter kann das Projekt zielorientiert steuern.

Zur **Behandlung von Planabweichungen** können folgenden Alternativen genutzt werden:

- Anpassen des Leistungsziels
  - Verzicht auf (Teil-)Ziele
  - Reduzierung des Projektumfangs

- Anpassen der Meilenstein- und Projektablaufplanung
  - Optimierung entlang des kritischen Pfads
  - Verlängerung der Projektlaufzeit
  - Stärkere Parallelisierung von Aufgaben

- Anpassung der Aufgabenplanung
  - Überprüfung der Planungsprämissen
  - Überarbeitung der Aufwandsschätzungen

- Anpassen der Ressourcenplanung
  - Intensivierung des Ressourceneinsatzes
  - Einsatz zusätzlicher Ressourcen

Sollten Änderungen durch den Projektleiter veranlasst werden, muss der Projektplan aktualisiert und angepasst werden. In diesem Fall sollte das Multiprojektmanagement informiert werden.

Der Projektleiter sollte alle Abweichungen und alle vorgenommenen Änderungen schriftlich festhalten. Daraus ergibt sich ein gut ausgebautes Berichtswesen, welches Ressourcenabweichungen, Leistungsverzug und andere Fehlentwicklungen zeitnah aufzeigt. Der Projektleiter sollte jederzeit in der Lage sein, einen aktuellen Überblick über den Stand der Projektarbeit zu geben.

4.4.12 Projektportfolio überwachen

In diesem Prozess (Tabelle 4.14) wird eine zyklische Überwachung des Projektportfolios auf der Basis regelmäßiger Projektstatusinformationen vorgenommen. Die so gewonnen Informationen dienen als Basis für die fortlaufende Anpassung der Projektportfolioplanung.

4.4 Ablauforganisation des Multiprojektmanagements

Das übergreifende Projektcontrolling findet üblicherweise an zentraler Stelle, z. B. in einer Abteilung Projektmanagement oder Projektcontrolling oder einem Unternehmens-PMO statt.

Diese Einheit wertet regelmäßig, in vielen Unternehmen monatlich, die Projektstatusberichte aller Projekte aus. Um die Vergleichbarkeit der Projektinformationen sicherzustellen, sollten die Statusberichte normiert sein. Dies kann entweder durch eine einheitliche Dokumentvorlage oder EDV-technisch, z. B. durch ein Kollaborationssystem, eine Workflow-Anwendung oder eine Projektmanagementwerkzeug, sichergestellt werden. Bei Verwendung von Dokumentvorlagen sollte durch Bereitstellung in einem zentralen elektronischen Verzeichnis oder über das Intranet sichergestellt werden, dass jeweils die aktuelle Version verwendet wird.

Für die Erstellung des Projektstatusberichtes ist der Projektleiter verantwortlich. Der Statusbericht ist das zentrale Dokument zur Beurteilung des Projektfort-schritts. Er enthält Aussagen zum aktuellen Fertigungsstand und zur fachlichen, finanziellen und zeitlichen Risikoeinschätzung.

Die übergreifende Projektportfoliosteuerung erstellt dann auf Basis der bereitgestellten Projektstatusberichte einen **Projektportfoliostatus**, der als Information an alle Stakeholder des Multiprojektmanagements und insbesondere an die Mitglieder des Projektportfolio-Boards konzipiert ist. Dieser sollte alle wesentlichen Projektmeilensteine, die Kostenentwicklung auf Portfolioebene sowie den projektübergreifenden Leistungsfortschritt berücksichtigen. Daneben sollte eine Betrachtung der Projektrisiken und aktueller Probleme erfolgen. Schließlich sollte der Handlungsbedarf für das Lenkungsgremium aufgezeigt und Handlungsalternativen vorgeschlagen werden.

Tabelle 4.14 Prozess „Projektportfolio überwachen"

Ziele & Aufgaben	Methoden	Hilfsmittel	Ergebnisse
Gesamtprojektportfolio überwachen und Projektportfoliocontrolling betreiben	EVA Meilensteintechnik Kostentrendanalyse	MPM-Werkzeug	Projektportfoliobericht
Abhängigkeiten zwischen Projekten identifizieren und dokumentieren		Abhängigkeitsgraph Netzplan vernetzter Balkenplan Projektlandkarte MPM-Werkzeug	
Ressourcenbindung analysieren Künftigen Ressourcenbedarf aktualisieren			
Analyse- und Handlungsbedarf im Portfolio identifizieren			Entscheidungsvorlage(n)

Im Rahmen der Portfolioüberwachung sollten zudem **Abhängigkeiten zwischen Projekten** identifiziert und dokumentiert werden. Projektabhängigkeiten werden oft erst während der Projektlaufzeit erkannt und sind daher in den Planungen nicht immer berücksichtigt. Daher sollte die Portfoliosteuerung sich permanent darum bemühen, neue Erkenntnisse in diesem Bereich zu gewinnen, zu dokumentieren und ggf. Konsequenzen daraus zu ziehen. Hilfreich ist zudem eine übersichtliche Visualisierung der projektübergreifenden Abhängigkeiten in Form eines Abhängigkeitsgraphen, Netzplans, vernetzten Balkenplans oder einer Projektlandkarte.[19]

4.4.13 Projektportfolio steuern

Die Projektportfoliosteuerung (siehe Tabelle 4.15) nimmt auf Basis der im Rahmen der zyklischen Überwachung des Projektportfolios gewonnenen Erkenntnisse eine rollierende (Neu-) Planung des Portfolios und die Aktualisierung der Prioritäten bzw. der Projektrangliste vor.

Basis für die Arbeit der Projektportfoliosteuerung sind zum einen der im Rahmen der Projektportfolioüberwachung erhobene Status, der auch in Berichtsform vorliegen sollte, sowie die aus der Portfolioanalyse abgeleiteten Entscheidungsvorlagen.

Tabelle 4.15 Prozess „Projektportfolio steuern"

Ziele & Aufgaben	Methoden	Hilfsmittel	Ergebnisse
Steuerung des (Teil-) Projektportfolios Portfoliostatus behandeln Status der ergriffenen Maßnahmen behandeln Abweichungen beurteilen Ggf. Priorisierung anpassen und Maßnahmen beschließen		Maßnahmenliste	Sitzungsprotokoll Entscheidungen Fortgeschriebene Maßnahmenliste

Eine wichtige Aufgabe im Rahmen der Projektportfoliosteuerung besteht in der **Gesamtbeurteilung der aufgetretenen Abweichungen**. Diese bestimmt maßgeblich, ob und in welcher Form aktive Maßnahmen zur Steuerung ergriffen werden müssen.

Haben sich wesentliche Rahmenbedingungen verändert oder liegen signifikante Abweichungen gegenüber der Planung vor, so muss die Portfolioplanung angepasst oder sogar neu erstellt werden. Ein wesentliches Element ist in diesem Zusammenhang die **Überprüfung und Aktualisierung der Projektprioritäten**.

Dabei ist natürlich sehr hilfreich, wenn sich die Projektrangfolge aufgrund fester Regeln ergibt, so dass das Projektportfoliomanagement aufgrund der erhobenen

---

[19]Siehe z. B. Abb. 37: Beispiel einer Projektlandkarte.

4.4 Ablauforganisation des Multiprojektmanagements

Projektkennzahlen und der grundsätzlichen Einstufung der Projekte durch die Lenkungsgremien eine Neuberechnung der Projektrangfolge durchführen kann, ohne dass es hierfür aufwändig vorbereiteter Managemententscheidungen bedarf.

Wurden neue **Ressourcenengpässe** identifiziert, ist gegebenenfalls eine Überarbeitung der Allokationsplanung erforderlich. Hier sollte das Multiprojektmanagement eher als Moderator auftreten und die direkte Kommunikation dem Projektleiter und dem Ressourcenverantwortlichen überlassen. Diese können Anpassungen der Ressourcenallokation eigenverantwortlich vornehmen, müssen dabei aber die vorgegebenen Projektprioritäten beachten. Das Multiprojektmanagement ist allerdings dann gefordert, wenn ein Ressourcenengpass durch Hinzuziehung zusätzlicher externer Mitarbeiter kompensiert werden soll.

Sofern Kostensteigerungen bei einzelnen Projekten auftreten, z. B. aus den vorgenannten Gründen, sollte das Multiprojektmanagement die Auswirkungen auf das gesamte Portfoliobudget prüfen und ggf. die **Kostenplanung anpassen**. Bevor Budgetanpassungen ins Auge gefasst werden, sollte der Portfoliokoordinator in Abstimmung mit dem zuständigen Lenkungsgremium Möglichkeiten zu einer Umverteilung der Projektbudgets ausloten. Mögliche Maßnahmen können in diesem Fall auch die Verschiebung, Unterbrechung oder der Abbruch einzelner Projekte sein. Solche Vorschläge müssen durch das Multiprojektmanagement vorbereitet und begründet und dann vom Projektportfolio-Board entschieden werden.

4.4.14 Projektergebnisse abnehmen

Die erarbeiteten Projektergebnisse werden – ggf. sukzessive – im Rahmen einer **Abnahmeprüfung** (siehe Tabelle 4.16) durch den Auftraggeber bzw. den Kunden offiziell abgenommen. Sofern eine vertragliche Vereinbarung geschlossen wurde – also bei externen Auftraggebern – erfolgt nach der Übergabe des erreichten Projektergebnisses eine Prüfung desselben gegen die vertraglich vereinbarten Leistungsbestandteile. Bei internen Projekten erfolgt die Prüfung gegen den Projektauftrag. In beiden Fällen sind vereinbarte Änderungen bei der Prüfung zu berücksichtigen. Über die Abnahmeprüfung wird ein gemeinsames Protokoll geführt.

Verweigert der Auftraggeber die Abnahme, so muss der Auftragnehmer den Nachweis führen, dass die Leistung doch vertragsgemäß erstellt wurde. Geschieht dies nicht, kann der Auftraggeber seine vertraglichen Rechte, wie z. B. Vertragsstrafen oder Kündigung prüfen und geltend machen.

Tabelle 4.16 Prozess „Projektergebnisse abnehmen"

Ziele & Aufgaben	Methoden	Hilfsmittel	Ergebnisse
Projekt(teil)ergebnisse prüfen Abnahme durchführen	Abnahmeprüfung		Protokoll der Abnahmeprüfung Abnahmeerklärung

Sofern bei der Abnahme Mängel festgestellt und im Abnahmeprotokoll dokumentiert wurden, so kann der Auftragnehmer eine **Abnahmeerklärung** abgeben, in der die vorgesehene Beseitigung der Mängel dokumentiert und geregelt wird. Mit der Abnahmeerklärung kann der Lieferant bzw. Auftragnehmer so sein Recht auf Nachbesserung der Leistung innerhalb einer vereinbarten oder gesetzten Frist wahrnehmen.

Mit der Abnahmeerklärung sind bei Projekten mit einer vertraglichen Vereinbarung zwischen Auftraggeber und Auftragnehmer klare **rechtliche Folgen** verknüpft. Dazu gehören der Übergang des Projektprodukts, der Gefahrenübergang sowie in der Regel die Fälligkeit vereinbarter Zahlungen.

4.4.15 Projekt abschließen und bewerten

Der Projektabschlussprozess ist in Tabelle 4.17 im Überblick dargestellt.

Tabelle 4.17 Prozess „Projekt abschließen und bewerten"

Ziele & Aufgaben	Methoden	Hilfsmittel	Ergebnisse
Beenden aller projektbezogenen Vertragsverhältnisse			
Nachkalkulation erstellen			
Projektdokumentation		Dokumentenmanagementsystem (DMS)	Abgeschlossene Projektakte
Erfahrungen sichern (Lessons learned)	Projekt-Review/ Projekterfahrungs-Workshop		Projekterfahrungsbericht
Projektabschlussbericht erstellen		Dokumentenvorlage	Projektabschlussbericht
Projektorganisation auflösen und Ressourcen freisetzen			

Nach Abnahme der Projektergebnisse muss ein Projekt noch ordnungsgemäß abgeschlossen werden. Dazu müssen insbesondere alle projektbezogenen Vertragsverhältnisse ordnungsgemäß beendet werden.

Üblicherweise wird zudem eine Nachkalkulation für das Projekt durchgeführt. Es ist zu empfehlen, diese durch das Projekt vorzubereiten und dann durch das Multiprojektmanagement nach projektübergreifenden, einheitlichen Standards erstellen zu lassen. Bei der Nachkalkulation werden die tatsächlichen Projektkosten den kalkulierten Kosten aus der Projektplanung gegenübergestellt, wobei aus der

4.4 Ablauforganisation des Multiprojektmanagements

Planung nur die Positionen berücksichtigt werden, für die tatsächlich Lieferungen und Leistungen im Projekt erbracht wurden.[20]

Zu einem ordnungsgemäßen Projektabschluss gehört zudem auch die Zusammenstellung einer vollständigen Projektdokumentation. Dabei kann zwischen objektorientierten, sich auf den Projektgegenstand beziehenden, und ablauforientierten, den Projektverlauf wiedergebenden, Dokumenten unterschieden werden. Zu Projektdokumentation können folgende Dokumente gehören[21]:

- Objektorientierte Dokumentation
  - Projektauftrag
  - Änderungsaufträge
  - Pflichtenheft
  - Lastenheft
  - Verträge
  - Konzepte
  - Spezifikationen
  - Handbücher
  - Schulungsunterlagen
- Prozessorientierte Dokumentation
  - Projekthandbuch
  - Projektplanung
  - Statusberichte
  - Projektpräsentationen
  - Entscheidungsvorlagen
  - Protokolle
  - Genehmigungen
  - Projekterfahrungen und Musterlösungen (Lessons Learned)

Ein wichtiges Element für Folgeprojekte stellt das Sichern der im Projekt gemachten Erfahrungen (Lessons Learned) dar. Leider wird dieser Schritt nicht immer und meist auch nicht in angemessener Form durchgeführt. Dies liegt nicht zuletzt daran, dass das Projektteam sich meist schon neuen Aufgaben zugewendet hat und die Motivation zur Erfahrungssicherung – speziell bei weniger erfolgreichen Projekten – nicht sehr hoch ist.

Ein wesentliches Ergebnis der Abschlussphase ist der Projektabschlussbericht, den der Projektleiter verfasst. Er enthält eine Übersicht über die Zielsetzung des Projektes sowie die erarbeiteten Ergebnisse. Zusätzlich wird ein Soll/Ist-Vergleich der Zeit-, Kosten- und Personalaufwände gezogen. Mögliche Anschlussprojekte sollen ebenfalls bereits benannt und gewonnene Erfahrungen aufgeführt und bewertet werden. Auch der Abschlussbericht dient dazu, im Projekt gewonnene Erfahrungen

---

[20] Siehe z. B. Motzel (2006, S. 96).
[21] Motzel (2006, S. 50 f.).

festzuhalten und für nachfolgende Projekte nutzbar zu machen. Adressaten des Berichts sind die wesentlichen am Projekt interessierten Parteien (Stakeholder). Die Projektabschlussberichte sollten durch eine zentrale, für das Multiprojektmanagement zuständige Organisationseinheit eingefordert, gesammelt und projektübergreifend ausgewertet werden, um das Projektmanagementsystem ständig weiterzuentwickeln. Bei der Erstellung des Abschlussberichtes sind wesentliche Teile der Projektdokumentation nochmals heranzuziehen und auszuwerten. Dazu gehören beispielsweise der Projektantrag, die Wirtschaftlichkeitsbetrachtung des Projektes (sofern vorhanden), die Projektstatusberichte und das Projektergebnis. Hilfreich ist ein Formular zur Erstellung des Abschlussberichtes, z. B. in Form eine Dokumentenvorlage.

Mit der Abnahme des Projektergebnisses wird die Projektorganisation – und damit das Projektteam – aufgelöst. Damit werden die durch das Projekt gebundenen Ressourcen freigesetzt und die Projektmitarbeiter aus ihrer Projektverantwortung entlassen. Ihnen werden entweder neue Aufgaben in anderen Projekten übertragen oder sie übernehmen wieder ihre Linienaufgabe.

4.4.16 Erfolgskontrolle und Nachkalkulation durchführen

Zum Projektabschluss sollte grundsätzlich eine abschließende Erfolgskontrolle durchgeführt werden. Wesentliche Grundlage dafür ist der Projektabschlussbericht. Zusätzlich sollte aber auch anhand des Projektantrages und der ggf. erstellten Wirtschaftlichkeitsbetrachtung die Effizienz und Effektivität der Umsetzung des Projektauftrags geprüft werden (siehe Tabelle 4.18). Dabei ist insbesondere zu hinterfragen, ob die im Projektantrag definierten Ziele erreicht wurden und ob die Ergebnisse anwendbar sind. Auf der Basis der ursprünglichen Planung wird so eine Projektnachbewertung durchgeführt, die darüber Auskunft gibt

Tabelle 4.18 Prozess „Erfolgskontrolle und Nachkalkulation durchführen"

Ziele & Aufgaben	Methoden	Hilfsmittel	Ergebnisse
Erfolgskontrolle durchführen	Zielerreichungskontrolle Wirkungskontrolle	Formblatt Erfolgskontrolle Ziele gemäß Projektauftrag	Bericht zur Projekterfolgskontrolle Zielerreichung
Nachkalkulation durchführen	Wirtschaftlichkeitskontrolle	Business Case	Projektnachkalkulation, ggf. aktualisierte Wirtschaftlichkeitsuntersuchung (WU) Kennzahlen (Kapitalwert, Kostenvergleichswerte, Priorisierungskriterien, Folgekosten, etc.)

- ob die vereinbarten Ziele erreicht worden sind (Zielerreichungskontrolle),
- die erhofften Wirkungen eingetreten sind (Wirkungskontrolle) und
- welche Kosten im Vergleich zu den vorherigen Schätzungen tatsächlich angefallen sind (Nachkalkulation und Wirtschaftlichkeitskontrolle).

Wenn die Ergebnisse des durchgeführten Projektes weiter verfolgt werden sollen oder aber die Resultate umgesetzt werden müssen, sind einzelne Mitarbeiter zu benennen, die das Projekt auch über den formalen Projektabschluss hinaus weiter begleiten.

4.4.17 Portfolio-Ergebnisse abnehmen

In regelmäßigen Abständen sollten die Ergebnisbeiträge der im Projektportfolio enthaltenen Projekte durch das strategische Multiprojektmanagement überprüft, mit den übergreifenden Erwartungen abgeglichen und durch das Projektportfolio-Board formal abgenommen werden (Tabelle 4.19).

Tabelle 4.19 Prozess „Portfolio-Ergebnisse abnehmen"

Ziele & Aufgaben	Methoden	Hilfsmittel	Ergebnisse
Projektergebnisse im Portfolio-Board vorstellen	Präsentation		
Abgleich der Ergebnisse gegen die Stakeholder-Erwartungen		Zielhierarchie	
Formale Abnahme der Ergebnisse			Abgenommene Projektportfolioergebnisse

4.4.18 Nutzeninkasso durchführen

Die Ermittlung des tatsächlichen Nutzens eines Projektes ist mit einigen Problemen verbunden und auch nicht immer möglich. In der Praxis ist dieser Prozess daher auch nach wie vor recht selten anzutreffen.[22]

Was sind die Gründe dafür? Zunächst einmal kann man den realen Nutzen eines Projekts meist erst mit deutlichem Zeitabstand zum Projektende ermitteln. Der Nutzen eines Projekts ist schließlich an die Nutzung des Projektergebnisses oder Projektprodukts gebunden. Kurz gesagt: Nutzen entsteht aus Nutzung! Nur in wenigen Projekten kann dagegen ein realer Nutzen schon zum Projektende erreicht werden, weil z. B. Anlagen abgeschaltet werden können und somit Betriebskosten wegfallen.

---
[22]Zum Nutzeninkasso siehe Bänninger (2004) und Seidl (2007, 227 f., 232, 236).

Andererseits lässt sich ein Nutzenzuwachs nicht immer eindeutig einer Ursache zuordnen. Anders ausgedrückt: wer kann wirklich beurteilen, ob eine Effizienz- oder Umsatzsteigerung auf ein bestimmtes Projekt zurückzuführen ist? Die meisten messbaren Effekte gehen auf mehrere Einflussfaktoren zurück. Das können Projektergebnisse, aber auch Umweltfaktoren, Konjunktur- und Marktentwicklungen, betriebliche Einflüsse und vieles andere mehr sein.

Ein weiterer Grund für die recht geringe Zahl von Unternehmen, welche ein Nutzeninkasso nach Projektende betreibt, ist in der Schwierigkeit zu sehen, die Durchführungsverantwortung dafür angemessen zu regeln. Wer soll die Nutzenbetrachtung durchführen? Die Projektorganisation ist ja in der Regel bereits lange aufgelöst. Die meisten ehemaligen Projektbeteiligten und Stakeholder werden darüber hinaus kein hohes Interesse mehr haben, eine Nutzenbetrachtung durchzuführen, da sie inzwischen mit anderen Aufgaben und Themen befasst sind. Auch politische Einflüsse können ein Nutzeninkasso erschweren. Der Erfolg hat bekanntlich viele Väter und mit Misserfolgen möchte sich im Nachhinein ohnehin kaum jemand mehr beschäftigen.

Die Durchführung eines Nutzeninkassos (siehe Tabelle 4.20) erscheint zudem nicht für alle Projekte sinnvoll: aus Sicht der Multiprojektsteuerung kann man Zwangsprojekte dabei grundsätzlich ausklammern.

Dennoch ist ein Nutzeninkasso ein sehr wichtiges und zentrales Element für das Multiprojektmanagement, da nur so letztlich ein geschlossener Regelkreis für die Multiprojektsteuerung geschaffen werden und unrealistische Versprechen im Rahmen der Projektbeantragung erkannt und sanktioniert werden können.

Wer soll nun aber dafür verantwortlich sein? Eigentlich gibt es nur die Möglichkeit, das Unternehmenscontrolling damit zu betrauen oder das Multiprojektmanagement aufbauorganisatorisch zu verankern und dieser Einheit dann auch die Verantwortung für das Nutzeninkasso zuzuordnen.

Ein guter Ansatz mag darin bestehen, die Auftraggeber schon bei der Projektgenehmigung zu verpflichten, die im Projektantrag fixierten Nutzenerwartungen nach Umsetzung des Projekts in der Linie auch zu realisieren. Auch hier könnte nur die Unternehmensleitung zusammen mit der Controlling-Abteilung später nachhalten, dass das Nutzenpotenzial nach Projektende auch wirklich erschlossen wird.

Tabelle 4.20 Prozess „Nutzeninkasso durchführen"

Ziele & Aufgaben	Methoden	Hilfsmittel	Ergebnisse
Quantitativen Nutzen bewerten	Nachkalkulation der Kosten-Nutzen-Analyse bzw. Wirtschaftlichkeitsuntersuchung		z. B. monetärer Nutzen im ersten Jahr nach Projektende oder reale Amortisationsdauer in Monaten
Qualitativen Nutzenbewerten	Stakeholder-Befragung		Ex-post-Bewertung der qualitativen Projektziele

4.4 Ablauforganisation des Multiprojektmanagements

Die Nutzenbewertung sollte immer aufgeteilt werden in eine Untersuchung der quantifizierbaren Effekte und eine Beurteilung qualitativer Wirkungen. Die folgende Tabelle gibt diese Elemente wieder.

4.4.19 Strategisches Controlling betreiben

Der Unternehmensentwicklungsprozess endet mit einer Überprüfung der Zielerreichung. In regelmäßigen Abständen muss dazu durch ein übergeordnetes Controlling überprüft werden, ob die angestrebten Veränderungen und strategischen Ziele auch erfolgreich erreicht worden sind. Dies geschieht im Rahmen eines strategischen Controlling-Prozesses Tabelle 4.21 gibt wesentliche Schritte des Prozesses im Überblick wieder.

Der beschriebene Strategieprozess wird zyklisch durchlaufen, in der Praxis ist häufig ein jährlicher Rhythmus zu beobachten.

Tabelle 4.21 Prozess „Strategisches Controlling betreiben"

Ziele & Aufgaben	Methoden	Hilfsmittel	Ergebnisse
Strategische Erfolgskontrolle durchführen			Bericht zum strategischen Controlling
Überprüfung der übergeordneten Zielerreichung auf Basis der Ergebnisse der abgeschlossenen Projekte und Programme			Strategische Ergebnisbeiträge der Projekte
Abweichungsanalyse vornehmen			
Reflektion der Beiträge der Projekte zur Erreichung der strategischen Gesamtziele	Strategischer Review		Beiträge der Projekte zur strategischen Zielerreichung
Nachhaltigkeit der Zielerreichung prüfen			
Übergeordneten Planungsprozess weiterentwickeln	KVP		Prozessverbesserungen in der Unternehmensentwicklung und im Multiprojektmanagement

Die strategische Erfolgskontrolle reflektiert die Zielerreichung, indem sie die aktuellen Ergebnisse gegen die in verschiedenen Kontexten dokumentierten Zielsetzungen abgleicht. Mögliche Vergleichsobjekte und Input-Parameter für diesen Abgleich können z. B. die folgenden Unterlagen sein:

- Unternehmenszielsystem
    - Balanced Scorecard
    - Strategy Map(s)

- Projektabschlussberichte
  - Nutzenerwartungen und –potenziale
  - Erfolgskontrollen
  - Abweichungsanalysen
- Controlling-Berichte
  - Unternehmenskennzahlen
  - Geschäftsentwicklung

4.4.20 Projektdokumentations- und Wissensmanagement betreiben

Dieser projektbegleitende Querschnittsprozess ist ebenfalls sehr wichtig für das Multiprojektmanagement, da er maßgeblich die für die Multiprojektsteuerung verfügbaren Informationen bestimmt. Tabelle 4.22 zeigt wesentliche Elemente dieses Prozesses im Überblick:

Tabelle 4.22 Prozess „Projektdokumentations- und Wissensmanagement betreiben"

Ziele & Aufgaben	Methoden	Hilfsmittel	Ergebnisse
Relevantes Wissen aus anderen Projekten akquirieren	Recherche	Projektwissensbasis (z. B. Intranet, Dokumentenmanagementsystem, Kollaborationssystem)	Für das aktuelle Projekt relevantes Erfahrungswissen
Projektinformationen zeitnah dokumentieren, aufbereiten und zugänglich machen		s.o.	(Elektronische) Projektakte mit dem aktuelles Wissen im Projekt
Wissenstransfer im Projekt organisieren		s.o.	
Projekterfahrungen auswerten und dokumentieren	z. B. Projektreview	s.o.	Lessons learned

Zu Beginn eines Projektes sollte sich der Projektleiter die Mühe machen, zusammen mit seinem Kernteam für das Projekt nutzbare und relevante Erfahrungen und Ergebnisse aus anderen Projekten zu recherchieren, auszuwerten und bei Eignung für das Projekt nutzbar zu machen.

Während der Laufzeit des Projekts sollte der Projektleiter dafür sorgen, dass alle projektrelevanten Unterlagen zentral in einer Projektakte gesammelt werden. Hierfür kann und sollte er das ganze Projektteam einbinden. In der Projektakte sollten alle wichtigen Projektdokumente wie Projektantrag, Pflichtenheft, Projektstrukturplan, Terminpläne, Statusberichte, Änderungsanträge sowie projektrelevanter

Schriftverkehr mit dem Auftragnehmer enthalten sein. Darüber hinaus sind auch Protokolle aller Besprechungen und der gesamte Schriftverkehr zu dokumentieren und in geeigneter Form abzulegen. Die Projektakte kann sowohl in elektronischer als auch in bewährter „Papierform" geführt werden. Das Spektrum elektronischer Akten reicht dabei vom simplen Projektverzeichnis auf einem Fileserver bis hin zur Projektkollaborationsplattform im firmeneigenen Intra- oder Extranet.

Entscheidend für die Qualität des Prozesses ist in der Regel der Wissenstransfer von den Wissensträgern zu den Projektmitarbeitern, die einen konkreten Informationsbedarf haben. Dabei sollte der Projektleiter darauf achten, in ausreichendem Maße Anreize zum Wissenstransfer zu schaffen.

Abschließend müssen natürlich die im Projekt selbst gemachten Erfahrungen dokumentiert und ggf. entwickelte (Muster-) Lösungen für andere aufbereitet werden.

4.5 Aufbauorganisatorische Verankerung

Um ein Multiprojektmanagement betreiben zu können, müssen vielfältige Aufgaben wahrgenommen werden, von denen nur ein Teil durch Projekt- oder Programmorganisationen abdeckt werden kann. Zwar ist eine abgeschlossene, projektspezifische Organisation ein wesentliches Merkmal von Projekten und Programmen,[23] diese wird aber nach dem Abschluss des Projekts bzw. nach Erreichen der Programmziele auch wieder aufgelöst. Eine aufbauorganisatorische Verankerung ist demzufolge lediglich für diejenigen Aufgaben des Multiprojektmanagements notwendig, die dauerhaft wahrgenommen werden müssen.

4.5.1 Aufgaben des Multiprojektmanagements

Abbildung 4.10 zeigt, wie eine grobe Differenzierung permanenter und zeitlich befristeter Aufgaben im unternehmensweiten Projektmanagement erfolgen kann.

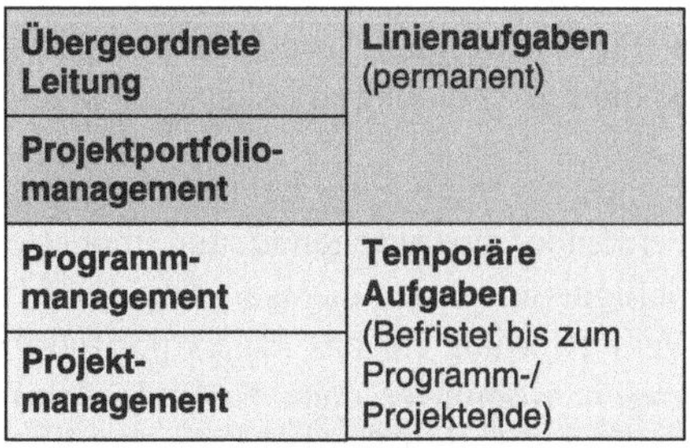

Übergeordnete Leitung	Linienaufgaben (permanent)
Projektportfoliomanagement	
Programmmanagement	Temporäre Aufgaben (Befristet bis zum Programm-/ Projektende)
Projektmanagement	

Abb. 4.10 Permanente und temporäre Aufgaben des Multiprojektmanagements

---

[23] Vgl. z. B. DIN 69901-5 in: Deutsches Institut für Normung e.V. (2009).

Die Abbildung verdeutlicht, dass permanente Aufgaben im Multiprojektmanagement in erster Linie im Projektportfoliomanagement bestehen. Da eine Institutionalisierung nur für dauerhaft wahrzunehmende Aufgaben sinnvoll erscheint, sollte der Schwerpunkt der Betrachtung daher konsequenterweise auf die Gestaltung des Projektportfoliomanagement gelegt werden.

Lomnitz sieht als Nutzen des Projektportfoliomanagements einen optimalen Projekt-Mix, der durch eine Gesamtbetrachtung einen höheren Nutzen, eine Verminderung der Risiken, eine höhere Transparenz hinsichtlich der Wechselwirkung zwischen den Projekten, eine Reduzierung der Komplexität der Projektelandschaft durch die Strukturierung des Projektportfolios sowie die Früherkennung abweichender Sichtweisen und Interessen erreicht.[24]

Um diesen Nutzen zu erreichen, muss ein institutionalisiertes Projektportfoliomanagement folgende Aufgaben wahrnehmen:

- strategische Ausrichtung der Projekte im Portfolio untersuchen bzw. sicherstellen
- übergreifende Koordination und Steuerung des Portfolios
- strategische Weiterentwicklung des Portfolios
- Überwachung der des Projektportfoliobudgets und Abgleich gegen übergeordnete Budgetvorgaben
- Weiterentwicklung des Projektmanagementsystems und der Projektmanagementprozesse
- Regelmäßige Bewertung von Projekten
- Transparenz über das Portfolio hinsichtlich der Zieldimensionen im magischen Dreieck (Leistung – Termine – Aufwand/Ressourcen)
- Projektübergreifendes Risikomanagement
- Orientierung des Projektmanagementsystems an Projekt- und Multiprojektmanagement-Standards
- Förderung der Projektmanagement-Kultur

Somit nimmt das Projektportfoliomanagement eine Vielfalt an projektübergreifenden Aufgaben war. Wichtig ist aber auch, diese Aufgaben abzugrenzen. So ist das Projektportfoliomanagement-Team nicht verantwortlich für

- die Sicherstellung des Projekterfolgs einzelner Projekte,
- die Entscheidung von Ressourcen- und/oder Budgetkonflikten oder
- die Entscheidung in Eskalationsfällen.

Insgesamt überwiegen bei den Aufgaben eines Projektportfoliomanagements somit beratende, überwachende und moderierende Funktionen. Echte Entscheidungsbefugnisse werden dagegen selten auf Portfoliomanager übertragen. Allenfalls die Verantwortung für das Projektportfoliobudget wird in einigen Unternehmen übertragen. Kommt es dann zu Budgetkonflikten, so wird sich der Portfoliomanager in Absprache mit Projektleitern, Auftraggebern und den Entscheidungsgremien um

---

[24] Vgl. u. a. Lomnitz (2001).

4.5 Aufbauorganisatorische Verankerung

Verschiebungen und Kompensationen innerhalb des Portfolios bemühen. Weitergehende Entscheidungsbefugnisse hat er aber in der Regel nicht.

Um eine angemessene aufbauorganisatorische Verankerung in einem spezifischen Unternehmensumfeld zu finden, sollte man daher eine systematische Analyse und Bewertung derjenigen Multiprojektmanagementaufgaben vornehmen, die dauerhaft wahrgenommen werden müssen bzw. sollen (siehe Tabelle 4.23). Diese Analyse lässt sich etwas plastischer gestalten, wenn man dabei von vorneherein auch schon bereits existierende oder mögliche Aufgabenträger in Form von Rollen einbezieht.

Tabelle 4.23 Analyse der Multiprojektmanagementaufgaben

	Aufgabenträger					
MPM-Aufgaben	Leitung	Projektportfoliomanager	Auftraggeber	Programmmanager	Ressourcenverantwortlicher	Projektleiter
Projektvorbereitung			E	E[a]	I/M	D
Projektbewertung	E	D	E	M	M	M
Projektauswahl	E	D	M	I	I	I
Portfoliobildung	E	D	M	I	I	I
Strategische Entwicklung des Portfolios	E	D	M			
Projektcontrolling	I	M	I	D	M/I	D
Portfoliocontrolling		D				M
Projektwissensmanagement	I	D	M	D	M	D
Nutzeninkasso	I	M	D	M	I	M
Qualifizierung				D/M	E/D	D/M

Legende: E – Entscheidung, D – Durchführung, M – Mitwirkung, I – Information
[a] Bei Projektinitiativen innerhalb eines Programmes

4.5.2 Stellen

Für dauerhaft wahrzunehmende Aufgaben des Multiprojektmanagements müssen entsprechende Stellen geschaffen werden. Wesentliche Aufgaben könnten beispielsweise in der Stelle eines Projektportfoliomanagers oder Projektkoordinators gebündelt werden. Die Tabelle 4.24 zeigt dauerhafte Aufgaben und Befugnisse des Projektportfoliomanagers im Überblick:

Tabelle 4.24 Aufgaben und Befugnisse des Projektportfoliomanagers

Aufgaben	Befugnisse
Planung & Steuerung der Projektlandschaft Entwicklung einer Infrastruktur für professionelles Projektmanagement Vorbereitung von projektübergreifenden Entscheidungen für die Unternehmensleitung Prüfung, ob die Unternehmensstrategie mit den laufenden und geplanten Vorhaben vereinbar ist Analyse der Ressourcensituation und Unterstützung bei der Allokation der knappen Ressourcen Überwachung des Gesamtbudgets, jedoch keine Budgetverantwortung Management in der Entscheidungsfindung unterstützten	Einfordern von aktuellen Projektinformationen in Form von standardisierten Vorlagen Prüfung und Zusage bzw. Ablehnung von Change Requests nach Abstimmung mit dem Steuerungskreis und der Geschäftsleitung Durchführung von Projektstopps nach vorheriger Abstimmung mit dem Steuerungskreis und der Geschäftsleitung Änderung und Anpassung von Projektpriorsierungen nach Abstimmung mit dem Steuerungskreis und der Geschäftsleitung

4.5.3 Project Management Offices

Die Organisationsform des sogenannten Project Management Office – kurz PMO genannt – hat in jüngerer Zeit eine hohe Bekanntheit und Aufmerksamkeit erfahren. Doch was ist darunter überhaupt zu verstehen?

Es gibt verschiedene Formen von PMOs. Sie unterscheiden sich in ihren Aufgaben, ihren Kompetenzen, ihrer organisatorischen Aufhängung und auch in der Dauer ihres Bestehens.

Nach DIN 69901 ist ein PMO eine projektübergreifende, operativ geprägte Unterstützungsfunktion, welche der Einführung und Optimierung von Projektmanagementsystemen dient. Die operativen Unterstützungsleistungen können dabei sowohl Projekten als auch Projektbeteiligten zu Gute kommen. Davon zu unterscheiden ist ein Projektbüro oder Project Office (PO), das lediglich administrative Leistungen für ein einzelnes Projekt erbringt.[25]

Die einfachste Form eines PMOs ist also das **Projektbüro bzw. -sekretariat**, das als eine administrative Unterstützung eines einzelnen Projekts fungiert. Es ist zeitlich befristet und wird zum Projektende wieder aufgelöst. Ein Projektsekretariat nimmt keine primären Multiprojektmanagementaufgaben wahr und wird daher hier auch nicht tiefergehend betrachtet.

Das Pendant des Projektsekretariats auf der Ebene eines Programms ist das **Programmbüro**. Da ein Programm eine klassische Form der Multiprojektsteuerung darstellt, sind Programmbüros als organisatorische Konzepte des Multiprojektmanagements anzusehen, auch wenn sie – genau wie Projektsekretariate – in Regel

---

[25] Vgl. DIN 69901-5 in: Deutsches Institut für Normung (2009).

4.5 Aufbauorganisatorische Verankerung

auf die administrative Unterstützung des Programms und der darin enthaltenen Projekte beschränkt sind. Die Besetzung eines solchen Büros kann beispielsweise als befristete Stabsstelle gestaltet werden.

Neben den vorgenannten befristeten Formen eines PMOs gibt es auch solche, die dauerhafte Aufgaben wahrnehmen. Hierfür gibt es unterschiedliche Bezeichnungen. Korrekt wäre es an dieser Stelle von einem Projects Office oder einem **Projektebüro** zu sprechen, da es sich um einen permanenten Stab handelt, der eine administrative Unterstützung mehrerer oder sogar aller Projekte anbietet.

Das **Project Management Office i. e. S.** übernimmt nicht nur administrative Funktionen, sondern bündelt als ein „Center of Excellence" professionelles (Multi-) Projektmanagement als interne Dienstleistung.

Die Tabelle 4.25 stellt noch einmal einige Kriterien im Überblick dar, anhand derer PMOs unterschieden bzw. eingeordnet werden können.

Die Übersicht in Tabelle 4.26 zeigt, welche Aufgaben ein PMO wahrnehmen kann und die Zuordnung dieser Aufgaben zu unterschiedlichen Formen eines PMOs.

Tabelle 4.25 Morphologie von Project Management Offices (PMOs)

Kriterium	Mögliche Ausprägungen
Existenzdauer	befristet/unbefristet
Aufgabenspektrum	administrativ/operativ/strategisch
Zuständigkeit	projektbezogen/ projekteübergreifend

Nach einer Studie aus dem Jahr 2009 kann man vier Hauptfunktionen eines PMOs unterscheiden[26]:

- Administrative Unterstützung der operativen Projektarbeit
  - Aktualisierung von Projektplänen
  - Statusmeldungen einholen und auswerten
  - Auswertung von Zeit- und Aufwandserfassungen
  - Abweichungsanalysen erstellen
  - Erstellen von Statusberichten
  - Erstellen von Projektdokumentationen
- Beratungsfunktion
  - Projektberatung (Methoden- und Prozessberatung)
  - Standardisierung und Optimierung von Projektmanagementabläufen
  - Projektmanagement-Trainings
  - Coaching von Projektmitarbeitern
- Koordinationsfunktion:
  - Erstellen von Kommunikationsplänen
  - Planung und Durchführung von Regelmeetings

---
[26] Angelehnt an Amberg et al. (2009).

- Ressourcenmanagement
- Koordination von Prozess- und Systemschnittstellen
- Vermeidung von Doppelarbeiten im Projekt und mit anderen Projekten
- Projektübergreifendes Wissensmanagement

• Steuerungsfunktion

- Projektbewertung
- Projektauswahl und –genehmigung
- Programm- und Projektportfoliosteuerung
- Projektcontrolling
- Projektübergreifendes Risikomanagement

Tabelle 4.26 Aufgaben und Formen von Project Management Offices (PMOs)

Aufgaben	Projektbüro	Operatives PMO	Strategisches PMO
Adminstrative Projektunterstützung	X	X	
Gestaltung von Prozessen, Standards, Methoden im PM		X	
Werkzeugunterstützung im Projektmanagement	X	X	
PM-Trainings		X	
Operative Ressourcensteuerung	(X)	X	
Strategische Ressourcenallokation			X
Projektberatung, Coaching		X	
Projektcontrolling	(X)	X	
Programmcontrolling		X	
Portfoliocontrolling		X	X
Wissenssicherung, Lessons Learned	X	X	
Wissenstransfer, Qualifizierung			X
Management von Prozess- und Systemschnittstellen			X
Projektübergreifendes Risikomanagement			X
Projektübergreifendes Qualitätsmanagement			X
Change Management (Kulturveränderung)			X
Weiterentwicklung des Projektmanagementsystems			X
Strategisches Alignment der Projekte			X
Projektauswahl, Priorisierung			X
Projektentscheidungen (Projektportfolioboard)			X
Projektportfoliosteuerung			X

4.6 Notwendige Festlegungen und Regeln

4.6.1 Dezentralisierung der Verantwortung im Projekt

Schwaninger und Körner empfehlen eine weitgehende Dezentralisierung der Arbeitsplanung im Rahmen des Projektmanagements. Sie betonen aber auch, dass umgekehrt eine zentrale Projektdatenbank und eine Gesamtverantwortung des Projektmanagements zur Aufsicht über den Leistungsfortschritt erhalten bleiben müssen. Die im klassischen Projektmanagement verbreitete Vorstellung einer allwissenden und im Detail verantwortlichen Führungszentrale wird im integrierten Projektmanagement somit aufgegeben. Schwaninger und Körner plädieren zudem für die Verhandlung von Terminen und Leistungen in projektöffentlichen Runden. Auch Terminerfüllung und Leistungsfortschritt werden kurzfristig und öffentlich nachgehalten. So soll eine Projektkultur der Verantwortung gefördert werden.[27]

4.6.2 Projektmanagement-Handbuch

Unternehmen, für die eine erfolgreiche Projektarbeit erfolgskritisch ist, tun gut daran, die Projektarbeit organisationsweit zu regeln. Dies sollte im Rahmen eines Projektmanagement-Handbuchs geschehen.

Ein **Projektmanagementhandbuch** fasst alle Festlegungen, Regeln, Prozesse, Verantwortlichkeiten und zu nutzende Instrumente zusammen, welche für die Projektarbeit relevant sind.

Es ist zu unterscheiden vom **Projekthandbuch**, welches wesentliche Teile aus dem Projektmanagementhandbuch übernimmt und um alle projektspezifischen Festlegungen, Besonderheiten und relevanten Informationen ergänzt.

Im Folgenden ist als Anregung eine mögliche Gliederung für ein Projektmanagement-Handbuch aufgeführt. Selbstverständlich müssen Aufbau und Inhalte an die jeweilige Organisation angepasst werden.

- Vorwort
  - Ziele des PM-Handbuchs
  - Modell für die Projektsteuerung
- Grundlagen und Begriffe
- Organisatorische Verankerung
  - Rollen
  - Gremien
  - Aufbauorganisatorische Verankerung
- Methodik der Projektabwicklung
  - Phasenmodelle und Meilensteinplan
  - Projektvorgehensmodelle
  - Projektplanung
  - Erstellen von Lasten- und Pflichtenheften
  - ...
- Projektablauf (PM-Prozesse)
  - Überblick (Prozesslandkarte)
  - Projektinitiierungsphase

---

[27]Schwaninger und Körner (2004, S. 54).

- Genehmigungsphase
- (ggf. Vergabephase)
- Projektdurchführungsphase
- Projektabschlussphase
- Querschnittsprozesse

- Projektberichts-/-informationswesen
- Kommunikationsplan

  - Projektberichte
  - Projektportfolioberichte
  - Projektdokumentationen

- Instrumente und Werkzeuge

  - Intranet
  - Projektmanagement-Werkzeug
  - Sonstige projektrelevante Systeme

- Anhänge

Literaturangaben

Ahlemann F (2002) Das M-Modell. Eine konzeptionelle Informationssystemarchitektur für die Planung, Kontrolle und Koordination von Projekten (Projekt-Controlling), Osnabrück. Arbeitsbericht des Fachgebiets Betriebswirtschaftslehre/Organisation und Wirtschaftsinformatik. Universität Osnabrück, Osnabrück

Amberg, M, Sandrino-Arndt B, Thomas R, Lang M, Thiessen I (2009) PMO Maturity Studie 2009. Stand der Institutionalisierung von organisatorischem Projekt- und Programmmanagement, Nürnberg

Angermeier G (2006) PRINCE2-Tag 2006: Britisches Management-Modell auf dem Vormarsch. In: ProjektMagazin (www.projektmagazin.de), Ausgabe 12/2006

Bänninger P (2004) Benefits Management – Behandlung des Nutzens aus IT-Projekten. Diplomarbeit, Universität Zürich, Zürich

Cronenbroeck W (2008) Projektmanagement. Reihe Training International, zweisprachig: deutsch-englisch. Cornelsen, Berlin

Deutscher Verdingungsausschuss für Leistungen (2003) Allgemeine Vertragsbedingungen für die Ausführung von Leistungen –Teil B (VOL/B), Fassung 2003

Deutscher Verdingungsausschuss für Leistungen (2009) Vergabe- und Vertragsordnung für Leistungen – Teil A (VOL/A), Ausgabe 2009 vom 20. November 2009 (BAnz. Nr. 196a vom 29. Dezember 2009)

Deutsches Institut für Normung e.V. (1980) DIN 69904 Projektmanagement. GmbH, Berlin

Deutsches Institut für Normung e.V. (2009) DIN 69901. In: Deutsches Institut für Normung e.V. (Hrsg.) Projektmanagement – Netzplantechnik und Projektmanagementsysteme. Normen. DIN-Taschenbuch 472, Beuth, Berlin

Eßeling V (2009) Strategische Projektbewertung. Bezugsrahmen, Empirie sowie Propositionen. Dissertation, Schriften zum Management 33, Ausgabe 1: Hampp R

Kunz C (2005) Strategisches Multiprojektmanagement. Dissertation, Universität Bamberg 2004, Gabler, Wiesbaden

Lomnitz G (2001) Multiprojektmanagement – Projekte planen, vernetzen und steuern. Verlag Moderne Industrie, Landsberg/Lech

Literaturangaben

Lukesch CJ (2000) Umfassendes Projektportfoliomanagement in Dienstleistungskonzernen am Beispiel eines großen, international operierenden Versicherungsunternehmens. Dissertation, ETH Nr. 13710, Zürich

Nees H (2005) Multiprojektmanagement in der Union Investment, Handout zu einem Vortrag auf der 2. Fachtagung Multiprojektmanagement@BayArena, Leverkusen, 14.9.2005

Österle H, Brenner W, Hilbers K (1992) Unternehmensführung und Informationssystem: der Ansatz des St. Galler Informationssystem-Managements. Teubner, Stuttgart

Praetorius A (1999) Anspruch und Wirklichkeit der Projektorganisation: Wenn die Linie das Übergewicht hat. In: ExperPraxis 1999/2001 – ExperTeam-Jahrbuch für die Praxis der Informationsverarbeitung, ExperTeam, Köln, S 66–69

Project Management Institute (2003) Organizational Project Management Maturity Model (OPM3) – Knowledge Foundation. Newton Square, Broomall

Project Management Institute (Hrsg.) (2004) A guide to the project management body of knowledge, PMBOK guide, 3rd edn. ISBN 978-1-930699-45-8

Schwaninger M, Körner M (2004) Organisationsprojekte managen. Das integrative Management von Organisationsprojekten, 2. überarbeitete Auflage. Institut für Betriebswirtschaft, Universität St. Gallen, Switzerland

Seidl J (2004) Projekte als Instrument der Strategieumsetzung. In: Frick A, Kerber G, Lange D, Marre R (Hrsg.) Dokumentationsband zur interPM 2004 – Konferenz zur Zukunft im Projektmanagement. GPM, Stuttgart, S 243–258

Seidl J (2007) Konvergentes Projektmanagement (KPM). Konzepte der Integration von Projektportfoliosteuerung und operativem Programm- und Projektmanagement. Dissertation, Universität Bremen

Kapitel 5
Werkzeugunterstützung für das Multiprojektmanagement

Kaum ist in einem Unternehmen die Erkenntnis gereift, dass die Einführung von Multiprojektmanagement sinnvoll oder notwendig ist, wird die Frage nach einer geeigneten Werkzeugunterstützung laut. Auch wenn inzwischen allgemein bekannt sein sollte, dass ein Werkzeug alleine getreu der Devise „a fool with tool remains a fool" nicht weiterhilft, entsteht natürlich spätestens bei der Einführung geeigneter MPM-Prozesse auch ein Bedarf nach einer effizienten Unterstützung der Aufgaben. Da sich andererseits der Markt für Projektmanagement-Software und -Lösungen sehr dynamisch entwickelt und verändert, kann ein Buch nur sehr eingeschränkt konkrete Empfehlungen geben, da der Autor unabhängig von Anbieterinteressen bleiben sollte und Aussagen zu konkreten Produkten schon bei Erscheinen des Buchs überholt sein können. Daher werden in diesem Kapitel allgemeine Anforderungen an eine MPM-Plattform behandelt, welche den Leser in die Lage versetzen sollen, einen eigenen Anforderungskatalog für eine Werkzeugunterstützung abzuleiten, ggf. bereits im Einsatz befindliche Module (neu) zu bewerten und schließlich wichtige Erkenntnisse für die Auswahl und Einführung geeigneter Produkte zu gewinnen.

5.1 Was kann eine Werkzeugunterstützung (nicht) leisten?

Eine Werkzeugunterstützung im unternehmensweiten Projektmanagement kann entscheidend zur Standardisierung der Projektmanagementmethoden und -verfahren beitragen und deren breitere Anwendung in einer Organisation fördern. Die Verfügbarkeit eines solchen Werkzeuges bedeutet jedoch nicht, dass die Bereitschaft zu einer solchen Standardisierung in einer Organisation als gegeben vorausgesetzt werden kann. Diese Differenzierung muss auch bei anderen Aspekten einer Werkzeugunterstützung beachtet werden. So kann ein zentrales Projektmanagementwerkzeug sicherlich die Transparenz über das unternehmensweite Projektportfolio erhöhen, nicht jedoch den Wunsch nach Transparenz bei den Mitarbeitern und Verantwortlichen befördern. Durch eine entsprechende Dokumentation der verfügbaren Projektinformationen kann weiterhin die Nachvollziehbarkeit von projektbezogenen Entscheidungen verbessert werden, was aber nicht automatisch zu besseren

Entscheidungen führt. Auch andere vermeintliche Vorteile einer Werkzeugunterstützung im Projektmanagement sind im Einzelfall kritisch zu hinterfragen. Häufig liegen wesentliche Motive für einen Werkzeugeinsatz in der Möglichkeit, aufwändige Berechnungen oder Verarbeitungen zu automatisieren und somit den Bearbeitungsaufwand in solchen Bereichen zu reduzieren. In der Praxis wird diese Effizienzsteigerung aber oft dadurch konterkariert, dass zusätzliche Daten erhoben werden müssen und damit der Erfassungs- und Pflegeaufwand für Projektleiter und Projektmitarbeiter steigt. Auch der Bereich des Projektinformations- und Wissensmanagements verdient eine solche Betrachtung. Werkzeuge ermöglichen hier in der Regel eine effizientere Bereitstellung der Analyse von Projektinformationen. Eine angemessene Interpretation dieser Information und Auswertung können sie dagegen nicht sicherstellen. Dies bleibt nach wie vor den dafür verantwortlichen Personen vorbehalten. Gleiches gilt für die integrierte Projektsteuerung. Ein Werkzeug kann sicherlich dazu beitragen, die Qualität der Termin-, Aufwands- und Fertigstellungsdaten durch eine zentrale, normierte und in der Folge konsistente Datenhaltung deutlich zu erhöhen. Die Qualität der Inhalte steigt damit jedoch nicht zwangsläufig, da auch hier Termin-, Aufwands- und Fertigstellungseinschätzungen nach wie vor von den Arbeitspaketverantwortlichen oder dem Projektleiter zu leisten sind.

5.2 Anforderungen an ein Multiprojektmanagementwerkzeug

Ein Werkzeug für das Multiprojektmanagement unterscheidet sich in seinen Anforderungen deutlich von klassischer Projektmanagementsoftware. Während letztere primär für Projektleiter oder deren administrative Unterstützungskräfte konzipiert ist, muss eine MPM-Software eine ganze Reihe von Nutzergruppen mit durchaus unterschiedlichen Anforderungen und Erwartungen bedienen.

Es mag einerseits interessierte Leser geben, die eine Multiprojektmanagementsoftware finden und einführen möchten, welche möglichst gut ihre Anforderungen erfüllt. Zum anderen gibt es vermutlich auch solche, die bereits verschiedene Systeme im Kontext des Multiprojektmanagements im Einsatz haben und diese integrieren, konsolidieren, ablösen oder weiterentwickeln möchten. Eventuell gibt es sogar Unternehmen, die eine eigene, auf ihre besonderen Bedürfnisse zugeschnittene Lösung entwickeln und einführen möchten. Um diese unterschiedlichen Interessen im Rahmen dieses Fachbuchs möglichst gut zu bedienen, werden im Folgenden wichtige Anforderungen an eine Werkzeugunterstützung im Multiprojektmanagement vorgestellt und gleichzeitig beispielhaft aufgezeigt, welche konkreten Lösungsmöglichkeiten eine Software zu diesen Anforderungen liefern könnte.

Auf eine Hilfestellung zur Auswahl konkreter Werkzeuge wird dagegen in diesem Buch verzichtet. Selbst wenn man eine aktuelle Erhebung der möglichen Marktprodukte durchführen würde, wäre diese aufgrund der großen Dynamik im Markt der Projektmanagement-Software vermutlich schon bei der Drucklegung des Buchs wieder veraltet. Dagegen kann man recht gut Hinweise zur

5.2 Anforderungen an ein Multiprojektmanagementwerkzeug

Gestaltung eines Auswahlprozesses geben, wobei hier der Fokus auf MPM-spezifische Anforderungen gelegt wird.

Im Rahmen einer empirischen Befragung von Rollenträgern des Multiprojektmanagements ergaben sich folgende Erwartungen an eine Systemunterstützung (Abb. 5.1):

Wo sehen Sie den größten Bedarf an einer Systemunterstützung im Multiprojektmanagement? (n = 61)

Multiprojektsteuerung allgemein	26,2%
Ressourcen- und Kapazitätsmanagement	24,6%
Projektportfolio-Reporting, Transparenz	21,3%
Umgang mit Abhängigkeiten/Komplexität	16,4%
Einheitliche Datenbasis, Datenkonsolidierung	14,8%
Planung	11,5%
Wissensbasis & Wissensmanagement	8,2%
Priorisierung	6,6%
Ablauf- und Terminmanagement	4,9%
(derzeit) kein Bedarf	4,9%
Überwachung des Nutzens/stratigischer Beiträge	3,3%
Aufwands- und Kostenmanagement	3,3%
Qualitätsmanagement	3,3%
Sonstige	11,5%

Abb. 5.1 Erwartungen an eine Systemunterstützung im Multiprojektmanagement (Quelle: Seidl 2007)

Ein Werkzeug zur Unterstützung des Multiprojektmanagements muss vielfältige Anforderungen bedienen. Welches Werkzeug für eine Organisation wirklich geeignet ist, lässt nur situativ beantworten. Entscheidend für die Eignung eines integrierten Systems zur Unterstützung des Projektportfolio-, Programm- und Projektmanagements ist, dass wesentliche funktionale Anforderungen durch das Werkzeug abdeckt werden. In den folgenden Abschnitten werden typische allgemeine, funktionale und technische Anforderungen an eine Werkzeugunterstützung im Multiprojektmanagement vorgestellt. Die darin behandelten Anforderungen an eine Werkzeugunterstützung wurden aus den Erfahrungen diverser Beratungsprojekte sowie aus der Mitwirkung am Produktentwicklungsprozess für eine MPM-Software abgeleitet. Die Aufstellung erhebt keinen Anspruch auf Vollständigkeit, gibt aber typische und praxisrelevante Anforderungen wieder.

5.2.1 Allgemeine Anforderungen

Eine der wichtigsten Forderungen an eine Werkzeugunterstützung für das Multiprojektmanagement besteht in der nachhaltigen **Entlastung der Aufgabenträger von administrativen und operativen Aufgaben**. Wir haben bereits an anderer

Stelle erkannt, dass der Hauptwertbeitrag einer Multiprojektsteuerung in einer Effektivitätssteigerung der Projektarbeit bestehen sollte. Um dies erreichen zu können, müssen die verantwortlichen Rollenträger möglichst viel Zeit in Analysen, Priorisierungsvorschläge und Allokationsstrategien investieren können, anstatt sie für aufwändige Datenerhebungen, administrative Aufgaben und arbeitsintensive Prozesse zu vergeuden.

Die Werkzeugunterstützung sollte darüber hinaus für den Anwender leicht zu handhaben und intuitiv zu bedienen sein, also einen hohen **Bedienkomfort** bieten. Dies schließt auch in das Programm integrierte Unterstützungsfunktionen, wie z. B. Programmassistenten, Systemhilfen oder Tool-Tipps mit ein.

Bei allen Bemühungen um eine gute Bedienerunterstützung sollten ein MPM-Werkzeug vor allem eine gesicherte Daten- und Informationsbasis für die Projektarbeit sein. Daher muss das System eine angemessene **Datenqualität** der Projektinformationen sicherstellen. Die im System dargestellten Werte sollten aus diesem Grunde korrekt, exakt, gültig und vollständig sein. Die Sichten der Nutzer auf die Daten sollten nur relevante Daten wiedergeben und einen angemessene Detaillierungsgrad (Granularität der Daten) aufweisen. Bei der Datenpräsentation sollte das System angemessene Darstellungsformate verwenden, welche die Interpretation der Daten durch den Nutzer erleichtern. Als weitere Anforderungen in diesem Kontext sind zielgruppengerechte Darstellungen sowie angemessene grafische Visualisierungen der Projekt- und Projektportfolioinformationen zu nennen.

Darüber sollte die Anwendung über eine angemessene **Dokumentation** in Form von Manuals, Handbüchern für Benutzer und Administratoren verfügen.

Eine Multiprojektmanagement-Software richtet sich an eine Vielzahl unterschiedlicher Rollenträger und Anwendergruppen. Daher müssen besondere Anforderungen an die **Zugriffs- und Datensicherheit** durch das System erfüllt werden. Dazu gehören die Datenschutzgesetze des Bundes und der Länder. Besonders zu beachten sind insbesondere Vorschriften, welche eine individuelle Leistungskontrolle durch maschinell erfasste und ausgewertete Daten von Mitarbeitern verbieten. Das System sollte über ein rollenbasiertes Zugangs- und Rechtesystem verfügen. Wichtige dabei zu unterscheidende Rollen sind die des Projektleiters, Projektmitarbeiters, Projektportfoliomanagers und des Ressourcenverantwortlichen. Neben der Möglichkeit, rollenbasierte Zugriffsrechte für die verschiedenen Anwender festzulegen, ist ggf. auch eine Verschlüsselung sensibler Daten oder eine Datenkommunikation über gesicherte Verbindungen erforderlich.

Projektinformationen sind zudem aus verschiedenen Gründen heraus langfristig aufzubewahren. Daher sollte ein Multiprojektmanagementwerkzeug auch die gängigen Anforderungen an eine **Archivierung der Projektdaten** abdecken.

5.2.2 Integration des Datenhaushalts

Zentrale Voraussetzung für eine Multiprojektsteuerung ist eine **verlässliche Datenbasis mit den steuerungsrelevanten Informationen aller Projekte**. Eine solche

5.2 Anforderungen an ein Multiprojektmanagementwerkzeug

Datengrundlage kann recht umfangreich sein. Daher sollte man einen gewissen Aufwand betreiben und große Sorgfalt walten lassen, um diese Datenbasis in angemessener Weise zu konzipieren und zu strukturieren.

Um die Projektdatenbank mit Inhalten zu füllen, reicht eine einmalige Erhebung natürlich nicht aus. Deshalb sollte von Anfang an großer Wert auf die **effiziente Sammlung und Erfassung der Projektinformationen** gelegt werden.

Bei einem MPM-Werkzeug ist zudem darauf zu achten, dass die Daten in den Strukturen abgebildet und abgelegt werden können, die im jeweiligen Unternehmen erforderlich sind. Im Normalfall sollte eine Software-Lösung die Abbildung von Projektbündeln bzw. Teilportfolien ermöglichen. In Unternehmen, die auch Programmmanagement betreiben, sollte darauf geachtet werden, dass das Werkzeug die Abbildung von Portfolios, Programmen und Projekten mit jeweils unterschiedlichen Organisations-, Berechtigungs- und Berichtsstrukturen ermöglicht. Dies ist längst nicht bei allen Werkzeugen möglich.

Ein zentrales Problem des Multiprojektmanagements ist die Heterogenität der von den Projekten im Projektportfolio bereitgestellten Daten. Alleine dadurch, dass sich die Informationslage der einzelnen Projekte in Abhängigkeit ihres Projektstatus auf dem Projektlebensweg zwangsläufig verändert, ergeben sich signifikante Unterschiede bezüglich der Genauigkeit, Zuverlässigkeit und Verlässlichkeit der projektspezifischen Informationen (siehe hierzu Abb. 5.2). Für die Portfoliosteuerung stellt das vor allem im Rahmen der rollierenden Steuerung und Überwachung ein Problem dar, da dadurch die **Vergleichbarkeit von Projektinformationen** sehr erschwert wird.

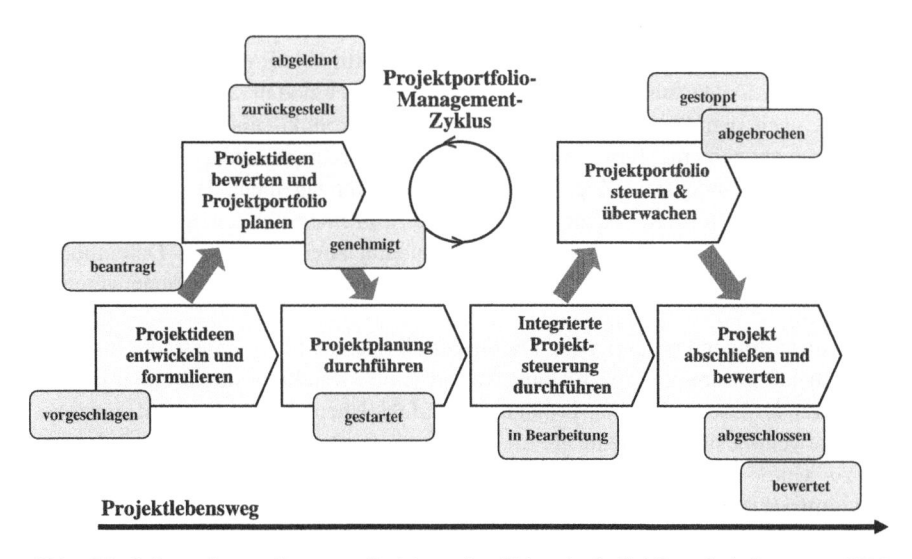

Abb. 5.2 Informationsstadien von Projekten im Zeitverlauf (Seidl und Aubermann 2005, S. 137)

Die voranstehende Abbildung verdeutlicht, welche Vielfalt von abweichenden Informationslagen sich allein aus unterschiedlichen Projektständen ergeben kann. Das Problem wird durch die Abweichungen der in den Projekten eingesetzten Methoden und Werkzeuge noch weiter verstärkt. Die Liste ließe sich beliebig verlängern.

Um dieser Herausforderung angemessen zu begegnen, erscheint es notwendig, eine **Informationsebene** festzulegen, die prinzipiell für alle Projekte eines Unternehmens als verbindlich anzusehen ist. Zum Zwecke der Einzelprojektsteuerung darf diese Ebene zwar weiter verfeinert werden, für die Rückmeldung und Überwachung auf der Ebene des Projektportfolios ist sie aber für alle Projekte verbindlich.

Die Umsetzung eines solchen Konzepts in der Praxis führt erfahrungsgemäß zu einer signifikanten Erhöhung der Vergleichbarkeit und damit zur qualitativen Verbesserung des Projektportfoliomanagements. Praktisch umsetzen lässt sich dieser Ansatz allerdings nur, wenn eine zentrale Informationsbasis für alle Projektinformationen geschaffen wird. Eine solche „Projektdatenbank" muss dann regelmäßig mit den individuellen Projektplanungen der Einzelprojekte abgeglichen und synchronisiert werden.

Der Aufbau einer geeigneten Projektdatenbank ist wesentlich von der Qualität des zugrunde gelegten Datenmodells abhängig. Ein akzeptiertes Referenzdatenmodell für die Projektwirtschaft ist bisher nicht verfügbar. Es gibt allerdings Datenmodelle für besondere Aspekte der Gesamtthematik. So hat z. B. Schönwälder[1] ein Datenmodell vorgestellt, das als Grundlage der IT-Projektportfoliomanagement-Software „IS-Plan" diente. Dieses Datenmodell berücksichtigt allerdings nur Informationen, die für die Bewertung von Projektanträgen relevant sind, nicht aber detaillierte Projektinformationen wie die Projektstruktur oder operative Elemente.

Die DIN69901-4 setzt sich ebenfalls mit den für das Projektmanagement erforderlichen Daten auseinander und stellt ein Datenmodell hierzu vor, das gegliedert nach den Bereichen Projektstammdaten, Produkt- und Ergebnisplanung, Auftragsmanagement, Terminmanagement, Ressourcenstammdaten, Ressourcenplanung, Ressourcensteuerung, Reporting, Kostenmanagement, Bewertung sowie Dokumente und Termine beschrieben wird. Den einzelnen Bereichen werden zudem fachliche Attribute mit eine groben Beschreibung zugeordnet. Das Datenmodell ist allerdings nicht spezifisch auf Anforderungen des Multiprojektmanagements ausgerichtet.[2]

Das nachfolgend beschriebene **Datenmodell** (siehe Abb. 5.3) fasst alle Informationsobjekte zusammen, die für eine konvergente Gestaltung des Projektmanagements auf der Ebene einzelner Projekte und auf der Ebene der Projektportfoliosteuerung notwendig sind. Es diente als Ausgangsbasis für die Entwicklung der Software, die zur Unterstützung eines solchen konvergenten Projektmanagements konzipiert und umgesetzt wurde.

---

[1] Schönwälder (1997, S. 160).
[2] DIN 69901-4 in Deutsches Institut für Normung e.V. (2009).

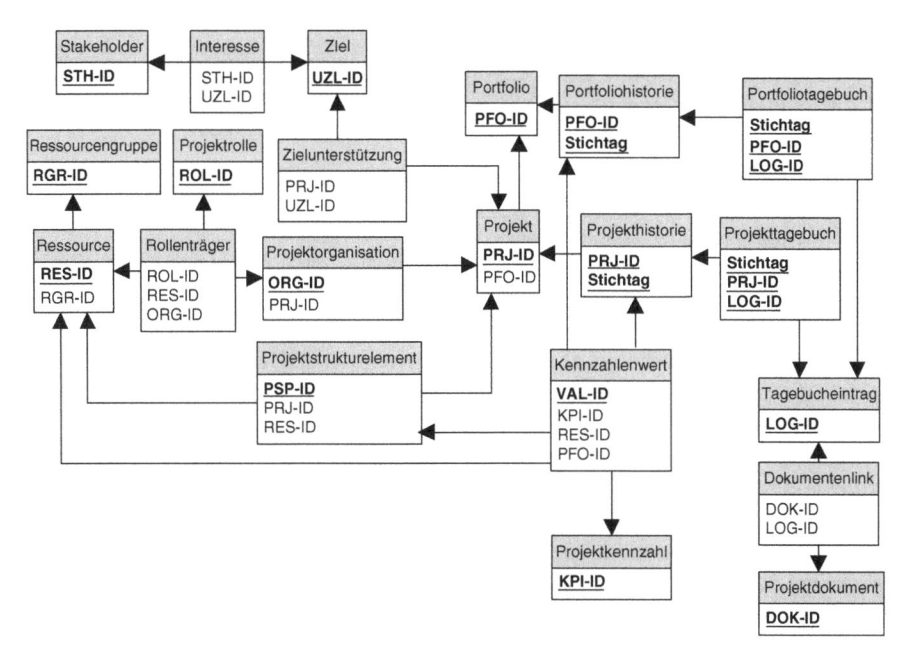

5.2 Anforderungen an ein Multiprojektmanagementwerkzeug   165

Abb. 5.3 Vereinfachtes Entitätenmodell für das Multiprojektmanagement

Ein wichtiges Element eines integrierten Datenhaushalts für das Multiprojektmanagement sind **historische Projektdaten**. Die Historisierung von Projektdaten ist eine unverzichtbare Voraussetzung für ein wirksames Multiprojektcontrolling, da ohne die Ermittlung von Trends aus Vergangenheitswerten eine zielsichere Beurteilung von Projekten von außen kaum möglich ist. Leider bieten bislang nur wenige Werkezuge ausgereifte Historisierungskonzepte. Umso wichtiger ist es für den Anwender, diesen Aspekt bei der Auswahl einer Lösung genau zu beachten. Bewährt haben sich Werkzeuge, welche die Speicherung der Projektdaten zu bestimmten Statusterminen ermöglichen. Idealerweise lassen sich solche „Snapshots" sowohl für einzelne Projekte als auch für das ganze Projektportfolio erzeugen. Auf der Basis dieser historischen Daten kann man bzw. das Werkzeug dann Trendanalysen (Meilenstein-/Kostentrend-/Status-Trendanalysen) generieren, die in der Regel eine realistische Beurteilung der Projekte erlauben.

5.2.3 Funktionen zur Auswahl und Priorisierung von Projekten

Die wichtigsten Funktionen zur Auswahl und Priorisierung von Projekten, welche eine MPM-Software unterstützen sollte, sind im Folgenden aufgelistet:

- Analyse und Bewertung von Projekten
- Ausrichtung der Projekte an übergeordneten Zielen
- Unterstützung der Projektpriorisierung

  - Flexible Unterstützung von Projektpriorisierungsverfahren
  - Automatische Erstellung und Dokumentation einer Projektrangliste nach flexibel festzulegenden Kriterien
  - Manuelle/systemgestützte Überarbeitung der Projektrangliste

Zur **Ausrichtung der Projekte an den Unternehmenszielen** sollte ein Werkzeug sowohl die Ermittlung und Klassifizierung von Zielunterstützungsbeiträgen als auch den regelbasierten Aufbau von Präferenzordnungen ermöglichen. Beide Varianten liefern im Ergebnis mögliche Kriterien für eine werkzeuggestützte Priorisierung der Projekte.

Sofern eine Ausrichtung der Projekte an übergeordneten Unternehmenszielen für ein Unternehmen besonders wichtig erscheint, kann es zweckmäßig sein, dass das Werkzeug auch den Aufbau und die Analyse von Unternehmenszielsystemen ermöglicht. Sinnvoll wären in einem solchen Szenario Funktionen zum Aufbau von Zielsystemen sowie zur Analyse der Zielbeziehungen (Vernetzungsanalyse des Zielsystems) Darüber hinaus sollte eine grafische Visualisierung der Zielsysteme und Zielzusammenhänge ermöglicht werden.

Die werkzeugunterstützte Ausrichtung der Projekte an den Unternehmenszielen kann dann beispielsweise über die Ermittlung und Klassifizierung von Zielunterstützungsbeiträgen sowie den werkzeugunterstützten Aufbau von Präferenzordnungen erfolgen. Beide Bereiche liefern mögliche Kriterien für eine werkzeuggestützte Priorisierung der Projekte. Dabei sollte eine flexible Festlegung komplexer Priorisierungsverfahren möglich sein, wobei einzelne ordinal- und intervallskalierte Projektkenngrößen im Rahmen von Portfolioanalysen grafisch analysiert und gegenübergestellt werden können sollten.

Bei der **Priorisierung** selbst sollte eine flexible Festlegung komplexer Priorisierungsverfahren möglich sein, wobei es möglich sein sollte, einzelne ordinal- und intervallskalierte Projektkenngrößen im Rahmen von Portfolioanalysen grafisch zu analysieren und gegenüberzustellen.

Wie lässt sich nun eine **eindeutige Präferenzordnung** erzeugen? Vom Grundsatz her ist das kein Problem, wenn man die Projekte nach einem einzigen Kriterium beurteilt. Um eine eindeutige Projektrangliste zu erzeugen, muss für dieses Kriterium allerdings auch eine intervallskalierte Maßgröße ermittelt worden sein.

Da aber bei der Priorisierung praktisch immer unterschiedliche Aspekte zu berücksichtigen sind, ist ein solches Verfahren in der Praxis nicht durchzuhalten. Man muss also Verfahren finden, die eine flexible und abgestufte Priorisierung ermöglichen.

Vor dem Hintergrund zahlreicher Praxiserfahrungen im Bereich der Projektpriorisierung – insbesondere bei Finanzdienstleistern und IT-Unternehmen – haben

5.2 Anforderungen an ein Multiprojektmanagementwerkzeug

Seidl und Aubermann[3] ein regelbasiertes Priorisierungsverfahren entwickelt. Zudem wurde eine Werkzeugunterstützung dafür geschaffen, die es erlaubt, auf Knopfdruck verschiedenste, individuell anpassbare Priorisierungslogiken auszuführen und die zugehörigen Projektranglisten automatisch zu berechnen. Ein wesentlicher Vorteil eines solchen regelbasierten und werkzeugunterstützten Verfahrens ist die Schnelligkeit, die auch bei einer rollierenden Portfoliosteuerung eine Neubewertung des gesamten Portfolios erlaubt. Ein weiterer Vorteil des Verfahrens ist darin zu sehen, dass auch alternative Priorisierungslogiken hinterlegt und deren Ergebnisse ermittelt werden können.

Die folgende Abbildung zeigt, wie man dennoch durch Anwendung eines Regelbaums methodisch und nachvollziehbar zu einer eindeutigen Präferenzordnung über alle Projekte gelangen kann.

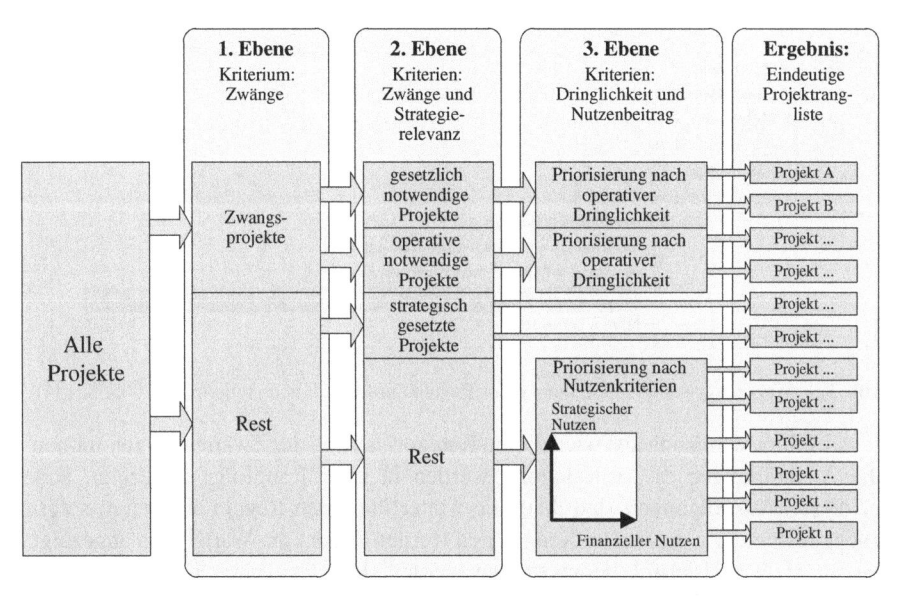

Abb. 5.4 Eindeutige Präferenzordnung durch Anwendung eines Regelbaums (angelehnt an Seidl und Aubermann 2005, S. 133)

Das in Abbildung 5.4 dargestellte Beispiel zeigt ein Priorisierungsverfahren, das mit einer Kategorisierung der Zwänge beginnt. Dieses Kriterium teilt die Projekte in vier Kategorien auf, stellt aber innerhalb der Kategorien noch keine Rangfolge her. Das regelbasierte System ermöglicht es nun, jeder Ausprägung des ordinal skalierten Kriteriums „Zwänge" ein neues, nachgelagertes Kriterium zuzuordnen. Grundsätzlich stehen dafür wieder klassifizierende bzw. ordinal skalierte Kriterien einerseits, sowie intervallskalierte Kriterien andererseits zur Verfügung. Auf diese Art und Weise wird ein Regelbaum aufgebaut, der so weit differenziert werden

---
[3] Seidl und Aubermann (2005).

kann, dass eine eindeutige Projektrangliste entsteht. Um auch anspruchsvollere Priorisierungssituationen innerhalb des Regelbaums korrekt abbilden zu können, ermöglicht das Verfahren auch die Kombination von zwei Kriterien zu einem Neuen. Dabei können sowohl zwei ordinal skalierte als auch zwei intervallskalierte Größen miteinander kombiniert werden. In der Abbildung ist als Beispiel für dieses Verfahren die Ermittlung der Größe „Nutzen" aus den beiden Einzelgrößen „Strategischer Nutzen" und „Monetärer Nutzen" angedeutet. Die Rangfolge der Projekte ergibt sich dann aufgrund der Projektion der Projektkoordinate auf die Diagonale des Portfolios. Noch flexibler wird das Diagonalverfahren durch die Möglichkeit, die beiden Ausgangskriterien unterschiedlich stark zu gewichten.

Der in Abb. 5.5 dargestellte Bildschirmausschnitt verdeutlicht den werkzeugunterstützten Aufbau eines Regelsystems zur Projektpriorisierung an einem anderen Beispiel.

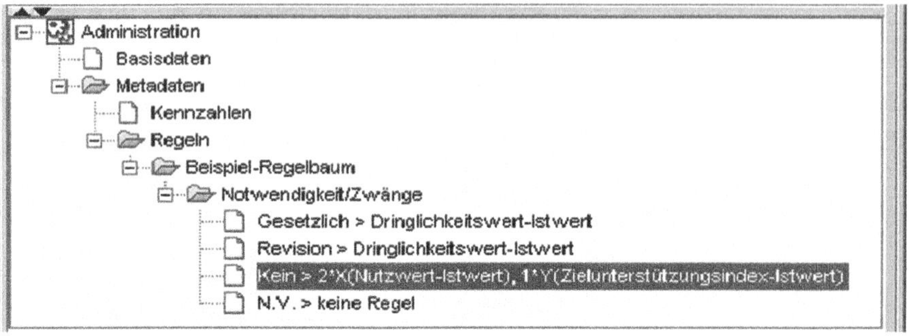

Abb. 5.5 Werkzeuggestützte Erstellung eines Regelbaums (Seidl und Aubermann 2005, S. 134)

Auch hier wird zunächst wieder eine Kategorisierung der Zwänge vorgenommen. Die Ausprägungen dieser Kategorie werden in ihrer Rangfolge angezeigt. Hinter diesen Ausprägungen sind dann die weiterführenden Regeln angezeigt, sofern solche festgelegt wurden. Bei Kennzahlen werden zudem die Wertetypen angezeigt, die für die Priorisierung herangezogen werden. Bei der dritten Kategorie ist ein Beispiel für eine gewichtete Kombination zweier Maßgrößen zu sehen.

Auf Basis der erstellten Regelbäume lässt sich mit einer geeigneten Werkzeugunterstützung eine automatische Ermittlung der Projektrangliste durchführen. Diese Rangliste ermöglicht zudem einen einfachen Abgleich der priorisierten Projekte gegen das insgesamt verfügbare Budget oder andere Restriktionen auf Portfolioebene, wie die Verfügbarkeit von Ressourcen. Wenn der Regelbaum toolunterstützt aufgebaut und abgearbeitet wird, lassen sich neue Erkenntnisse und veränderte Bewertungsparameter unmittelbar in eine veränderte Priorisierung umsetzen. Angesichts der heute in Projekten gebundenen Finanz- und Personalressourcen sollte dieses Maß an Professionalität im Projektportfoliomanagement nicht Ausnahme bleiben, sondern zur Regel werden.

Natürlich wird es immer wieder individuelle Einwände gegen eine automatisch berechnete Projektrangliste geben, selbst dann, wenn die Entscheidungsträger das Regelwerk zuvor gemeinsam festgelegt und verabschiedet haben. Für diesen Fall

Tabelle 5.1 Beispiel einer Projektrangliste

Teilportfolio	Proj.-ID	Projekt	KZ Aktiv	Projektrang	Korrigierter Projektrang
IT-Projekte	P01	Einführung Workflow-System	Ja	1	1
Organisationsprojekte	P03	Reorganisation Rechnungswesen	Ja	2	2
Organisationsprojekte	P07	Balanced-Scorecard-Einführung	Ja	4	3
IT-Projekte	P04	Windows-Update PC-Clients	Ja	3	4
Organisationsprojekte	P06	Umzug Außenstelle	Ja	5	5
Investitionsprojekt	P10	Bau zus. Produktionsanlage	Nein	–	–
…	…	…	…	…	…

muss es möglich sein, eine berechnete Rangliste nachträglich manuell zu übersteuern. Dabei wird ein Projekt einfach vor ein anderes Projekt in der Rangliste gesetzt und die Präferenzordnung der Übrigen entsprechend angepasst. In Tabelle 5.1 ist eine solche Korrektur beispielhaft für die Projekte P07 und P04 durchgeführt und dokumentiert worden.

Bei Projektabhängigkeiten kann man diese Vorgehensweise auch für eine automatisierte Korrektur der Rangliste nutzen: Sofern ein Vorgängerprojekt schlechter positioniert ist als sein Nachfolgerprojekt, so würde es den Rang des Nachfolgerprojektes erhalten und alle nachfolgenden Projekte entsprechend nach hinten rutschen. Dieses Verfahren terminiert allerdings nur dann, wenn keine Zyklen bei den Projektabhängigkeiten vorkommen.

5.2.4 Unterstützung des Einzelprojektmanagements

Durch die Software sollte auch eine **Unterstützung des Einzelprojektmanagements** erreicht und dessen die Effizienz deutlich verbessert werden. Wird eine unternehmensweite Steuerung der Projektlandschaft angestrebt, so müssen die einzelnen Projekte eine Vielzahl von Informationen für die Steuerung des Projektportfolios bereitstellen. Dies kann aufwändig sein und im Ergebnis dazu führen, dass die Projektleiter dieser Aufgabe nicht oder mit nicht ausreichender Sorgfalt nachkommen. Die Situation lässt sich jedoch grundlegend ändern, wenn die Projekte selbst einen signifikanten Nutzen aus den hierfür erhobenen Daten ziehen können. Das Werkzeug sollte daher für alle Projekte des Unternehmens eine umfassende Unterstützung von bewährten Projektmanagementmethoden auf Ebene der Einzelprojekte bieten. Die folgende Tabelle 5.2 listet beispielhaft wesentliche Anforderungen im Überblick auf.

Tabelle 5.2 Beispielhafte Anforderungen an die Unterstützung des Einzelprojektmanagements

Projektumfeldanalyse	Analyse der sachlichen und sozialen Umfeldfaktoren
	Darauf aufbauende Unterstützung des Stakeholder- und Risikomanagements
Projektstrukturierung	Hierarchische Strukturierung der Projektaufgabe in Teilaufgaben und Arbeitspakete
	Grafische Darstellung des PSPs
Leistungs- und Qualitätsmanagement	Definition und Strukturierung der Projektergebnisse (Deliverables)
	Unterstützung von Quality Gates/Stage Gates
	Unterstützung zur Analyse des Fertigstellungsgrads (z. B. 50-50-Methode, 0-100-Methode)
	Unterstützung des Änderungs- und Nachforderungsmanagements
Ablauf- und Terminmanagement	Unterstützung der Phasen- und Meilensteinplanung
	Individuelle Terminplanung
	Ressourcenbezogene Ermittlung der Dauer
	Netzplanrechnung (Termin, Dauer, Abhängigkeiten, Vorwärts-/Rückwärtsrechnung, Puffer, Ermittlung und Darstellung des kritischen Pfads)
	Meilensteintrendanalyse
	Darstellung des Terminplans (Gantt- und Netzplandarstellung)
Aufwands- und Kostenmanagement	Kostenplanung gemäß Projektstrukturplan (Top-Down-, Bottom-up-, Gegenstromverfahren)
	Darstellung von Kostengang- und Kostensummenlinien
	Kostenverfolgung
	Rechnungserfassung für externe Projektkosten
	Kostentrendanalyse
Projektberichtswesen	Status der Arbeitspakete (AP-Liste, AP-Fertigstellungsgrad, AP-Termine, AP-Ressourcenverbrauch Plan/Ist/bis Fertigstellung)
	Historisierung von Projektsituationen (Voraussetzung zur Durchführung von Trendanalysen)
	Abweichungsanalysen (Termin-, Aufwands- und Kosten-, Mengenabweichungen, Inhaltliche Abweichungen)
	Kostenanalysen (Plan-Ist-Vergleiche, Earned-Value-Analyse, Analyse der Aufwände nach Phasen, Kostenarten, Kostenträgern etc.)
	Flexible Auswertungsmöglichkeiten (Projektstatusberichte, Portfolioberichte, Problemberichte etc.)
	Automatische Berichtsgenerierung und -verteilung
	Ampelstatus mit Kommentierung
	Ausnahmeberichtswesen (Schwellwert-/Statuswert-abhängig)

Im Sinne einer konvergenten Gestaltung der Multiprojektsteuerung sollten die auf Projektebene gesammelten Daten nicht nur auf der Ebene der Projektportfoliosteuerung ausgewertet werden, sondern auch den Projekten selbst für vielfältige Analysen zur Verfügung stehen. Beispielsweise sollten die Einzelprojekte mittels verschiedener grafischer Analysen analysiert werden können. Beispiele hierfür sind automatische erzeugte Meilensteintrendanalysen, Gantt-Diagramme mit integrierter Fertigstellungsverfolgung, grafische Darstellungen von Kostengang- und Kostensummenlinien sowie Kostentrendanalysen.

Ein wesentlicher Erfolgsfaktor ist die effiziente **Sammlung der notwendigen Projektinformationen**. Diese umfasst neben den Projekt- und Arbeitspaketbeschreibungen diverse klassifizierende Informationen, die Projektstruktur, die Daten der Termin- und Ablaufplanung sowie der Kapazitäts- und Kostenplanung.

5.2.5 Unterstützung des Ressourcenmanagements

Das Ressourcenmanagement ist aufgrund seiner Komplexität und der vielen Beteiligten vermutlich der Bereich des Multiprojektmanagements, der am stärksten einer Werkzeugunterstützung bedarf. Das sollte aber niemanden dazu verleiten, sein Ressourcenmanagement an einem Werkzeug auszurichten oder gar an eine Standardsoftware anzupassen. Vielmehr sollte man zunächst ein klares Konzept entwickeln, nach dem man das Ressourcenmanagement betreiben möchte und sich dann eine adäquate Unterstützung hierzu suchen oder selbst schaffen – sprich: entwickeln.

Typische von einem Werkzeug unterstützte Bereiche sind die systemseitige Unterstützung der Ressourcenplanung, -allokation und -steuerung im Rahmen der Projektarbeit. Die Tabelle 5.3 listet typische Anforderungen hierzu auf.

Tabelle 5.3 Anforderungen an eine Werkzeugunterstützung des Ressourcenmanagements

Zuordnung von Ressourcen zu Aufgaben	Zuordnung von Sach- und Personalressourcen, ggf. skillbasierte Zuordnung.
	Unterstützung von Ressourcengruppen unter Berücksichtigung bestimmter Qualifikationen (Skills) oder Rollen
Ermittlung des Ressourcenbedarfs	Aus Projektsicht: Darstellung von Einsatzmittelganglinien
	Aus Sicht des Ressourcenverantwortlichen: Projektübergreifende Einsatzmittelganglinien mit den angeforderten Bedarfen
Ressourcenallokation	Zuordnung konkreter Ressourcen durch den Linien- bzw. Ressourcenverantwortlichen an die anfordernden Projekte
	Darstellung der projektübergreifenden Ressourcenbindung im Zeitverlauf
Zeiterfassung	Erfassung von Projekt- und Linienaufgaben
	Unterstützung bestimmter Ebenen der Zeiterfassung (z. B. tägliche Erfassung auf der Basis von h)
	Beschreibung/Kommentierung der erfassten Zeiten
	Persönliche Zeiterfassung auf Ebene der zugeordneten Arbeitspakete und Programmaufgaben
	Genehmigung durch Projektleiter/Linienvorgesetzten
	Sperrmöglichkeiten für die Zeiterfassung (z. B. für abgeschlossene oder unterbrochene Vorgänge)
Ressourcencontrolling und -steuerung	Auslastungs- und Engpassanalysen
	Warnung bei Überlastungen von Mitarbeitern
	Unterstützung der Qualifizierungsplanung

5.2.6 Dokumentation und Berichtswesen (Portfolio, Programm, Projekt)

Die Erstellung geeigneter Berichte und eine zentrale projektübergreifende Dokumentation gehören zu den wichtigsten Funktionen, die ein modernes Multiprojektmanagementwerkzeug abdecken muss. Um diese Anforderungen erfüllen zu können, sollten das Werkzeug folgende Bereiche abdecken:

- Historisierung von Projektsituationen
- Projekt-Logbuch
- Berichtswesen
    - Leicht verständliche & übersichtliche Berichterstellung
    - aktuelle Informationen über den jeweiligen Stand eines Projektes
    - Integration grafischer Darstellungen (z. B. Gantt-Diagramme)
    - Ampelschaltungen
    - Automatische Benachrichtigung zuständiger Rollenträger (z. B. E-Mail bei Planabweichungen)
- Ggf. Integration von Funktionen des Dokumentenmanagements

Tabelle 5.4 listet wesentliche Anforderungen an das Berichtswesen im Multiprojektmanagement im Überblick auf.

Tabelle 5.4 Anforderungen an eine Unterstützung des MPM-Berichtswesens

Projektberichtswesen	Status der Arbeitspakete (AP-Liste, AP-Fertigstellungsgrad, AP-Termine, AP-Ressourcenverbrauch Plan/Ist/bis Fertigstellung)
	Abweichungsanalyse (Termin-, Aufwands- und Kostenabweichungen, Mengenabweichungen, Inhaltliche Abweichungen)
	Flexible Auswertungsmöglichkeiten (Projektstatusberichte, Portfolioberichte, Problemberichte etc.)
	Automatische Berichtsgenerierung Verteilung
	Ampelstatus mit Kommentierung
	Ausnahmeberichtswesen (Schwellwert-/Statuswert-abhängig)
Elektronische Projektakte	Elektronische Verwaltung aller Projektdokumente und -berichte
	Bi-direktionale Schnittstelle zum bestehenden Dokumentenmanagementsystem (DMS)
	Mehrfachverlinkung der Dokumente ohne redundante Speicherung
	Versionierung von Dokumenten
	Verschlagwortung und Schlagwortsuche.
	Check-in/Check-out-Funktionalität
Portfolio-Berichtswesen	Dashboard (auch für Teilportfolios)
	Kumulierte Auswertungen
	Filterung der Projekte nach unterschiedlichen Kriterien
	Grafische Portfoliodarstellungen nach unterschiedlichen Kriterien (x-/y-Achse, Blasengröße, Einfärbung)

5.2.7 Unterstützung des Projekt- und Projektportfolio-Controllings

Eine MPM-Software sollte vielfältige Möglichkeiten für das Projektcontrolling, sowohl auf der Ebene des Einzelprojektmanagements als auch für das Projektportfoliocontrolling bieten. Dazu gehört insbesondere

- die Unterstützung von Erfolgskontrollen,
- ein projektübergreifendes Nutzencontrolling sowie
- das Identifizieren von Abweichungen.

Im Sinne einer konvergenten Nutzung sollen die im Projekt anfallenden und dokumentierten Informationen gleichermaßen für Controlling- und Steuerungszwecke auf Projekt- als auch auf Multiprojektmanagementebene dienen. Aus diesem Grund sollten die implementierten Instrumente zur Projektanalyse auch ein Pendant auf der Ebene der Multiprojektsteuerung haben. So lässt sich beispielsweise das Kostenmanagement auf Projektebene durch Kostengang- und Summenlinien unterstützen, für das Projektportfoliomanagement könnte darüber hinaus eine projektübergreifende Darstellung der Projektaufwände verwendet werden, um das Budget von Portfolios oder Programmen zu überwachen (s. Abb. 5.6).

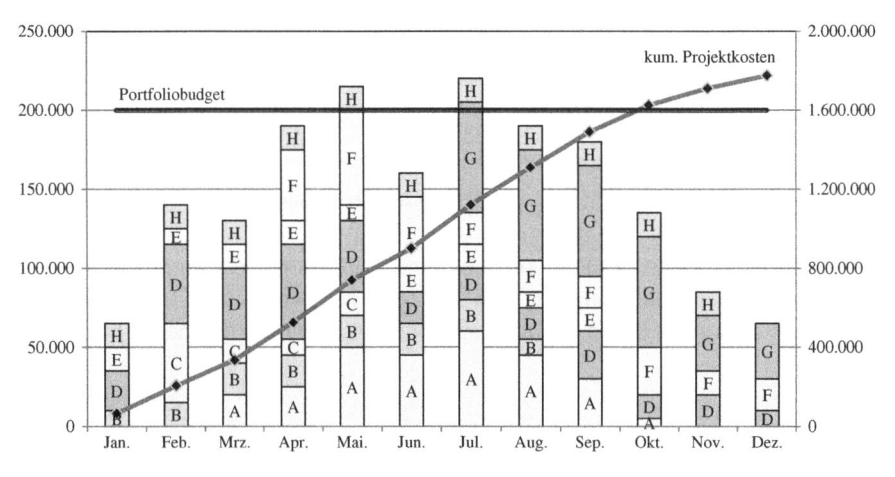

Abb. 5.6 Projektübergreifendes Aufwandsdiagramm

Eine Besonderheit bei dieser Darstellung besteht darin, dass die Segmente der gestapelten Balken, welche die anteiligen Aufwände der einzelnen Projekte ausweisen, nach der Priorität der Projekte sortiert sind (A – Projekt mit höchster Priorität, dann B, C usw.). So lassen sich leicht Fehlallokationen und Ursachen für Budgetüberschreitungen identifizieren und ggf. eliminieren. Im Beispiel ließe sich die Überschreitung des Projektportfoliobudgets von 1,6 Mio. € etwa durch Verzicht auf das Projekt mit der niedrigsten Priorität (Projekt H) vermeiden. Auf den ersten Blick fällt zudem durch diese Darstellung auf, dass mit den Projekten D und G relativ hohe monatliche Kosten gebunden sind, obwohl die beiden Projekte eine mittlere bzw. niedrige Priorität haben.

Eine besondere Bedeutung bei der **Portfoliosteuerung und -überwachung** hat das Identifizieren von Abweichungen in Bezug auf die Termin- und Ablaufplanung, auf den geplanten Leistungsfortschritt und/oder die geplante Aufwandsentwicklung bzw. Ressourcenbindung. Das Identifizieren solcher Abweichungen wird häufig durch unvollständige oder fehlerhafte und somit inkonsistente Statusmeldungen erschwert. Die folgende Abbildung 5.7 verdeutlicht am Beispiel einer projektübergreifenden Ablauf- und Terminsteuerung, wie solche Inkonsistenzen durch eine geeignete Systemunterstützung sichtbar und somit beherrschbar gemacht werden können. Durch eine Farbkodierung lässt sich eine solche Systematik innerhalb einer Multiprojektmanagementsoftware für den Nutzer noch wesentlich übersichtlicher und leichter erschließbar gestalten.

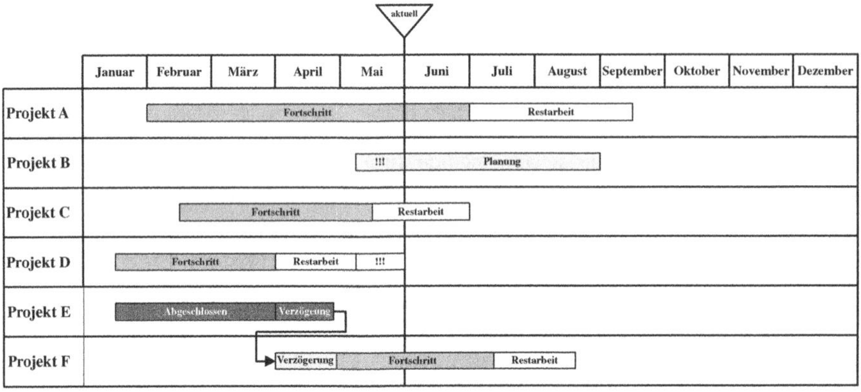

Abb. 5.7 Projektübergreifende Termin- und Fortschrittsüberwachung

Im Beispiel werden die Projektbalken innerhalb des Gantt-Diagramms in verschiedene Segmente aufgeteilt, die sich – wie bereits oben erwähnt – auch sehr gut farblich differenzieren lassen. In Tabelle 5.5 werden die unterschiedlichen Segmente erläutert.

Tabelle 5.5 Segmente eines projektübergreifenden Gantt-Diagramms

Segmentbezeichnung	Beschreibung	Farb-Kode
Planung	Geplante, noch nicht gestartete Projekte	blau
Fortschritt	Zum Berichtszeitpunkt erreichter Fertigstellungsgrad des Projektes (anteilige Strecke in % zwischen Ist-Starttermin und aktuell erwartetem Endtermin des Projektes)	gelb
Restarbeit	Zum Berichtszeitpunkt ermittelter Restaufwand des Projektes in %. Das Segment ergänzt das Fortschrittssegment (s.o.) bis zum aktuell erwarteten Endtermin des Projektes	
Verzögerung	Zeitliche Verzögerung des Projektstarte (z. B. Projekt F) oder des Projektabschlusses (z. B. Projekt E)	blau (Start) dunkelgrün (Abschluss)
Abgeschlossen	Abgeschlossene Projekte	grün
!!!	Diese Segmente weisen auf nicht plausible Projektdaten hin. Hier besteht Handlungs- bzw. Korrekturbedarf!	rot

5.2 Anforderungen an ein Multiprojektmanagementwerkzeug

Schauen wir uns zunächst Projekt A an. Die zeitliche Lage des Projekts ist wie in einem Gantt-Diagramm üblich durch einen Balken dargestellt. Dieser erstreckt sich vom Projektstart bis zum aktuell erwarteten Endtermin, wurde dabei aber anhand des zum Berichtstermin gemeldeten Fortschrittsgrads in zwei Segmente „Fortschritt" und „Restarbeit" aufgeteilt. Die Aufteilung setzt den bisher erreichten Fortschrittsgrad des Projektes optisch in Bezug zur verbrauchten Projektlaufzeit und ermöglicht so eine erste Einschätzung über die Terminsituation bzw. Termintreue des Projekts. Im Beispiel ist der Fortschrittsgrad höher als der anteilige Zeitverbrauch des Projekts, was erst einmal positiv zu bewerten wäre.

Balken mit der Bezeichnung „Planung" kennzeichnen geplante, noch nicht gestartete Projekte. Ein Beispiel hierfür ist Projekt B. Allerdings sieht man bei diesem Projekt, dass der geplante Projektstarttermin vor dem durch die senkrechte Linie angedeuteten aktuellen Berichtszeitpunkt lag. Damit kann sich das Multiprojektmanagement nicht zufrieden geben: hier müsste man beim Projektleiter nachfragen und dieser entweder den tatsächlichen Start des Projektes und den seitdem erzielten Fortschrittsgrad mitteilen oder aber eine Prognose abgeben können, wann denn der – verspätete – Start des Projektes nun zu erwarten ist.

Ein MPM-Werkzeug kann das Multiprojektmanagement an dieser Stelle unterstützen, indem es den Zeitraum zwischen dem in der Vergangenheit liegenden geplanten Starttermin und dem aktuellen Berichtsdatum als nicht plausibel kennzeichnet. In der Beispielabbildung sind solche Segmente mit drei Ausrufezeichen markiert, für eine reale Implementierung ist die Einfärbung solcher Segments in einer Signalfarbe (rot) zu empfehlen, da hier Handlungsbedarf für das Multiprojektmanagement besteht.

Ein zweites Beispiel für inkonsistente Projektdaten kann man bei Projekt D erkennen. Auch hier muss eine fehlerhafte Statusmeldung vorliegen, was ebenfalls durch ein Segment mit drei Ausrufezeichen gekennzeichnet wurde. Bei Projekt D liegt der zuletzt gemeldete voraussichtliche Endtermin bereits in der Vergangenheit, das Projekt ist aber mit einem gemeldeten Fertigstellungsgrad von rund 60 % – zu erkennen am Verhältnis von Fortschritts- und Restarbeitsbalken – noch nicht abgeschlossen. Also wurde entweder versäumt, das Projekt fertig zu melden oder aber einen neuen voraussichtlichen Endtermin festzulegen und diesen an das Multiprojektmanagement zu melden. Auch hier ist Handlungsbedarf gegeben.

Projekte, die bereits abgeschlossen wurden, sind wie zu erwarten am Segment „Abgeschlossen" zu erkennen. Projekt E ist ein Beispiel hierfür. Hier kennzeichnet das Segment „Abgeschlossen" die Zeit zwischen tatsächlichem Projektstart und geplantem Projektende. Es wird ergänzt durch ein zweites Segment für die Zeit zwischen geplantem und tatsächlichem Projektende. Somit ist klar, dass dieses Projekt verzögert beendet wurde. In Multiprojektsituationen ziehen solche Verzögerungen natürlich häufig Folgewirkungen nach sich. Im Beispiel ist dies durch Projekt F angedeutet, dass von Projekt E abhängig ist. Der verzögerte Projektabschluss von E führt zu einem verzögerten Projektstart von F, der durch das erste Segment von F ausgewiesen wird. Im Beispiel hat man dennoch keine negativen Auswirkungen zu erwarten, da trotz der Verzögerung der Projektfortschritt von F deutlich höher ist als der Zeitverbrauch.

Natürlich sind in der Praxis nicht immer so positive Projektverläufe zu erwarten. Dort wird man häufig auch Projekte wie das Projekt C im Beispiel vorfinden. Auch hierbei handelt es sich um ein laufendes Projekt, was am Vorhandensein eines Fortschritts- und eines Restarbeitssegments zu erkennen ist. Auch hier repräsentiert der Beginn des Fortschrittsbalkens den tatsächlichen Projektstart und das Ende des Restarbeitsbalkens das aktuell geplante Projektende. Die Festlegung der Segmentgrenze erfolgt in Abhängigkeit des gemeldeten Fertigstellungsgrads und ermöglicht so einen groben Vergleich mit dem Statusdatum, das durch die senkrecht gestrichelte Linie angezeigt wird. Im Beispiel wäre somit das Projekt C in Verzug, während das Projekt A gut in der Zeit liegt.

Das Beispiel zeigt, wie ein Werkzeug mit einfachen grafischen Mittel dem Multiprojektmanagement die Analyse des Projektportfolios erleichtern kann. Durch die Segmente kann zudem leichter differenziert werden, wo die Statusinformationen inkonsistent und wo reale Abweichungen zum Plan aufgetreten sind. Im Falle von (echten) Abweichungen sind entsprechende Gegenmaßnahmen zu entwickeln und zur Entscheidung zu führen. Eine wichtige Aufgabe wäre dann zudem in ggf. notwendigen Anpassungen der Ressourcenzuweisung zu sehen.

5.2.8 Unterstützung der Multiprojektsteuerung

Für die aktive Multiprojektsteuerung sollte ein Werkzeug vor allem die Planung, Priorisierung, Steuerung & Kontrolle aller Projekte durch geeignete Darstellung, Analysemöglichkeiten und Berichte unterstützen.

Vorrangig gefragt ist meist eine projektübergreifende Darstellung der Termin- und Ablaufplanung. Ein besonders wichtiger Aspekt ist in diesem Kontext natürlich auch die Dokumentation und Darstellung projektübergreifender Abhängigkeiten.

Ebenfalls stark gefordert ist eine Unterstützung des Aufwands- und Kostenmanagements auf Programm- und/oder Projektportfolioebene. Die in diesem Bereich geforderten Funktionen können aber zuweilen auch über bereits bestehende Controlling-Instrumente und ERP-Systeme abgedeckt werden.

Generell sollte die Werkzeugunterstützung flexible Planungen und ggf. auch das Durchspielen unterschiedlicher Eingriffsmöglichkeiten im Sinne von Szenarien ermöglichen.

Unterentwickelt ist dagegen bei den meisten MPM-Werkzeugen die Unterstützung des projektübergreifenden Risikomanagements. Ein Projektportfolio unterliegt in der Regel einer hohen Dynamik. Aus diesem Grunde greifen statische Risikobetrachtungen zu kurz, so dass eine systemunterstützte, dynamische Steuerung projektübergreifender Risiken gute Dienste leisten könnte.

5.2.9 Unterstützung der Prozesse (Workflow)

Gerade das Multiprojektmanagement ist auf funktionierende Prozessabläufe angewiesen. Von daher ist eine Automatisierung dieser Abläufe ein kritischer Erfolgsfaktor für eine erfolgreiche Multiprojektsteuerung. Im Einzelnen gehören dazu die folgenden Aspekte:

- Abbildung der gesamten Projektmanagementprozesse (Workflows) von der Projektinitiierung bis zum Projektabschluss
  - Projektplanungsprozess
  - Projektgenehmigungsprozess
  - Projektsteuerungsprozess
  - Änderungsprozess
  - Berichts- und Controllingprozesse
  - Abnahmeprozesse
  - Projektabschlussprozess
- Unterstützung von Vorgehensmodellen (z. B. V-Modell XT)
  - Unterstützung unterschiedlicher Projekttypen (Organisationsprojekte/Studien/Entwicklungsprojekte)
  - Unterstützung unterschiedlicher Vorgehens- und Phasenmodelle (z. B. V-Modell XT)
  - Hinterlegung von Standardvorlagen

5.2.10 Unterstützung des Projektwissensmanagements

Das Projektwissensmanagement ist auch werkzeugseitig noch relativ unterentwickelt. In einer vom Autor mitkonzipierten Softwarelösung für das Multiprojektmanagement wurden bereits einfache Konzepte für ein Projektwissensmanagement implementiert, die sich im praktischen Einsatz bewährt haben und so als Anregung und Maßstab für andere Systeme dienen können. Basis für das Projektdokumentations- und -wissensmanagement ist dabei eine standardisierte Projektdokumentation als eine Art von Wissensakquisition. Über das System können vordefinierte Statusberichte erzeugt und in verschiedenen Speicherformen, z. B. als PDF-Dokument abgelegt werden. Zu Statusterminen wird mit der Erzeugung eines sogenannten Projektstatusberichtes ein aktuelles Abbild aller wesentlichen Projektdaten und Statusinformationen historisiert und in einer Projekthistorie abgelegt. Auf dieser Art und Weise kann man die Entwicklung des Projektes anhand aller relevanten Informationen über die einzelnen Statustermine auch zu einem späteren Zeitpunkt jederzeit verfolgen. Aus diesen historischen Projektdaten können bei Bedarf automatisch Trendanalysen erzeugt werden, z. B. eine Meilensteintrendanalyse. Da der standardisierte Projektbericht auch über jeweils einen Ampelstatus für den Gesamtstatus, den Fertigstellungsstatus, den Termin- und Aufwandsstatus sowie über den Risikostatus des Projektes verfügt, können sich der Projektleiter ebenso wie der Portfoliomanager jederzeit einen schnellen Überblick über die Entwicklung des Projektes im zeitlichen Ablauf verschaffen.

Ein wesentliches Element für ein einfaches Projektwissensmanagement stellen Projektlogbücher dar. Die Unterstützung der Projektdokumentation und eines vereinfachten Projektwissensmanagements kann vergleichsweise einfach über ein

Logbuchkonzept und die semantische Verknüpfung der Logbucheinträge realisiert werden. Bei einer konkreten Systemimplementierung wurden gute Erfahrungen mit einem generisches Konzept gemacht, bei dem mandantenspezifische Typen von Logbucheinträgen festgelegt werden, zu denen dann individuelle Einträge vorgenommen werden können. Die Hoheit über einen konkreten Logbucheintrag hat dabei der Ersteller, nur für Ausnahmefälle ist eine Veränderung oder ein Löschen der Einträge durch Administratoren vorgesehen. Den Logbucheinträgen können auch Dokumente zugeordnet werden, die entweder in der Datenbank der MPM-Software oder in einem Dokumentenmanagementsystem abgelegt werden. Diese Dokumente sollten auch verschlagwortet werden können. Suchfunktionen für Logbucheinträge und Dokumentanhänge vervollständigen das Konzept und ermöglichen ein einfaches Information Retrieval.

Im **Intranet** sollten darüber hinaus Regelungen, Zuständigkeiten, Prozessbeschreibungen, Vorlagen und Dokumentationen (Gremien, Projekte) zur Projektarbeit für alle Beteiligten hinterlegt werden.

5.2.11 Technische Anforderungen

Jedes Unternehmen stellt andere technische Anforderungen an ein MPM-Tool. Im Folgenden (siehe Tabelle 5.6) sind typische technische Standards aufgelistet, zu denen Vorgaben existieren, die ein Werkzeug unterstützen bzw. mit denen es kompatibel sein muss.

Tabelle 5.6 Beispiele für technische Anforderungen an ein MPM-Werkzeug

Technisches Merkmal	Mögliche Ausprägungen
Betriebssysteme	Server: Linux, Unix, ...
	Client: Windows, Linux, ...
Datenbank-Management-Systeme	DB2, Oracle, PostgresSQL, MySQL, ...
E-Mail-Schnittstelle	Microsoft Exchange Server, Lotus Notes, ...
Web-Server	Apache, Tomcat, ...
Browser	Internet Explorer, Firefox, Safari, ...
Office-Integration	
...	

So sollte beispielsweise spezifiziert werden, auf welchen Servern die Anwendung betrieben werden darf. Die unternehmensspezifischen Anforderungen an Server-Betriebssysteme und andere Komponenten sind zu spezifizieren.

Weiter muss angegeben werden, wenn das System besondere Architekturanforderungen, wie z. B. einen Web-, Thin-Client- oder Terminalserver-Zugriff, erfüllen muss. Gleiches gilt für die Netzwerkumgebung, in der das System eingesetzt werden soll. Besondere Anforderungen (z. B. der Betrieb in einem Wide Area Network oder besondere Anforderungen an die Verschlüsselung der Datenübertragung) müssen dokumentiert und separat geprüft werden.

Ein ganz wesentlicher Aspekt ist die Fähigkeit zur Integration des MPM-Werkzeugs in die bestehende Anwendungslandschaft eines Unternehmens. Ein Werkzeug zur Unterstützung der Projektarbeit im Unternehmen muss im Normalfall an verschiedene andere Systeme im Unternehmen angebunden werden. Eine Anbindung an ein existierende Enterprise Ressource Planing System (ERP-System) ist praktisch eine Standardanforderung, die ein gutes MPM-System erfüllen muss. Dabei ist in der Regel insbesondere eine gute Integration mit den Planungs-, Buchhaltungs- und Kostenrechnungskompenenten des ERP-Systems gefordert. In der Praxis müssen aber meist noch weitere Integrationsaufgaben bewältigt werden. Wichtig ist beispielsweise auch eine Abdeckung der Leistungs- und Rechnungserfassung. Dies muss nicht unbedingt innerhalb des MPM-Werkzeugs geschehen, allerdings ist dann die Systemintegration mit diesem sicherzustellen. Weitere typische Schnittstellen eines MPM-Werkzeugs bestehen zur Zeiterfassung, dem Dokumentenmanagement, dem Archiv, zu Workflow- und E-Mail-Systemen oder auch zu Kollaborations- und Wissensmanagementsystemen im Unternehmen.

Sinnvoll ist auch die Anforderung an den Hersteller, seine Software im Rahmen eines Versionsmanagements mit einem definierten Aktualisierungsprozess regelmäßig, zeitnah und zuverlässig zu aktualisieren. Dies gilt im Grundsatz für Softwareänderungen an allen oben aufgeführten Komponenten, insbesondere aber für sicherheitsrelevante Komponenten, wie z. B. den Webbrowser.

5.3 Auswahl und Einführung einer MPM-Software

Die Einführung einer Werkzeugunterstützung für das Multiprojektmanagement gestaltet sich leider häufig sehr schwierig. Wie bei anderen Anwendungsfeldern auch – man denke nur an den Bereich der ERP-Systeme – neigen viele Entscheidungsträger nach wie vor dazu, sich nach dem marktbeherrschenden Anbieter zu erkundigen und sich dessen Softwarelösung demonstrieren zu lassen. Ist der Gesamteindruck bis hierin gut, wird die Lösung dann oft in der Hoffnung beschafft, dass sich funktionale Defizite entweder nachbessern oder durch Anpassung der Unternehmensprozesse an die Software ausbügeln lassen.

Orientierung zur Werkzeugauswahl können einschlägige Studien geben. So veröffentlich beispielsweise die **Meta Group** in regelmäßigen Abständen Übersichten geeigneter Werkzeuge für das Projektportfoliomanagement. Diese Übersichten haben prinzipiell den in Abb. 5.8 dargestellten Aufbau.

Eine ähnliche Untersuchung wird in regelmäßigen Abständen auch durch die Gartner Group veröffentlicht (s. Abb. 5.9).

Solche Analysen sind bezüglich ihrer Bewertungen leider nicht immer gut nachzuvollziehen und auch in ihrer Darstellung nicht immer intuitiv verständlich. Insbesondere ist bei den diversen vorliegenden Analysen die Einordnung der Werkzeuge in die Toolkategorien PPM- und PM-Werkzeuge teilweise nicht ganz nachzuvollziehen. Gleichwohl genießen sie in interessierten Unternehmen eine hohe Aufmerksamkeit.

Abb. 5.8 Marktpositionierung von MPM-Werkzeugen (angelehnt an Meta Group 2002, veröffentlicht in COMPUTER ZEITUNG 26/2004)

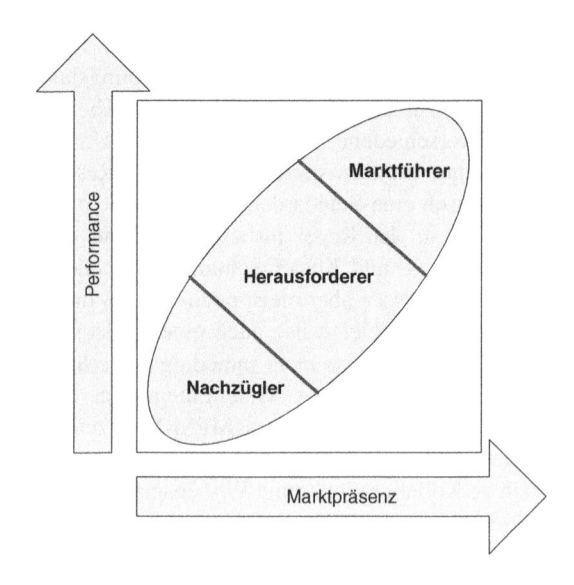

Abb. 5.9 Gartner-Portfolio zur Einordnung von Werkzeugen und Anbietern (Angelehnt an Light und Stang 2005. In der Originalquelle wird ein Portfolio mit den dargestellten Achsen und Quadranten zur relativen Positionierung konkreter Anbieter und Werkzeuge genutzt.)

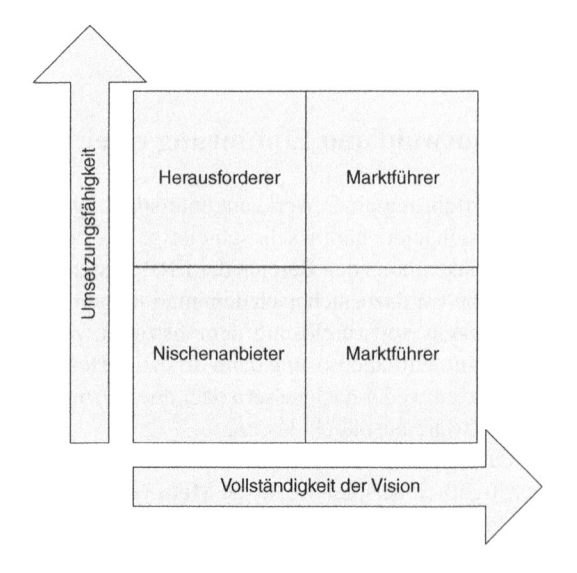

Da sich der Anbietermarkt für Projektmanagementwerkzeuge schnell weiterentwickelt und verändert, erscheint es nicht sinnvoll, im Rahmen eines Buches eine Analyse vorzunehmen. Sie wäre einerseits schnell veraltet und könnte andererseits kaum auf spezifische Anforderungen einzelner Anwender eingehen. Stattdessen seien an dieser Stelle einige gute Quellen für entsprechende Informationen genannt:

5.3 Auswahl und Einführung einer MPM-Software

- BARC-Studie von Ahlemann und Meyer[4]
- Gartner's 2010 IT PPM Magic Quadrant[5]
- Forrester-Wave-Research-Studie[6]
- GPM-Fachgruppe „Software für PM-Aufgaben"[7]
- Übersichten im Projektmagazin (www.projektmagazin.de)
- Software-Rezensionen in der PM aktuell (www.pmaktuell.org)

Statt einfach nur auf marktgängige Lösungen oder solche von Anbietern zu setzen, die bereits andere Module im Unternehmen platziert haben, sollte man wesentliche Anforderungen an das Werkzeuge ernsthaft und angemessen prüfen, bevor man sich für eine – meist recht kostenintensive – Lösung entscheidet. Eine gute Hilfestellung gibt hierzu Ahlemann, der sich über Jahre hinweg intensiv mit PM-Werkzeugen auseinandergesetzt hat. Das folgende Portfolio (siehe Abb. 5.10) zeigt beispielhaft auf, wie man funktionale Anforderungen anhand des erwarteten Implementierungsrisikos sowie des geschätzten Implementierungsaufwands klassifizieren kann. Für alle vier Felder des Portfolios kann dann eine Normstrategie abgeleitet werden, anhand derer die Prüfung und Vorauswahl der Software erfolgen sollte.

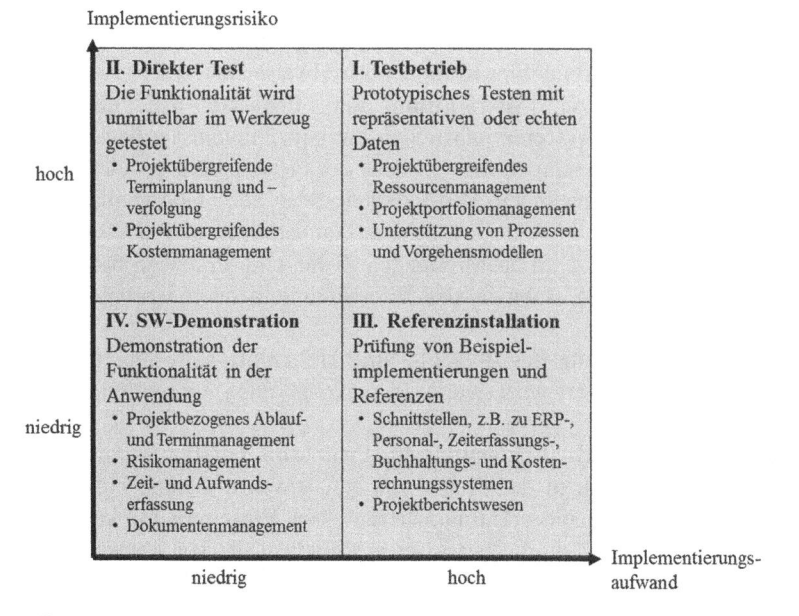

Abb. 5.10 Normstrategien zur Prüfung der Werkzeugeignung (angelehnt an Ahlemann 2008)

---

[4]Meyer und Ahlemann (2010).
[5]Stang (2010), erhältlich über Gartner (www.gartner.com).
[6]Visitacion und DeGennaro (2009).
[7]Siehe http://www.gpm-ipma.de/know_how/fach_und_projektgruppen/software_fuer_pm_aufgaben.html

5.4 Einsatz in der Praxis

Die Erfahrungen mit einer konkret für das Multiprojektmanagement entwickelten Software in der Praxis zeigen, dass die Grundidee einer konvergenten Gestaltung des organisationsweiten Projektmanagements in vielen Punkten abhängig von einer geeigneten Softwareunterstützung ist. Die Software wurde mit dem Ziel entwickelt, jene kritischen Bereiche besonders zu unterstützen, bei denen üblicherweise die Gefahr von Divergenzen zwischen der übergreifenden Steuerung des Projektportfolios und der operativen Einzelprojektabwicklung besonders hoch ist. Nachfolgend werden die in der Praxis gemachten Beobachtungen und Erfahrungen kurz beschrieben.

Die systemunterstützte, regelbasierte **Priorisierung** der Projekte stellt in Organisationen mit einer großen Anzahl von Projekten nahezu die einzige praktisch umsetzbare Möglichkeit dar, um Projektprioritäten nicht nur einmalig zu ermitteln und festzulegen, sondern diese auch in kurzen Zyklen zu überprüfen und ggf. zu aktualisieren. Positiv wurde vor allem auch die Nachvollziehbarkeit des Priorisierungsverfahren bewertet, selbst wenn die verwendete Priorisierungslogik im Einzelfall relativ komplex und verschachtelt aufgebaut war.

Als sehr hilfreich erwies sich die Möglichkeit, verschiedene Kriterien in Form einer **Portfoliografik** gegenüberzustellen und zu visualisieren. Allerdings stellte sich hier heraus, dass die Anwendung dieser Portfoliodarstellungen die Nutzer in den Unternehmen aufgrund ihrer Komplexität teilweise überforderte.

Die Funktionen zur **Ausrichtung der Projekte auf übergreifende (Unternehmens-) Zielsysteme** haben sich zwar im Piloteinsatz bewährt, wurden aber von keinem Unternehmen zum Zwecke der Priorisierung genutzt. Ein Grund hierfür ist in der mangelnden Verfügbarkeit oder aber Operationalisierbarkeit der übergreifenden Zielsysteme zu sehen. Zum anderen war der Gedanke der Ausrichtung der Projekte an übergreifenden Zielen und Strategien für die meisten Organisationen, die im Rahmen der Priorisierung beraten wurden, noch sehr ungewohnt.

Die **Standardisierung des Berichts- und Informationswesens**, die über den Softwareeinsatz gefördert wird, wurde in praktisch allen Anwendungsfällen sehr positiv bewertet.

Das **Konzept zur Historisierung von Projektinformationen** zu bestimmten Statusterminen hat sich in der Praxis sehr gut bewährt. Gerade dieses Konzept kann offenbar sehr zu einer Harmonisierung von Einzelprojekt- und Multiprojektsteuerung beitragen, da die historischen Projektstände von beiden Ebenen für Analyse- und Steuerungszwecke genutzt werden können. Zudem hat sich bewährt, diese Historisierung auf Teilinformationen einschränken zu können: So können „Snapshots" des Projektes z. B. auf Termin- und Fertigstellungsdaten einerseits oder Kosten- und Aufwandsdaten andererseits beschränkt werden. Dies ist immer dann hilfreich, wenn eine Aktualisierung der Termine bzw. Fertigstellungsgrade zu einem anderen Zeitpunkt durchgeführt wird als die Aktualisierung der Projektaufwendungen. Für die Zukunft könnte auch die Historisierung der Leistungs- und

Terminsicht noch differenziert werden, sodass alle Zieldimensionen im magischen Dreieck bei Bedarf unabhängig voneinander historisiert werden könnten.

Sehr positiv aufgenommen wurden auch die implementierten Instrumente zum **Projektcontrolling**. Insbesondere die automatisch auf Basis der historischen Daten ermittelten Meilensteintrendanalysen wurden als sehr hilfreich bewertet. Im Bereich des Controllings der Projektaufwände hat sich die Erkenntnis manifestiert, dass hierfür sowohl grafische Analyseinstrumente wie Kostengang- und Kostensummenlinien als auch tabellarische Auswertungen nachgefragt werden. Für individuelle Analysen hat sich der in der Software implementierte Abfragegenerator bewährt, mit dessen Hilfe flexible Auswertungen auf den Projektposten ermöglicht wurden. Die Projektposten sind dabei das zentrale Instrument zur Speicherung projektbezogener Mengen und Werte, in den gleichermaßen Aufwands-, Nutzen- oder andere Projektbewertungsgrößen abgelegt werden können. Mit dem Instrument des Abfragegenerators können also gleichermaßen mengen- und wertbezogene Informationen ausgewertet werden, wobei sowohl auf die aktuellen Daten als auch auf historische Datenstände zurückgegriffen werden kann. Die Idee dieses Ansatzes kann man gewissermaßen als Versuch ansehen, ein Business-Intelligence-Werkzeug (BI-Werkzeug) auf der Basis der Multiprojektdaten bereitzustellen. Im Übrigen sind inzwischen auch bei einigen Firmen ähnliche Konzepte zu beobachten. So überlegt derzeit das Projektportfoliomanagement eines großen IT-Dienstleisters, die Projektanalysen und -berichte nicht mehr aus der MPM-Software zu generieren, sondern aus einem BI-Werkzeug, das auch für Berichtszwecke des Kunden eingesetzt wird.

Literaturangaben

Ahlemann F (2008) Projektmanagement-Systeme: Anforderungen, Produktklassen und Markttrends. Vortrag. 5. Fachtagung Multiprojektmanagement, Bergisch-Gladbach, 3.8.2008

Deutsches Institut für Normung e.V. (2009) DIN 69901. In: Deutsches Institut für Normung e.V. (Hrsg.) Projektmanagement – Netzplantechnik und Projektmanagementsysteme. Normen. DIN-Taschenbuch 472. Beuth, Berlin

Light M, Stang D (2005) Magic Quadrant for IT Project and portfolio management. Gartner Research Report G00129208 vom 22.6.2005

Meta Group (2002) The business of IT portfolio management: Balancing risk, innovation, and ROI. White Paper, Meta Group, Stamford, CT.

Meyer M, Ahlemann F (2010) Project management software systems. Requirements, Selection Process and Products, 6. Auflage. BARC, Würzburg

Schönwälder S (1997) Portfoliomanagement für betriebliche Informationssysteme: ein computergestützter Ansatz zur partizipativen Einführung und Gestaltung. Dissertation, Deutscher Universitätsverlag, Wiesbaden

Seidl J (2007) Konvergentes Projektmanagement (KPM). Konzepte der Integration von Projektportfoliosteuerung und operativem Programm- und Projektmanagement. Dissertation, Universität Bremen

Seidl J, Aubermann M (2005) Konvergentes Projektmanagement (KPM) – Konzepte zur Integration von Projektportfoliomanagement und operativem Projektmanagement. In: Frick A, Kerber G, Marre R (Hrsg.) Dokumentationsband zur interPM 2005 – Entrepreneurship im Projektmanagement, dpunkt, Heidelberg, S 121–138

Stang D (2010) Magic quadrant for IT project and portfolio management. Gartner Research Note G00200907, 7. Juni 2010

Visitacion M, DeGennaro T (2009) The Forrester wave: Project portfolio management for application development & program management professionals. Q4 2009

Kapitel 6
Einführung und Weiterentwicklung

Wie führt man Multiprojektmanagement erfolgreich ein? Wie kann man das Projektmanagementsystem des Unternehmens verbessern und kontinuierlich weiterentwickeln? Zu diesen Fragen gibt es sich keinen Königsweg, aber zumindest einige hilfreiche Orientierungshilfen. Im vorliegenden Kapitel werden Vorschläge zur Durchführung einer Standortbestimmung, der Festlegung von Handlungsschwerpunkten sowie zur Implementierung und Weiterentwicklung des Multiprojektmanagements im Unternehmen gegeben.

6.1 Vorgehensweise

Die Einführung bzw. die Weiterentwicklung des Multiprojektmanagements ist ein komplexes Vorhaben, da es organisationsweite Wirkungen hat und auf entsprechend vielfältige Interessen, Meinungen und Haltungen bei den unterschiedlichen Interessengruppen trifft.

Daraus leiten sich zwei Empfehlungen für die Praxis ab. Zum einen sollte eine bewährte und erprobte Vorgehensweise gewählt werden, um die Aufgabe zu bewältigen. Hierzu bietet sich das in Abbildung 6.1 dargestellte Phasenmodell (Abb. 6.1) an:

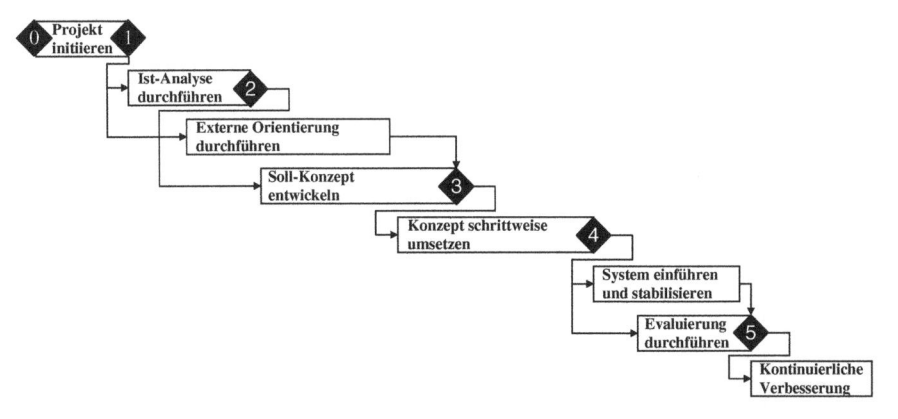

Abb. 6.1 Idealtypisches Vorgehen bei der Einführung von Multiprojektmanagement (angelehnt an Frick und Raab, 2009, S. 2263)

Die Einführung einer Multiprojektsteuerung in ein Unternehmen erfüllt selbst alle Kriterien eines Projekts. Aus diesem Grund wird dringend empfohlen, dieses schwierige Unterfangen auch in Projektform zu initiieren und anzugehen.

Nachdem das Projekt aufgesetzt wurde, muss zunächst einmal eine Bestandsaufnahme durchgeführt werden. Multiprojektmanagement wird nicht eingeführt, wenn nicht schon Mehrprojektsituationen im Unternehmen aufgetreten sind. Das bedeutet aber, dass sich bereits Mechanismen zur Koordination zwischen den Projekten gebildet und möglicherweise etabliert haben, etwa um inhaltliche Abhängigkeiten zwischen Projekten zu behandeln oder Ressourcenkonflikte zu lösen.

Als nächster Schritt empfiehlt sich eine Phase der Orientierung an externen Standards und Best Practices. Möglicherweise können auch Benchmarks hierzu herangezogen werden.

Parallel zur externen Orientierung wird eine Sollkonzeption der ersten Einführungsstufe entwickelt.

Die im Sollkonzept vorgesehenen Elemente des Multiprojektmanagementsystems werden dann schrittweise im Unternehmen implementiert und eingeführt.

Nach der Einführung findet eine Evaluierung des Systems statt, um den Projekterfolg zu bewerten. Danach wird eine Phase zur Stabilisierung des Multiprojektmanagements eingeleitet. Nach der Stabilisierung wird idealerweise ein kontinuierlicher Verbesserungsprozess (KVP) für das Multiprojektmanagementsystem etabliert, der regelmäßig Initiativen zur Weiterentwicklung verfolgt. Als Orientierungsrahmen hierzu kann auch ein Reifegradmodell herangezogen werden.

Bei einem Projekt zur Einführung oder Weiterentwicklung des Multiprojektmanagements in einem Unternehmen sollte aus verschiedenen Gründen ein externer Beratungspartner mit einem entsprechenden Qualifikations- und Erfahrungshintergrund hinzugezogen werden. Veränderungsprozesse lassen sich in der Regel besser

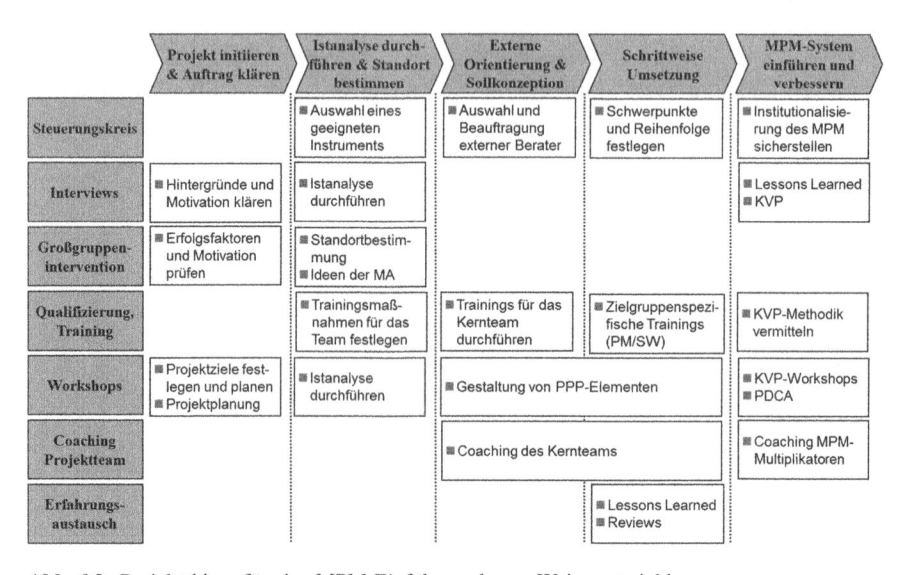

	Projekt initiieren & Auftrag klären	Istanalyse durchführen & Standort bestimmen	Externe Orientierung & Sollkonzeption	Schrittweise Umsetzung	MPM-System einführen und verbessern
Steuerungskreis		■ Auswahl eines geeigneten Instruments	■ Auswahl und Beauftragung externer Berater	■ Schwerpunkte und Reihenfolge festlegen	■ Institutionalisierung des MPM sicherstellen
Interviews	■ Hintergründe und Motivation klären	■ Istanalyse durchführen			■ Lessons Learned ■ KVP
Großgruppenintervention	■ Erfolgsfaktoren und Motivation prüfen	■ Standortbestimmung ■ Ideen der MA			
Qualifizierung, Training		■ Trainingsmaßnahmen für das Team festlegen	■ Trainings für das Kernteam durchführen	■ Zielgruppenspezifische Trainings (PM/SW)	■ KVP-Methodik vermitteln
Workshops	■ Projektziele festlegen und planen ■ Projektplanung	■ Istanalyse durchführen	■ Gestaltung von PPP-Elementen		■ KVP-Workshops ■ PDCA
Coaching Projektteam			■ Coaching des Kernteams		■ Coaching MPM-Multiplikatoren
Erfahrungsaustausch				■ Lessons Learned ■ Reviews	

Abb. 6.2 Projektskizze für eine MPM-Einführung bzw. –Weiterentwicklung

bewältigen, wenn sie von einem Dritten moderiert und begleitet werden. Weiter ist es häufig hilfreich, wenn Widerstände auf einen externen Partner projiziert werden und nicht zu unüberbrückbaren Differenzen innerhalb einer Organisation führen. Darüber hinaus können durch Einbeziehung des Beraters häufig gemachte Fehler beim Vorgehen vermieden und wertvolle Erfahrungen aus anderen Unternehmen genutzt. Die in Abbildung 6.2 dargestellte Projektskizze verdeutlicht beispielhaft, welche Instrumente des Veränderungsmanagements ein Berater in einem solchen Einführungsprojekt anwenden sollte.

Im Folgenden werden die in der Abbildung oben dargestellten Phasen kurz vorgestellt und zusammen mit den eingesetzten Methoden erläutert.

6.2 Projekt initiieren

In der Phase der Auftragsklärung geht es vorrangig darum, die Hintergründe und die Motivation des Auftraggebers in Bezug auf eine Einführung oder Weiterentwicklung des Multiprojektmanagements zu klären. Diese Klärung ist sehr wichtig, da bei der MPM-Einführung zwar bestimmte Grundmotive immer wieder auftauchen aber die individuelle Situation in den Unternehmen in der Regel sehr verschieden ist. Insbesondere Promotoren und Gegner einer solchen Initiative sollten im Rahmen einer Umfeld- bzw. einer Stakeholder-Analyse genauestens betrachtet, werden, bevor man mit dem Vorhaben startet. Als Instrument für die Auftragsklärung erscheinen Interviews mit dem Initiator bzw. Auftraggeber sowie weiteren wichtigen Interessengruppen als am besten geeignet.

Um dagegen eine Gesamteinschätzung der spezifischen Situation vornehmen zu können, kann man Methoden der Großgruppenintervention, wie z. B. eine Open-Space-Konferenz oder das sogenannte World Cafe einsetzen.[1] Die Methode der Großgruppenintervention ermöglicht die Einbeziehung einer großen Anzahl von Vertretern aus verschiedenen vom Multiprojektmanagement betroffenen Bereichen. Sie erfordert eine intensive Vorbereitung und Durchführung durch einen erfahrenen Moderator. Im Ergebnis können durch diesen methodischen Ansatz die Interessen und Motive der Beteiligten offengelegt und dokumentiert werden. Widerstände und Bedenken können identifiziert und festgehalten werden. Damit sollte eine Beurteilung der wichtigsten Erfolgsfaktoren für das MPM-Projekt möglich sein. Zudem können durch die Bündelung der Erfahrungen und des kreativen Potenzials der Teilnehmer erste Lösungsideen und -ansätze zur Einführung bzw. Weiterentwicklung von Multiprojektmanagement im Unternehmen gesammelt und dokumentiert werden.

Für die Festlegung der konkreten Zielsetzungen, die mit dem MPM-Projekt erreicht werden sollen, sowie die Ausarbeitung einer Projektplanung kann man auf das bewährte Konzept von Workshops zurückgreifen. Bei der Ausarbeitung der

---

[1] Zur Open-Space-Methode siehe z. B. Owen (2001) und Maleh (2001), zum World Cafe siehe z. B. Brown und Isaacs (2007).

Zielsetzungen sollte möglichst auch eine Abgrenzung des Projekts vorgenommen werden. Dies lässt sich beispielsweise durch Beschreibung der Systemgrenzen des MPM-Systems oder auch durch die Formulierung von Nicht-Zielen für das Projekt erreichen.

Weitere wichtige Ergebnistypen im Rahmen der Auftragsklärung sind die Benennung des Projektleiters sowie die Festlegung der Projektorganisation. Da sowohl die Einführung als auch die Weiterentwicklung von Multiprojektmanagement im Unternehmen als Organisations- bzw. Veränderungsprojekt anzusehen ist, ist im Projektverlauf mit nicht unerheblichen Widerständen zu rechnen. Nicht zuletzt aus diesem Grund ist es zu empfehlen, solche Projekte durch einen externen Berater begleiten und unterstützen zu lassen.

6.3 Ist-Analyse durchführen

Eine Beurteilung des bestehenden Projektmanagementsystems sollte immer der erste Schritt für eine Weiterentwicklung sein. Eine solche Beurteilung kann intern, z. B. in Form eines Selbst-Assessments, oder auch extern, z. B. durch einen Beratungspartner oder eine Zertifizierungsorganisation durchgeführt werden. In jedem Falle sollte eine solche Beurteilung auf der Basis eines soliden Beurteilungsrahmens erfolgen.

Zunächst sollte geklärt werden, mit welchem Instrumentarium die Bestandsaufnahme durchgeführt werden soll und welche Mitarbeiter in die Ist-Analyse eingebunden werden sollen. Die Ergebnisse der Analyse sollten in geeigneter Form, z. B. als Stärken-/Schwächenanalyse, aufbereitet und dargestellt werden. Zudem sollte am Ende der Bestandsaufnahme auch die Notwendigkeit zur Qualifizierung der Mitarbeiter im Projekt selbst abzusehen sein.[2]

Es gibt inzwischen eine Reihe von Beurteilungskonzepten für die Projektwirtschaft, die geeignet sind, Schlussfolgerungen über den Reifegrad des Projektmanagementsystems in einer Organisation zu ziehen. Diese sind in der folgenden Übersicht (Tabelle 6.1) dargestellt.

Die **GPM** und ihre Zertifizierungsorganisation „PM-ZERT" vergeben eine Reihe von professionellen Bewertungen im Projektmanagement, die sich an dem PM-Kanon der GPM orientieren, der wiederum abgeleitet ist vom ICB der IPMA:

- Zertifizierungen von Personen (4-Level-Certification-System der IPMA/GPM, das abgestimmt und synchronisiert in den Mitgliedsländern der International Project Management Association verwendet und wechselseitig anerkannt wird)
- Bewertungen von Projekten/Projektteams (jährlicher Projekt-Award)
- Bewertung des Projektsystems (Kennzahlen zum Projektsystem)
- Bewertungen der PM-Lehrinhalte von Qualifizierungsorganisationen (Prüfsiegel zur Kanon-Kompatibilität des Lehrprogramms)

---

[2]Siehe Frick und Raab (2009, S. 2264 f.)

6.3 Ist-Analyse durchführen

Tabelle 6.1 Beurteilungsansätze für Projektmanagementsysteme

Ansatz	Bezeichnung	Charakterisierung
CMMI®	Capability Maturity Model® Integration	Allgemeines Reifegradmodell, das sich aber auch auf PM-Systeme anwenden lässt. Die Beurteilung des Reifegrads erfolgt durch Assessments
EFQM	EFQM-Modell	Qualitätsmodell der European Foundation of Quality Management. Wurde als Vorlage für das Project Excellence Modell (s.u.) verwendet. Abstrakter, ganzheitlicher Ansatz. Fragebogenbasiert
OPM3®	Organizational Project Maturity Model	Prozessorientiertes Reifegradmodell für das Projektmanagementsystem von Organisationen des Project Management Institute (PMI)
P2MM®	PRINCE2 Maturity Model	Reifegradmodell für Projektmanagement orientiert am PRINCE2 Standard des britischen Office of Government Commerce (OGC)
P3M3®	Portfolio, Programme and Project Management Maturity Model	Reifegradmodell des britischen Office of Government Commerce (OGC), das drei Teilmodelle enthält: Portfolio Management Maturity Model (PfM3) Programme Management Maturity Model (PgM3) Project Management Maturity Model (PjM3)
PMMM	Project Management Maturity Model	1993 vom Software Engineering Institute der Carnegie Mellon. Universität entwickelte Übertragung des CMM-Ansatzes auf den Bereich des Projektmanagements[a]
Project-Excellence-Modell	Project-Excellence-Modell[b]	Aus dem EFQM-Modell abgeleitetes Modell der GPM/ IPMA zur ganzheitlichen Beurteilung einzelner (!) Projekte, das aber in abgewandelter Form auch zur Beurteilung von PM-Systemen genutzt werden kann

[a]Schmidt (2002).
[b]IPMA International Project Management Association (2007).

Ein vergleichbares, breit anerkanntes Zertifikat für Projektmanagementsysteme fehlt dagegen noch. Die GPM/ IPMA hat – im Unterschied zu PMI und OGC – bisher auch kein Reifegradmodell für das Projektmanagement entwickelt. Auch eine einheitliche, anwendbare Norm für eine Zertifizierung von Projektmanagementsystemen ist bisher nicht verfügbar.

Der Autor hat daher in der Beratungspraxis ein eigenes Reifegradmodell verwendet, das die aus dem CMM bekannten Reifegradstufen verwendet und dabei einen Bezug zum Deming-Cycle (Plan-Do-Check-Act) herstellt. Gründe für die Auswahl waren insbesondere die einfache Form und der relativ hohe Bekanntheitsgrad der CMM-Reifegradstufen. Für eine spezifische Beurteilung der

Projektmanagementbelange einer Organisation reicht aber eine Beurteilung des Reifegrades der existierenden Projektmanagementprozesse nach einem allgemeinen Modell nicht aus. Vielmehr sollten die Ist-Prozesse eines Unternehmens auch mit einem Sollmodell der Projektmanagementprozesse abgeglichen werden. Ausgangspunkt für dieses Sollmodell war das M-Modell von Ahlemann,[3] das um den Bezug zum Prozess der Unternehmenssteuerung (Strategieprozess) erweitert und um die nicht notwendige mittlere Ebene des Programmmanagements reduziert wurde.[4] Dieses angepasste S/P/P-Modell ermöglicht so eine sehr gute Einordnung und Beurteilung der Projektmanagementprozesse. Neben den Projektmanagementprozessen mussten aber auch die anderen Elemente des Projektmanagementsystems betrachtet werden, insbesondere die einzelnen Projektmanagementfunktionen. Zu deren Beurteilung wurde im Rahmen des Systemaudits auf die damals gültige und anerkannte DIN-Norm 69904 Projektmanagementsysteme[5] zurückgegriffen.

Auch das Modell des Projektorientierten Unternehmen nach **Gareis**[6] liefert Ansatzpunkte für ein Prozessaudit. Gareis schlägt dabei eine einfache Beurteilung der Managementprozesse im projektorientierten Unternehmen in Form eines Radardiagramms vor. Diese lässt sich einfach anpassen und erweitern und ermöglicht eine gute Visualisierung der Prozessreife (siehe Abb. 6.3).

Die Reifegradstufen können zur Bewertung dann nach der in Tabelle 6.2 dargestellten Einstufung bewertet werden:

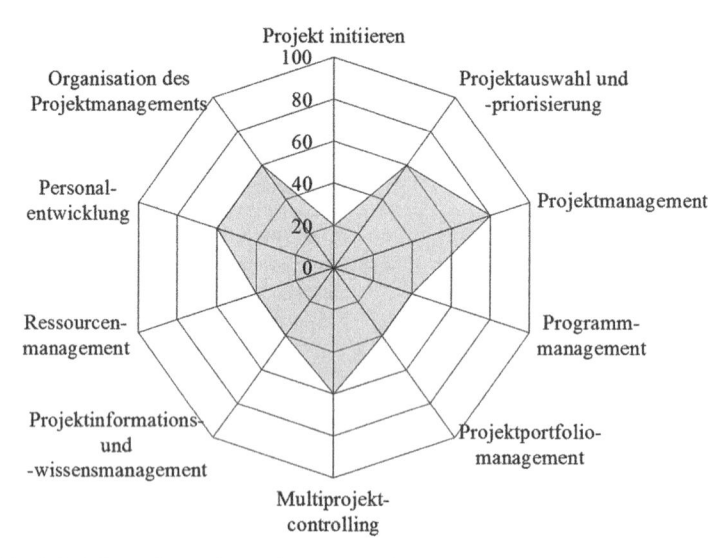

Abb. 6.3 Beispiel zur Beurteilung des Multiprojektmanagementsystems eines Unternehmens (angelehnt an Gareis 2001)

---

[3] Ahlemann (2002).
[4] Vgl. Kapitel 4.3.4 S/P/P-Modell der Projektmanagementprozesse.
[5] Deutsches Institut für Normung e.V. (1980).
[6] Gareis (2001).

6.3 Ist-Analyse durchführen

Tabelle 6.2 Mögliche Reifegradstufen für MPM-Prozesse

Nr.	Stufe	Wert
0	Keine MPM-Prozess	0
1	Intuitiver MPM-Prozess	20
2	Geplanter MPM-Prozess	40
3	Eingeführter MPM-Prozess	60
4	Analysierter MPM-Prozess	80
5	Gesteuerter MPM-Prozess	100

6.3.1 Kriterien für die Güte von Projektmanagementsystemen

Die DIN 69904 fordert von einem Projektmanagementsystem die in Tabelle 6.3 beschriebenen Systemeigenschaften:

Tabelle 6.3 Anforderungen an ein Projektmanagementsystem gemäß DIN 69904

Eigenschaften	Beschreibung
Flexibilität	Das System kann sich kurzfristig an neue oder veränderte Bedingungen anpassen
Universalität	Das System gestattet möglichst vielseitige Verwendung/Nutzung
Modularität	Das System setzt sich aus mehreren Subsystemen zusammen und kann bausteinweise entwickelt und ausgebaut werden. Bei der Prozessgestaltung werden durch die Wahl der Schnittstellen Möglichkeiten geschaffen, die Prozesse technisch zu unterstützen, zu beschleunigen und zu optimieren
Kompatibilität	Systeme, Subsysteme und Elemente sind mit angrenzenden Systemen und Systemteilen anschließbar und verträglich und bieten damit Voraussetzungen für die Strukturbildung und das Entstehen synergetischer Effekte
Transparenz	Das System macht Abläufe und Zusammenhänge sichtbar
Prävention	Das System unterstützt das Arbeitsprinzip „Prävention statt Reaktion"

Für die Beurteilung eines Projektmanagementsystems können darüber hinaus unterschiedliche Qualitätsmerkmale herangezogen werden, die in der folgenden Abbildung 6.4 im Überblick dargestellt sind und nachfolgend beschrieben werden.

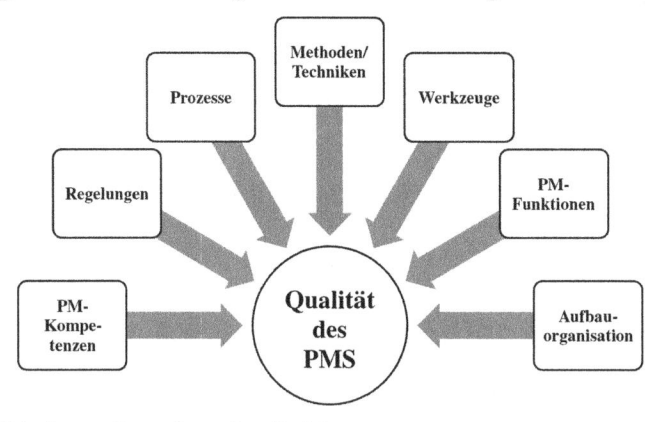

Abb. 6.4 Kriterien zur Beurteilung eines Projektmanagementsystems

6.3.1.1 Projektmanagementkompetenz der Beteiligten

Zur Beurteilung der persönlichen Kompetenzen im Projektmanagement kann ein Zertifizierungsverfahren – wie das der GPM/IPMA – genutzt werden. In diesem Kontext können auch die Projektpersonalentwicklungskonzepte von Unternehmen Gegenstand der Betrachtung sein.[7] Zur Beurteilung der Kompetenz der am Projektmanagementsystem beteiligten Personen kann eine Reihe von Kriterien herangezogen werden. Die GPM prüft bei der Zertifizierung von Projektpersonal grundsätzlich Kompetenz als Kombination von Wissen, praktischer Erfahrung und dem Verhalten der Zertifikanden. Die Qualifizierung basiert auf der IPMA Competence Baseline (ICB), deren Kompetenzelemente nachfolgend dargestellt werden.[8]

Umfassend beurteilt werden können diese Faktoren nur auf der Basis von dokumentierten Kompetenznachweisen, z. B. Zertifikaten, Weiterbildungsnachweisen etc. Im Rahmen von allgemeinen Auditierungen von Projektmanagementsystemen können hingegen i. d. R. nur punktuelle Eindrücke einzelner Kompetenzen von Rollenträgern im Projektmanagement aufgenommen werden.

6.3.1.2 Projektmanagementfunktionen

Ein Schwerpunkt des Audits liegt bei der Betrachtung derjenigen Funktionen, die für ein effektives und effizientes Projektmanagementsystem notwendig sind. Die funktionalen Anforderungen wurden dabei aus einschlägigen Standards im Projektmanagement abgeleitet. Als Gliederung für diesen Bereich wurde die DIN 69904 „Projektmanagementsysteme" gewählt (siehe Tabelle 6.4).

Überprüft wurde die Abdeckung der notwendigen Funktionen innerhalb des jeweiligen Projektmanagementsystems. Dabei wurde auch die Relevanz der Funktionen für das jeweilige Unternehmen bzw. die jeweilige Organisation jeweils kritisch hinterfragt.

6.3.1.3 Projektmanagementprozesse

Auf der Ebene der Prozesse kann zunächst überprüft werden, ob und in welchem Maße die für ein Projektmanagementsystem gebotenen Sollprozesse abgedeckt und implementiert sind. Zur Überprüfung dieses Punktes wird das S/P/P-Modell als Soll-Prozess-Modell herangezogen, das einschlägige Normen und Standards im Projektmanagement berücksichtigt.

Anhand dieses Referenzmodells werden die Ist-Prozesse im Projektmanagement bei den im Rahmen von Auditierungen bzw. Assessments untersuchten Organisationen auf ihre Effektivität und Effizienz – kurz: ihre Angemessenheit – hin überprüft.

---

[7] Beispielhaft sei an dieser Stelle auf das Personalentwicklungskonzept der Postbank Systems AG verwiesen, siehe hierzu Gessler und Thyssen (2006).
[8] IPMA International Project Management Association (2006).

6.3 Ist-Analyse durchführen

Tabelle 6.4 Kompetenzelemente der ICB3[a]

1	PM-technische Kompetenzelemente	2	PM-Verhaltenskompetenz-Elemente	3	PM-Kontextkompetenz-Elemente
1.01	Projektmanagementerfolg	2.01	Führung	3.01	Projektorientierung
1.02	Interessierte Parteien	2.02	Engagement und Motivation	3.02	Programmorientierung
1.03	Projektanforderungen und Projektziele	2.03	Selbststeuerung	3.03	Portfolioorientierung
1.04	Risiken und Chancen	2.04	Durchsetzungsvermögen	3.04	Einführung von Projekt-, Programm- und Portfoliomanagement
1.05	Qualität	2.05	Entspannung und Stressbewältigung		
1.06	Projektorganisation	2.06	Offenheit	3.05	Stammorganisation
1.07	Teamarbeit	2.07	Kreativität	3.06	Geschäft
1.08	Problemlösung	2.08	Ergebnisorientierung	3.07	Systeme, Produkte und Technologie
1.09	Projektstrukturen	2.09	Effizienz		
1.10	Leistungsumfang und Lieferobjekte	2.10	Beratung	3.08	Personalmanagement
1.11	Projektphasen, Ablauf und Termine	2.11	Verhandlungen	3.09	Gesundheit, Arbeits-, Betriebs- und Umweltschutz
		2.12	Konflikte und Krisen		
1.12	Ressourcen	2.13	Verlässlichkeit		
1.13	Kosten und Finanzmittel	2.14	Wertschätzung	3.10	Finanzierung
1.14	Beschaffung und Verträge	2.15	Ethik	3.11	Rechtliche Aspekte
1.15	Änderungen				
1.16	Überwachung und Steuerung, Berichtswesen				
1.17	Information und Dokumentation				
1.18	Kommunikation				
1.19	Kommunikation				
1.20	Projektabschluss				

[a]IPMA International Project Management Association (2006).

Für diese Sollprozesse wird dann eine Reifegradbeurteilung in Anlehnung an das Capability Maturity Modell (CMM) vorgenommen.

6.3.1.4 Aufbauorganisation des Projektmanagements

Eine Beurteilung der aufbauorganisatorischen Verankerung des Projektmanagements kann hinsichtlich ihrer Angemessenheit und Effizienz erfolgen. Die dazu notwendigen Analysen sind mit dem üblichen Umfang von Audits bzw. Assessments nicht vereinbar und wurden daher ausgeklammert.

6.3.1.5 Regelungen im Projektmanagementsystem

Eine schwierige Aufgabe ist die Beurteilung der Effizienz und Effektivität der Regelungen in einem Projektmanagementsystem. Der Bereich der Regelungen ist stets dem Zielkonflikt zwischen schlanker Administration und hoher Qualität ausgesetzt. Ein für alle Unternehmen gültiges Optimum für dieses Spannungsfeld existiert nicht, womit auch ein Benchmarking nur begrenzt sinnvoll ist. Daher muss die

Bewertung vor dem Hintergrund der aktuellen Unternehmenssituation vorgenommen werden. Eine Bewertung kann erfolgen anhand der Kriterien:

- Regelungsqualität,
- Regelungsgrad und
- Regelungseffizienz.

6.3.1.6 Anwendung von Methoden und Techniken im Projektmanagement

Eine weitere Beurteilungsmöglichkeit des Projektmanagementsystems ist in der Kenntnis und Anwendung geeigneter Methoden und Techniken des Projektmanagements zu sehen. Die Auditierung kann in diesem Zusammenhang die allgemeine Methodenkenntnis und insbesondere die praktische Anwendung von Methoden und Techniken im Projektmanagement erfassen und berücksichtigen.

6.3.1.7 Werkzeugunterstützung im Projektmanagement

Auch der Einsatz von unterstützenden Werkzeugen und Tools im Projektmanagementsystem kann separat untersucht und beurteilt werden. Da dieser Aspekt nicht den Schwerpunkt von Auditierungen darstellt, wurden im Rahmen der Untersuchungen lediglich Hinweise zum

- Unterstützungsgrad bzw.
- Automatisierungsgrad

gesammelt und in der Gesamtbewertung berücksichtigt.

6.3.2 Auditierung von Projektmanagementsystemen

Die Auditierung ist eine systematische und unabhängige Untersuchung, um festzustellen, ob

- die PM-bezogenen Tätigkeiten und die damit zusammenhängenden Ergebnisse den geplanten Anordnungen entsprechen,
- diese Anordnungen tatsächlich verwirklicht werden und
- Anordnungen und Tätigkeiten geeignet sind, die Ziele zu erreichen.

Nicht alle der zuvor identifizierten und beschriebenen Qualitätskriterien können in sinnvoller Weise im Rahmen von Auditierungen und Assessments bewertet werden. Der Schwerpunkt der Untersuchungen wurde vielmehr auf die Beurteilung der *PM-Funktionen* und der *PM-Prozesse* gelegt. Daneben wurden im Rahmen der Befragungen recht umfassende Eindrücke zu den bei den untersuchten Unternehmen eingesetzten *Instrumenten* gesammelt. Die Betrachtung von Instrumenten führt dabei zu einer Verbindung der Kriterien: Werkzeugeinsatz und Methodenanwendung, die sonst in der praktischen Anwendung schwer auseinanderzuhalten sind.

6.3 Ist-Analyse durchführen

Die Regelungen zum Projektmanagement wurden in den Untersuchungen ebenfalls nur sehr grob behandelt. Für eine Beurteilung der Regelungen oder auch der Aufbauorganisation des Projektmanagements sind grundsätzlich eigene, recht aufwändige Untersuchungen erforderlich, die den Umfang allgemeiner PM-Audits oder -Assessments deutlich übersteigen würden.

Eine Beurteilung der Kompetenzen kann nur auf der Ebene der Kompetenzträger erfolgen. Dies ist mit Auditierung allgemeiner Art nicht vereinbar. In den Gesprächen können punktuelle Eindrücke zu den persönlichen Projektmanagementkompetenzen im Allgemeinen gesammelt, keinesfalls aber ein Gesamteindruck gewonnen werden. Die Beurteilung der individuellen Kompetenzen im Projektmanagement ist vielmehr Gegenstand der anerkannten Zertifizierungsverfahren der GPM/IPMA bzw. des PMI.

6.3.2.1 Auditierungskonzept

Im Rahmen eines Beratungsprojektes wurde ein Modell zur Auditierung von Projektmanagementsystemen entwickelt und praktisch angewendet, welches im Folgenden dargestellt wird.

Das oben dargestellte Modell bietet die Möglichkeit, den Reifegrad von Projektmanagementsystemen zu beurteilen und organisationsübergreifend zu vergleichen. Auf dieser Basis lassen sich empirische Untersuchungen mit dem Ziel durchführen, Erfolgsfaktoren und Handlungsempfehlungen für konvergentes Projektmanagement zu identifizieren.

Das hierfür konzipierte Auditierungsverfahren umfasst eine Auditierung der PM-Systemelemente (Systemaudit) und eine Auditierung der PM-Prozesse (Prozessaudit). Beide Elemente werden im Folgenden (siehe Abb. 6.5) kurz vorgestellt.

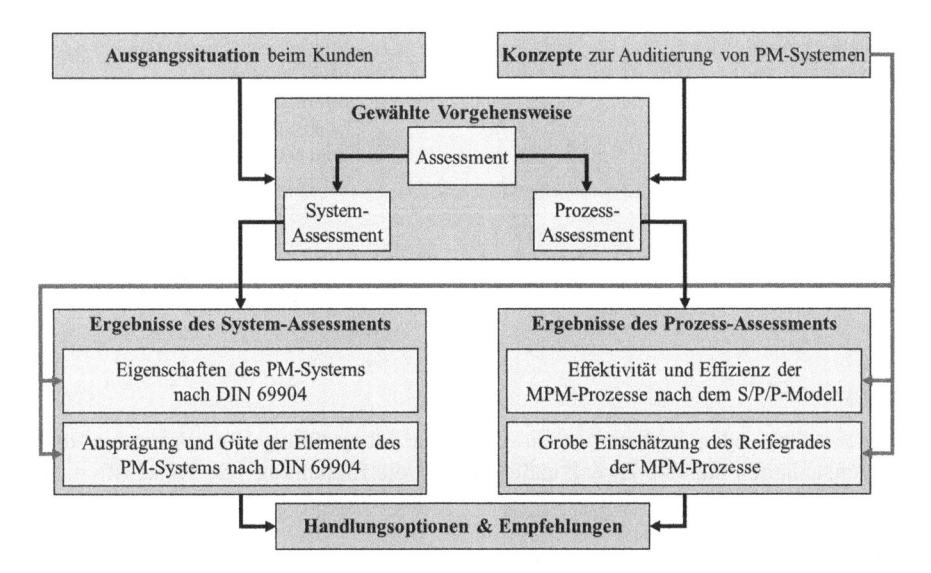

Abb. 6.5 Modell für die Auditierung von Projektmanagementsystemen

Leitfaden-gestützte Interviews ausgewählter Rollen-/Funktionsträger (Führungs- und Fachkräfte) des Projektmanagementsystems bilden dabei die Grundlage sowohl für die Beurteilung des Projektmanagementsystems als auch der PM-Prozesse. Dabei ist Wert darauf zu legen, dass mit der Auswahl der Gesprächspartner eine weitgehende Abdeckung der verschiedenen Rollen im Projektmanagementsystem erreicht wird.

Systemaudit

In einem Systemaudit werden die einzelnen Elemente eines Projektmanagementsystems auf

- ihre Existenz und Vollständigkeit,
- ihre Richtigkeit und
- ihre Anwendung

geprüft.

Im Systemaudit sind also die einzelnen Elemente der PM-Organisation zu überprüfen. Sollelemente sind z. B. in den einschlägigen PM-Normen beschrieben. Der Autor hat mehrere Systemaudits von PM-Systemen praktisch durchgeführt, bei denen eine Gliederung nach der – inzwischen erneuerten – DIN 69904 „Projektmanagementsysteme" gewählt wurde, da sich nach dieser Gliederung auch relativ problemlos Inhalte anderer PM-Standards einordnen lassen. Diese Gliederung ist in Tabelle 6.5 dargestellt. Bei künftigen Audits wäre allerdings auch eine Anpassung der Gliederung an die Kompetenzelemente der ICB3 möglich und sinnvoll.[9]

Tabelle 6.5 Elemente eines Projektmanagementsystems nach DIN 69904[a]

Zieldefinition/Stakeholder	Einsatzmittelmanagement
Projektstrukturierung	Ablauf- u. Terminmanagement
Projektorganisation	Multiprojektkoordination
Personalmanagement	Risikomanagement
Vertragsmanagement	Informations- und Berichtswesen
Nachforderungsmanagement	Controlling
Konfigurationsmanagement	Logistik
Änderungsmanagement	Qualitätsmanagement
Aufwandsermittlung	Dokumentation
Kostenmanagement	

[a]Deutsches Institut für Normung e.V. (1980), siehe hierzu auch RKW/GPM (2002)

Prozessaudit

Ein Prozess- oder Verfahrensaudit dient der Überprüfung von Prozessen und Arbeitsabläufen auf ihre Zweckmäßigkeit und die Einhaltung von Vorschriften. In

---

[9]Siehe Tabelle 45: Kompetenzelemente der ICB3

6.3 Ist-Analyse durchführen

den hier beschriebenen Audits von Projektmanagementprozessen wurde ein Reifegradmodell nach CMM, EFQM und Deming[10] eingesetzt. Die folgende Tabelle 6.6 beschreibt die Ebenen dieses Reifegradmodells.

Tabelle 6.6 Reifegradmodell für ein Prozessaudit zur Standortbestimmung

Reifegradstufe	Kriterien
Intuitiver Prozess	Die MPM-Aktivitäten sind nicht geplant
	Die MPM-Prozesse sind nicht definiert
	Verbesserungen der Prozesse im Multiprojektmanagement erfolgen intuitiv bzw. spontan
	Der Nutzen der Verbesserungen ist nicht geklärt bzw. sichergestellt
Geplanter Prozess	Die zu planenden Schritte sind definiert, für diese Abläufe existieren Prozessbeschreibungen
	Anpassungen des Plans und der Prozessdefinitionen erfolgen spontan
Eingeführter Prozess	Die Arbeiten werden geplant
	Die Aufgaben werden gemäß der Planung und der Prozessdefinitionen durchgeführt
	Die Mitarbeiter sind im Prozess geschult
	Plan- und Prozessänderungen werden bekannt gegeben
Analysierter Prozess	Die Planerfüllung von Terminen, Kosten und Leistungen wird ermittelt
	Ein Abgleich der Prozessdurchführung gegen die Prozessdefinition erfolgt
	Prozessverbesserungen erfolgen kontrolliert
	Zur Messung der Prozessleistung werden Metriken eingesetzt
Gesteuerter Prozess	Die Metriken werden zur Leistungssteigerung der Prozesse und zur Verbesserung der Prozessdefinitionen eingesetzt
	Die Metriken belegen hohe Leistungen bzw. positive Trends

Ziel eines solchen Prozessaudits ist die Einstufung des Reifegrads für die unterschiedlichen Einzelprozesse im Projektmanagement und die damit verbundene Einschätzung, wie stark die einzelnen Prozesse durch Normen und Standards, Methoden und Verfahren, die Kompetenzen der Prozessbeteiligten und ggf. durch den Einsatz von Werkzeugen abgesichert sind. Für die konkret durchgeführten Prozessaudits wurden bekannte und erprobte Reifegradmodelle herangezogen, welche dann auf die Bedürfnisse der PM-Auditierung angepasst wurden. Dadurch wurden folgende Ziele erreicht:

- Sicherstellen eines systematischen Vorgehens
- Richtlinien für die Prozesserfassung
- Metriken für die Prozessbewertung
- Maßnahmen zur Prozessverbesserung

---

[10]Deming (1982).

6.3.2.2 Durchführung und Auswertung der Audits

An dieser Stelle wird die Durchführung der ersten, sehr umfassenden Auditierung beschrieben.

Die Gesamtdauer der fragenbogengestützten Interviews betrug rund 27 Stunden. Die durchschnittliche Gesprächsdauer betrug 1:35 h. Der Fragenkatalog, auf dessen Basis die Gespräche geführt wurden, umfasste insgesamt 277 Fragen. Davon wurden im Verlauf der Untersuchung 232 Fragen als relevant identifiziert und beantwortet. In den Gesprächen wurden insgesamt 471 Antworten auf die Fragen gegeben, also im Mittel rund zwei Antworten je Frage und 13,65 Antworten je Interview. In den Gesprächen wurden gelegentlich Einzelaspekte des Projektmanagements gesondert vertieft. Soweit diese Aspekte nicht direkt einzelnen Fragen im Fragekatalog zugeordnet werden konnten, wurden die Ergebnisse der vertiefenden Gespräche separat im Gesprächsprotokoll dokumentiert und flossen separat in die Ergebnisdokumentation ein.

Die folgende Abbildung zeigt als Beispiel eine Reifegradbeurteilung der Projektmanagementprozesse eines Finanzdienstleisters. Je dunkler eine Spalte von unten nach oben dargestellt ist, desto höher ist der Reifegrad des zugehörigen Prozesses. Im Beispiel hat der Prozesse „Projektideen bewerten und Projektportfolio planen" den höchsten Reifegrad erreicht.

6.3.3 Reifegrad des organisationsweiten Projektmanagements

Führt ein Unternehmen eine Reifegradbeurteilung des eigenen Projektmanagements durch, so stellt sich natürlich die Frage, wie die Ergebnisse einzuordnen sind, sprich, welche Reifegrade andere Unternehmen hier erreichen. Im Rahmen einer empirischen Untersuchung aus dem Jahr 2007 wurde auch eine unternehmensübergreifende Bewertung der Projektmanagementprozesse anhand einzelner Reifegradkriterien durchgeführt. In den Abbildung 6.6 und 6.7 sind die verdichteten Ergebnisse dieses Teils der Befragung dargestellt.

Es zeigt sich, dass die im zugrundeliegenden S/P/P-Modell[11] beschriebenen Prozesse in der überwiegenden Zahl der Unternehmen existieren. Damit ist die Reifegradstufe 1 auf Ebene der Projektprozess bei 80% der Organisationen erfüllt, auf der Ebene der Projektportfolioprozesse liegt der Wert etwas niedriger. Bei den Einzelprozessen ist der Projektplanungsprozess am weitesten verbreitet. Er vereint auf allen Reifegradstufen die höchste Anzahl von Nennungen auf sich. Der Prozess der integrierten Projektsteuerung folgt auf dem zweiten Rang, was nicht sehr verwundert. Überraschender dagegen ist, dass selbst der Projektabschlussprozess noch eine höhere Reife als der Prozess der Projektportfolioplanung aufweist. Die niedrigsten Reifegradbewertungen erhalten der Ideenfindungs- und Portfoliosteuerungsprozess.

---

[11] Vgl. Abb. 4.7: S/P/P-Modell: Strategie-, Projektportfolio- und Projektprozesse im Zusammenhang

6.3 Ist-Analyse durchführen

	Projektideen entwickeln und formulieren	Projektideen bewerten und Projektportfolio planen	Projektplanung durchführen	Integrierte Projektsteuerung durchführen	Projektportfolio steuern & überwachen	Projekt abschließen und bewerten
Level 5: Gesteuerter Prozess	0	1	1	0	1	0
Level 4: Analysierter Prozess	0	2	1	1	1	2
Level 3: Eingeführter Prozess	1	3	3	2	2	2
Level 2: Geplanter Prozess	2	4	3	1	3	4
Level 1: Intuitiver Prozess	4	4	4	3	4	4

Legende:
- 4 vollständig erfüllt
- 3 im Wesentlichen erfüllt
- 2 teilweise erfüllt
- 1 in ersten Ansätzen erfüllt
- 0 nicht erfüllt

Abb. 6.6 Praxisbeispiel: Auditierung des Reifegrads der PM-Prozesse

	Projektideen entwickeln und formulieren	Projektideen bewerten und Projektportfolio planen	Projektplanung durchführen	Integrierte Projektsteuerung durchführen	Projektportfolio steuern & überwachen	Projekt abschließen und bewerten
Level 5: Gesteuerter Prozess	1%	1%	4%	3%	2%	4%
Level 4: Analysierter Prozess	15%	19%	27%	22%	19%	20%
Level 3: Eingeführter Prozess	38%	42%	58%	50%	39%	46%
Level 2: Geplanter Prozess	57%	62%	77%	59%	48%	66%
Level 1: Intuitiver Prozess	76%	72%	87%	71%	65%	73%

Legende: Anzahl der Nennungen
- 4 > 80 %
- 3 60 – 80 %
- 2 40 – 60 %
- 1 20 – 40 %
- 0 < 20 %

Abb. 6.7 Reifegrad der Projektmanagementprozesse (Angelehnt an Seidl (2007). In die Bewertung gingen 83 beantwortete Fragebögen ein.)

Aus den Rückmeldungen der Teilnehmer konnte anhand der oben dargestellten Kriterien eine grobe Einstufung des Reifegrads der Projekt- und Projektportfoliomanagementprozesse für die einzelnen Organisationen vorgenommen werden. Die folgende Abbildung 6.8 zeigt die Häufigkeitsverteilung der so ermittelten Reifegrade nach den beiden Prozessebenen.

Verteilung nach Reifegrad und Prozessebene
(PM-Prozesse: n=78; PPM-Prozesse: n=74)

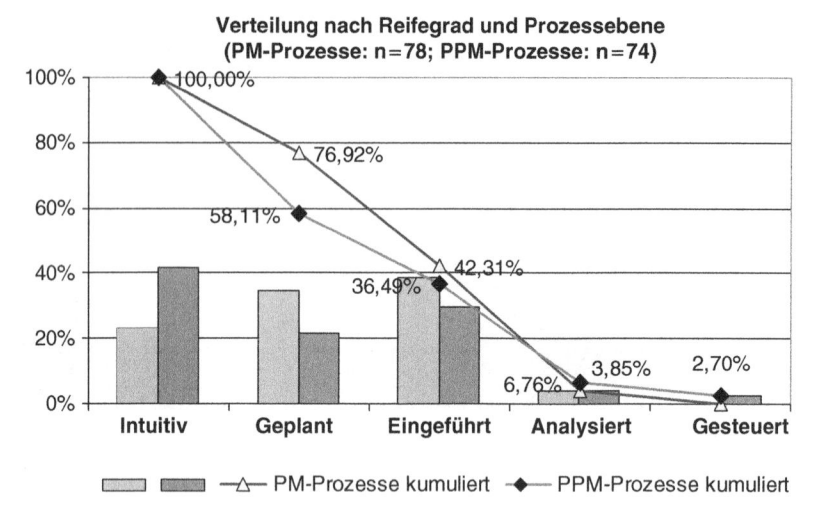

[Diagramm mit Werten: Intuitiv 100,00%; Geplant 76,92%/58,11%; Eingeführt 42,31%/36,49%; Analysiert 6,76%/3,85%; Gesteuert 2,70%]

—△— PM-Prozesse kumuliert   —◆— PPM-Prozesse kumuliert

Abb. 6.8 Fälle nach Reifegrad und Prozessebene (Quelle: Seidl 2007)

Vergleicht man die durchschnittliche Reifegradstufe nach Prozessen, so zeigt sich, dass die operativen Projektmanagementprozesse (hellgrau) höhere Reifegradwerte aufweisen als die Multiprojektmanagementprozesse. Lediglich der Ideenentwicklungsprozess stellt eine Ausnahme dar, wie Abbildung 6.9 zeigt.

Mittlere Reifegradstufe nach Prozessen
(n = 83)

Reifegrad: Eingeführt (3), Geplant (2), Intuitiv (1)

Kategorien: Projektideen entwickeln und formulieren; Projektideen bewerten und Projektportfolio planen; Projektplanung durchführen; Integrierte Projektsteuerung durchführen; Projektportfolio steuern und überwachen; Projekt abschließen und bewerten; PM-Prozesse; PPM-Prozesse; MPM-Prozesse

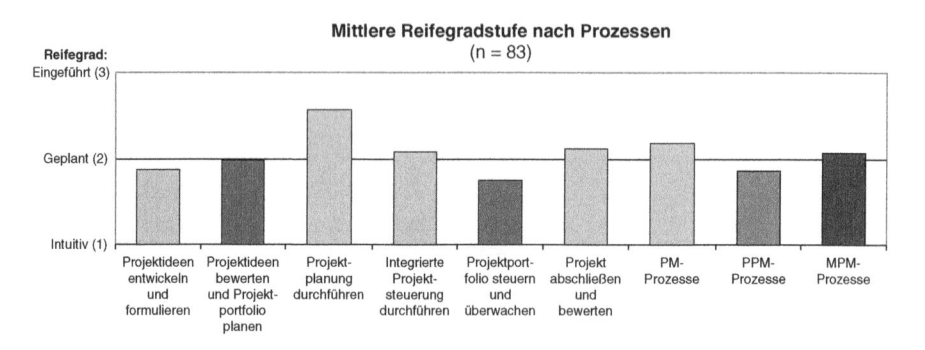

Abb. 6.9 Mittlerer Reifegrad nach Projektmanagementprozessen (Quelle: Seidl 2007)

Somit sind die PM-Prozesse in den Organisationen deutlich weiter entwickelt als die PPM-Prozesse: Während die Projektmanagementprozesse mehrheitlich bereits als „Eingeführter Prozess" gesehen werden, dominiert bei den PPM-Prozessen noch der „Intuitive Prozess". Dies bestätigt die dieser Untersuchung zugrunde liegende Arbeitshypothese, wonach Methoden und Werkzeuge des Projektmanagements bisher auf die effiziente Abwicklung von Einzelprojekten und Programmen ausgerichtet sind und nicht auf die effektive Steuerung der gesamten Projektwirtschaft.

6.3 Ist-Analyse durchführen

In der Studie wurde zudem erhoben, welche Projektkenngrößen auf dem Lebensweg eines Projektes über die einzelnen Projektmanagementprozesse hinweg verfolgt werden. Die folgende Abbildung 6.10 zeigt das Ergebnis im Überblick.

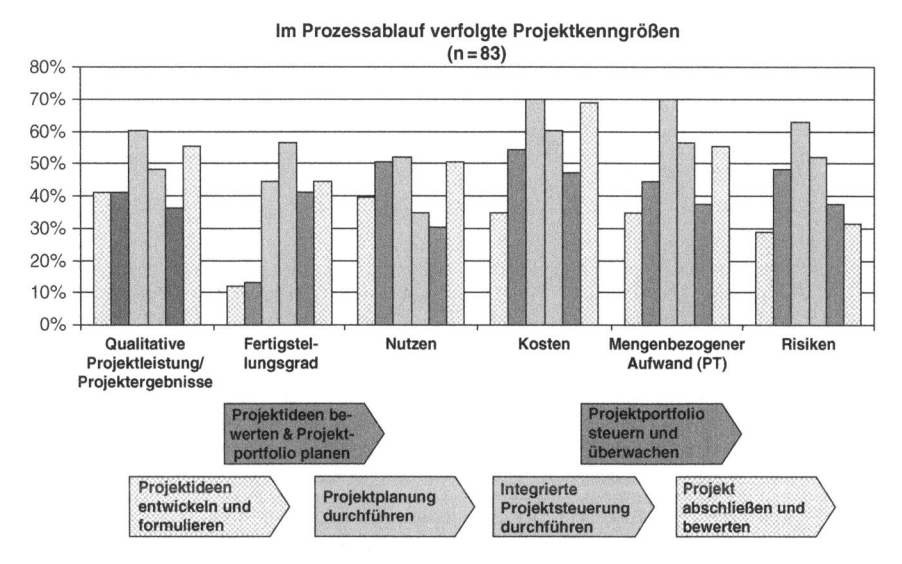

Abb. 6.10 In den Prozessen verfolgte Projektkenngrößen (Quelle: Seidl 2007)

Interessant ist dabei die Gegenüberstellung einzelner Größen im Prozessablauf. Abbildung 6.11 verdeutlicht, dass in den Projekten die Kostenbetrachtung im Allgemeinen eine höhere Bedeutung erfährt als die Betrachtung des tatsächlichen bzw. des erwarteten Nutzens. Lediglich zum Zeitpunkt der Projektbewertung im Rahmen der Projektportfolioplanung liegen die beiden Größen noch gleichauf. Danach entwickelt sich die Nutzenbetrachtung auf einem niedrigeren Niveau parallel zur Kostenverfolgung.

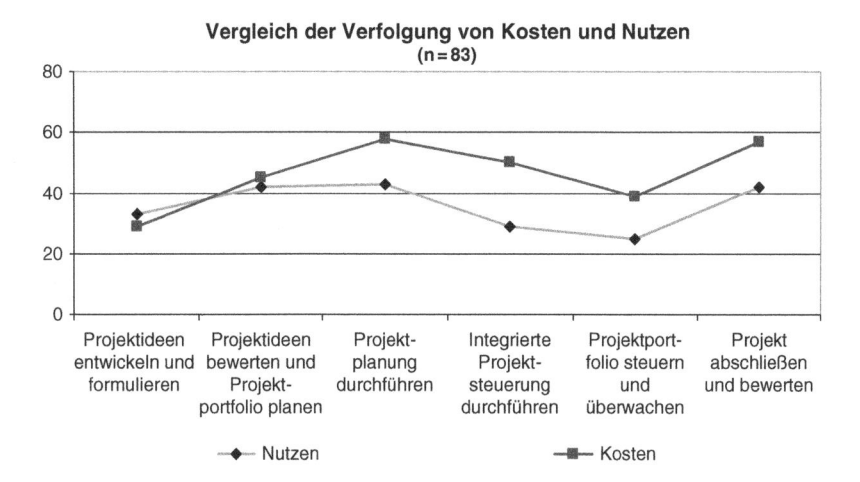

Abb. 6.11 Verfolgung von Kosten und Nutzen (Quelle: Seidl 2007)

202   6 Einführung und Weiterentwicklung

Auch der Vergleich von qualitativen Leistungsgrößen und dem Fertigstellungsgrad ist interessant (s. Abb. 6.12).

Vergleich von qualitativer Leistung und Fertigstellungsgrad
(n = 83)

[Diagramm mit x-Achse: Projektideen entwickeln und formulieren | Projektideen bewerten und Projektportfolio planen | Projektplanung durchführen | Integrierte Projektsteuerung durchführen | Projektportfolio steuern und überwachen | Projekt abschließen und bewerten]

— Qualitative Projektleistung/Projektergebnisse   — Fertigstellungsgrad

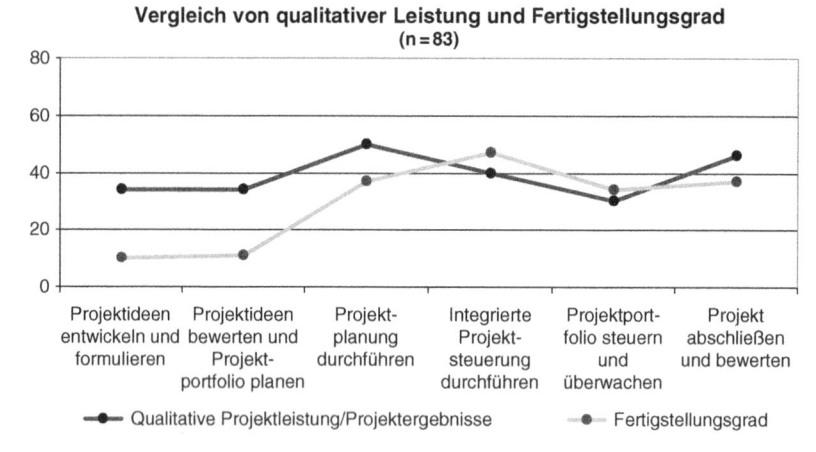

Abb. 6.12 Vergleich von qualitativer Leistung und Fertigstellungsgrad (Quelle: Seidl 2007)

Die qualitative Leistung erfährt über alle PM-Prozesse hinweg eine ernstzunehmende Aufmerksamkeit. Dies fällt allerdings nach dem Start eines Projektes deutlich ab und rückt dann erst zum Projektende wieder in den Vordergrund. Im Unterschied dazu erfährt der Fertigstellungsgrad erst im Rahmen der integrierten Steuerung seine höchste Bedeutung. Etwas verwunderlich sind die hohen Werte im Stadium der Projektplanung und zum Projektabschluss, da hier der Fertigstellungsgrad noch nicht relevant ist bzw. nicht mehr relevant sein sollte.

Die Abbildung 6.13 stellt Nutzen- und Risikogrößen einander gegenüber. Hier überrascht zunächst, dass in den in der Stichprobe vertretenen Organisationen die

Vergleich von Nutzen und Risiken
(n = 83)

[Diagramm mit x-Achse: Projektideen entwickeln und formulieren | Projektideen bewerten und Projektportfolio planen | Projektplanung durchführen | Integrierte Projektsteuerung durchführen | Projektportfolio steuern und überwachen | Projekt abschließen und bewerten]

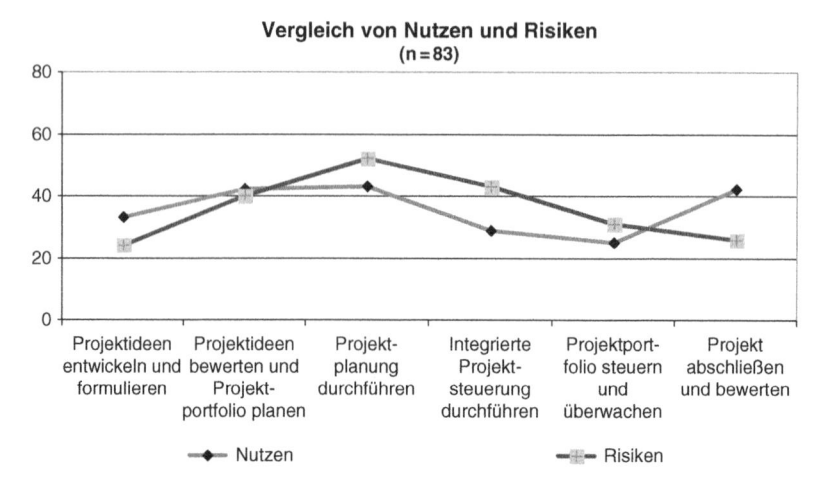

— Nutzen   — Risiken

Abb. 6.13 Vergleich von Nutzen- und Risikogrößen (Quelle: Seidl 2007)

subjektiv empfundene Bedeutung der Projektrisiken insgesamt offensichtlich die des Nutzens übersteigt. Der Nutzen wird nur in der Planungsphase von Projekt und Portfolio intensiv betrachtet, nicht aber in den laufenden Projekten. Erst, wenn das Projekt abgeschlossen ist, man also nichts mehr tun kann, um den Nutzen zu steigern, interessiert man sich offenbar noch einmal etwas stärker für diese Größe. Die Risiken werden am stärksten im Rahmen der Projektplanung berücksichtigt, sie werden aber auch bei laufenden Projekten weiterverfolgt. Allerdings scheint die Ausrichtung des Risikomanagements sehr stark projektbezogen und deutlich weniger projektübergreifend zu sein.

Abschließend wurden noch verschiedene Projektergebnisgrößen im Prozessablauf miteinander verglichen (s. Abb. 6.14).

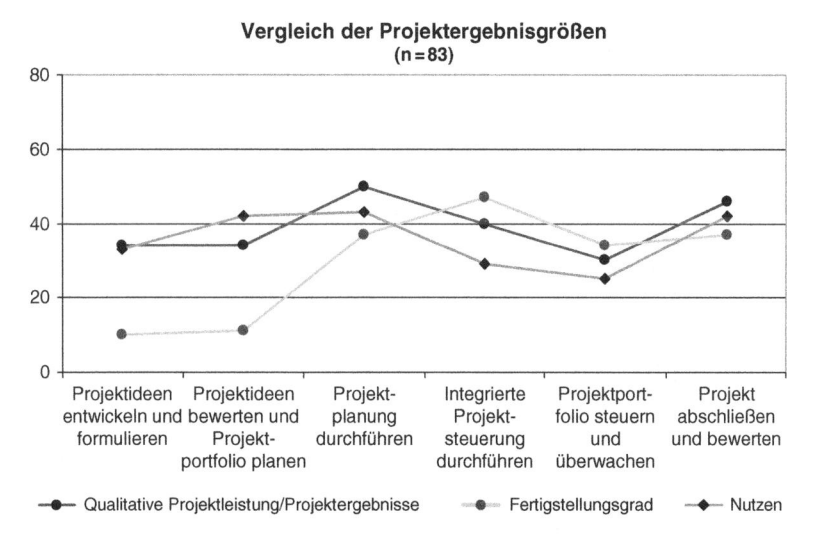

Abb. 6.14 Vergleich von Projektergebnisgrößen (Quelle: Seidl 2007)

Dabei zeigt sich ein gewisser Staffellaufeffekt: Zunächst stehen die gewünschten Ergebnisse im Vordergrund. Bei der Projektportfolioplanung wird dann verstärkt deren Nutzen hinterfragt. Im Rahmen der Projektplanung erfahren beide Größen eine gleichermaßen hohe Beachtung, werden dann bei laufenden Projekten und der Portfoliosteuerung durch den Fertigstellungsgrad zurückgedrängt, um schließlich in der abschließenden Bewertung wieder in den Vordergrund des Interesses zu rücken.

6.4 Externe Orientierung durchführen

Bevor man ein Sollkonzept für das Multiprojektmanagement im Unternehmen entwickelt, sollte man zunächst prüfen, welche Standards und Best Practices im Multiprojektmanagement sich als externe Orientierungsgrößen eignen. Für eine systemische Betrachtung ist hilfreich, wenn man auf anerkannte Normen und Standards zurückgreifen kann, die als Orientierungspunkte bei der Betrachtung des Multiprojektmanagementsystems einer Organisation dienen können.

Das Projektmanagement ist Gegenstand einer ganzen Reihe unterschiedlicher Normen und Standards. Im Kontext dieses Buches erscheinen die grundlegenden Normen der DIN relevant, vor allem aber die Standards der international anerkannten Projektmanagementorganisationen, also der IPMA mit der Deutschen Gesellschaft für Projektmanagement einerseits und dem Project Management Institute (PMI) andererseits. Speziell im Bereich von IT-Projekten hat zudem das PRINCE2-Vorgehensmodell des OGC in den letzten Jahren zunehmende Aufmerksamkeit erfahren.

In Deutschland hat das **Deutsche Institut für Normung (DIN)**[12] eine Reihe von Standards für das Projektmanagement veröffentlicht. Diese bilden auch eine Basis für das Multiprojektmanagement, auch wenn sich eine speziell auf dieses Thema ausgerichtete Norm aktuell erst in Vorbereitung befindet. In diesem Zusammenhang soll auch die internationale Projektmanagement-Norm ISO 21500 um die Themen Programmmanagement und Portfoliomanagement ergänzt werden. Tabelle 6.7 zeigt diese Normen und ihre Inhalte im Überblick.

Die allgemeinen DIN-Normen zum Projektmanagement wurden 2009 aktualisiert und damit dem heutigen Stand des Wissens angepasst.

Auch die **International Project Management Association (IPMA)** hat als internationaler Fachverband für das Projektmanagement eine Reihe von Projektmanagementstandards herausgegeben und entwickelt. Der Wichtigste davon ist die **IPMA Competence Baseline (ICB)**,[13] welche gemeinsam von den europäischen und außereuropäischen IPMA-Mitgliedsgesellschaften entwickelt wurde und die Basis für deren Qualifizierungs- und Zertifizierungsprogramme bildet. Sie umfasst einheitliche Definitionen von Projektmanagementbegriffen in Englisch, Deutsch und Französisch. Die deutsche Mitgliedsorganisation der IPMA ist die **Deutsche Gesellschaft für Projektmanagement e. V. (GPM)**. Auch die GPM hat es sich zur Aufgabe gemacht, Standards für Methoden, Begriffe, Fortbildung und Zertifizierung zu entwickeln. Hierzu gehört der gemeinsam mit dem Rationalisierungskuratorium der Deutschen Wirtschaft e. V. entwickelte „Projektmanagement Fachmann", der inzwischen als Basis für die Zertifizierung zunächst durch den „ProjektManager"[14] und dann durch das aktuelle Zertifizierungswerk „Kompetenzbasiertes Projektmanagement (PM3)"[15] abgelöst wurde. Es orientiert sich an dem international abgestimmten PM-Kanon ICB3[16] der IPMA.

---

[12]Siehe hierzu u.a. Angermeier (2002, 2004) sowie Deutsches Institut für Normung e.V. (2009).
[13]IPMA International Project Management Association (2006) bzw. GPM Deutsche Gesellschaft für Projektmanagement (2008).
[14]Schelle et al. (2005) und RKW/GPM (2002).
[15]GPM Deutsche Gesellschaft für Projektmanagement (2009).
[16]ICB steht für International Competence Baseline

6.4 Externe Orientierung durchführen

Tabelle 6.7 DIN-Normen zur Projektwirtschaft[a]

Norm	Titel	Inhalte	Jahr
DIN 69900	Projektmanagement – Netzplantechnik	Netzplantechnik Begriffe / Darstellungstechnik, z. B. Meilensteinplan.	aktualisiert 2009
DIN 69901	Projektmanagement – Projektmanagementsysteme	Teil 1: Grundlagen, Teil 2: Prozesse, Prozessmodell, Teil 3: Methoden, Teil 4: Daten, Datenmodell, Teil 5: Begriffe	aktualisiert 2009
DIN 69909	Multi-Projektmanagement – Management von Projektportfolios, Programmen und Projekten	Teil 1: Grundlagen für das Multiprojektmanagement. Teil 2: Prozesse	in Vorbereitung
DIN EN ISO 9004	Leiten und Lenken für den nachhaltigen Erfolg einer Organisation – Ein Qualitätsmanagementansatz	Leiten und Lenken für den nachhaltigen Erfolg einer Organisation Formulierung, Planung und Umsetzung von Strategie und Politik Management von Ressourcen Prozessmanagement Überwachung, Messung, Analyse und Überprüfung Verbesserung, Innovation und Lernen	2009
DIN ISO 10007	Qualitätsmanagementsysteme	Leitfaden für Konfigurationsmanagement	2004

[a]Siehe auch Angermeier (2002).

Der **Project Management Body of Knowledge (PMBoK)** ist der international weit verbreitete Standard des Project Management Institute (PMI).[17] Das Werk wurde erstmals 1985 veröffentlicht und ist auch als ANSI-Standard[18] und als IEEE-Norm des Institute of Electrical and Electronics Engineers anerkannt. Es ist Basis für die Zertifizierung zum Project Management Professional (PMP). Bei der Überarbeitung des neuen PMBOK Guide wurde Wert auf eine stärkere Berücksichtigung von organisationsweiten Aspekten des Projektmanagements gelegt. Dazu gehören z. B. die Behandlung des Project Management Office (PMO) und eine differenzierte Betrachtung von Projekten, Programmen und dem Projektportfolio. Im Bereich der Projektmanagementprozesse und -methoden blieb das bekannte Konzept dagegen weitgehend erhalten.

---

[17]Project Management Institute (2000) sowie Project Management Institute (2004). Vgl. auch Triest (2004)

[18]ANSI/PMI 99-001-2000; ANSI/PMI 99-001-2004

Das **Organizational Project Maturity Model (OPM3)**[19] wurde Ende 2003 vom Project Management Institute nach fünfjähriger Entwicklungszeit veröffentlicht. Die lange Entwicklungszeit ist wohl auf die internationale Ausrichtung des Standards – sowohl bei der Entwicklung als auch bezüglich der Inhalte – zurückzuführen. Die Absicht des PMI war es, mit dem OPM3-Modell die mit dem PMBoK verbundene prozess- und abwicklungsorientierte Ausrichtung zu überwinden und das organisationsweite Projektmanagement zu behandeln. Leider merkt man es dem OPM3-Standard sehr stark an, dass er aus einer Bottom-up-Integration der PMBoK-Philosophie entstanden ist. Viele Elemente, z. B. die Prozessstruktur, wurden mehr oder weniger unreflektiert auf die Ebene des Portfoliomanagements übertragen. OPM3 stellt eine wenig strukturierte Sammlung diverser Projektmanagementpraktiken, -konzepte und -methoden dar. Die Unternehmen sollen durch den Standard in die Lage versetzt werden, den Reifegrad Ihres Projektmanagementsystems im Rahmen von Selbstbewertungen zu ermitteln und dann sukzessive zu verbessern.

Wie die Abbildung 6.15 zeigt, kombiniert das OPM3-Modell Projekte, Programme und das Projektportfolio mit einem vierstufigen Reifegrad-Ansatz. Die niedrigste Stufe stellt die Standardisierung dar, die sich in der Beurteilung wesentlich am Vorbild des PMBoK orientiert. Messung, Steuerung und kontinuierliche Verbesserung stehen für höhere Reifegradstufen des organisationsweiten Projektmanagements.

Abb. 6.15 OPM3-Ansatz zur PM-Reifegrad-Entwicklung (Angelehnt an Weilacher 2004, siehe auch Schelle 2006 und Wendler 2009, S.31 f.)

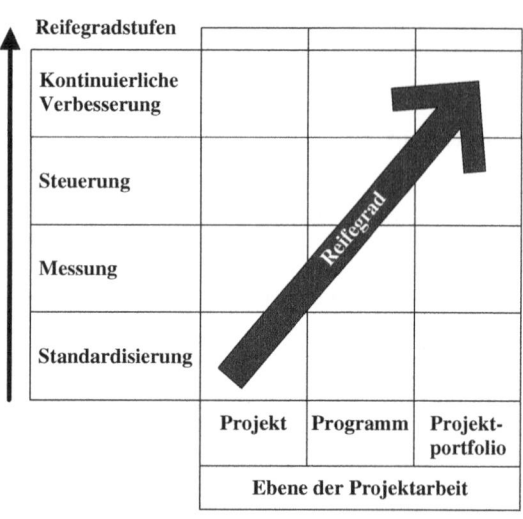

Die vier Reifegradstufen entsprechen den Stufen 2 bis 5 des Project Management Maturity Models, dessen erste Stufe letztlich überflüssig ist, da sie nur den chaotischen Zustand ohne systematisches Projektmanagement beschreibt.

---

[19]Project Management Institute (2003). Vgl. hierzu auch Schelle (2006), Weilacher (2004) sowie Fahrenkrog et al. (2003).

6.4 Externe Orientierung durchführen

Ein weiteres Reifegradmodell, das sich inhaltlich etwas an der PM-Methodik des PMI orientiert, ist das **Project Management Maturity Model (PMMM) von Kerzner**.[20] Es zeigt einige interessante Ansätze, ist aber methodisch nicht durchweg überzeugend, da Kerzner auch viele Beobachtungen aus der Praxis in pragmatischer Form in sein Modell einbringt. Zur Selbstbewertung des Reifegrads nutzt er Fragebogen, die teilweise auf den Inhalten des PMBoK aufbauen.

Das britische **Office of Government Commerce (OGC)** hat inzwischen relevante Standards für das Projektmanagement herausgebracht. Bekannt ist das OGC vor allem durch die IT-Infrastructure Library (ITIL), die große Beachtung in IT-Dienstleistungsorganisationen findet. Durch die starke Verbreitung von ITIL findet auch das ebenfalls vom OGC veröffentlichte, prozessorientierte Vorgehensmodell für Projektmanagement **Projects in Controlled Environment (PRINCE2)**[21] zunehmend Beachtung. Es wurde bereits 1989 in Großbritannien als öffentlicher Standard für IT-Projekte eingeführt, aber erst 1996 unter der Bezeichnung PRINCE2 veröffentlicht. Beide Standards stellen Sammlungen von „Best Practices" dar. Im Jahr 2008 hat das OGC den Praxisleitfaden **Portfolio, Programme and Project Offices (P3O)** herausgebracht. Dieser widmet sich dem Zusammenspiel von Projektarbeit (Change the business – CTB) und dem normalen Tagesgeschäft (Run the business – RTB).

Die nachfolgend dargestellte Tabelle 6.8 zeigt eine Übersicht der für das Multiprojektmanagement relevanten Normen.[22]

Ein wichtiger Aspekt der externen Orientierung ist auch die Identifikation von Qualifizierungsbedarf im Multiprojektmanagement. Die Qualifizierung von Mitarbeitern im Multiprojektmanagement kann dabei auf verschiedenen Ebenen notwendig werden, nämlich

- für die Projektmitarbeiter des MPM-Projektes
- für die Rollenträger im Multiprojektmanagement und
- für alle Rollenträger im Projektmanagement innerhalb der Organisation

Da die Qualifizierung im Multiprojektmanagement in der Regel organisationsweite Wirkungen hat, sollte von vornherein die Personalabteilung eingebunden werden. Ideal wäre zudem die Berücksichtigung der Belange des Multiprojektmanagements in den Personalentwicklungspfaden des Unternehmens, also in Management-, Projekt- und Fachlaufbahn.

---

[20] Kerzner (2001).
[21] Das OGC veröffentlicht Informationen zu PRINCE2 unter http://www.PRINCE2.org.uk und http://www.PRINCE2.com
[22] Einige weitere Ansätze finden sich z. B. bei Frick und Raab (2009, S. 2282).

Tabelle 6.8 Internationale Normen zum Multiprojektmanagement

Norm	Titel	Inhalt	Erschienen
NCB 3.0	National Competence Baseline	Grundlage für die Personenzertifizierung im Projektmanagement der PM-ZERT als deutsche Zertifizierungsstelle der IPMA International Project Management Association. MPM-relevant sind insb. die Abschn. 4.3.2. Programmorientierung, 4.3.3. Portfolioorientierung und 4.3.4. Einführung von Projekt-, Programm- und Portfoliomanagement	März 2008
P3O	Portfolio, Programme and Project Offices	Leitfaden mit Best Practices zum Multiprojektmanagement des britischen Office of Government Commerce	2008
MoP	Management of Portfolios	Leitfaden mit Best Practices zum Projektportfoliomanagement des britischen Office of Government Commerce	2011
DIN 69909	Multi-Projektmanagement – Management von Projektportfolios, Programmen und Projekten	Teil 1: Grundlagen für das Multi-Projektmanagement Teil 2: Prozesse	in Vorbereitung
ISO 21500	Project Management – A guide for project management	Internationale Projektmanagement-Norm, eine Erweiterung des aktuellen Entwurfs (CD – Committee Draft) um die Themen Programmmanagement und Portfoliomanagement ist vorgesehen	geplant für 2012

6.5 Soll-Konzept entwickeln

Ein Sollkonzept zur Einführung bzw. Weiterentwicklung des Multiprojektmanagements umfasst verschiedene Gestaltungsebenen. Vor dem Hintergrund der Erfahrungen aus diversen Projekten erscheinen vor allem die nachfolgend aufgeführten Ebenen als wichtig:

- Definitionen und Terminologie
- Methoden und Best Practices
- Organisation des Multiprojektmanagements
    - MPM-Prozesse
    - Organisatorische Verankerung und Gremien
    - Regelungen zur Projektarbeit

6.5 Soll-Konzept entwickeln

- Informations- und Berichtswesen
- Instrumente und Werkzeuge
- Qualifizierungs- und Schulungsmaßnahmen

Zunächst sind ein gemeinsames Verständnis und eine gemeinsame Sprache für das Multiprojektmanagement erforderlich. Diese kann man im Rahmen eines MPM-Einführungsprojektes erarbeiten und in einem Projektmanagementhandbuch für die Organisation festlegen und dokumentieren. Damit ein solches Dokument aber nicht zur „Schrankware" verkommt, muss man darauf aufbauend auch eine Art Projektkultur im Unternehmen schaffen. Diese lässt sich über verschiedene Ansatzpunkte und Maßnahmen initiieren und fördern.

Sehr wichtig erscheinen in diesem Zusammenhang Qualifizierungsmaßnahmen im Projektmanagement für die Mitarbeiter. Aber auch andere Beteiligte am Multiprojektmanagement sollten qualifiziert werden. Viele Gremien leiden unter einem mangelnden Projekt-Know-how und -verständnis der in ihnen versammelten Entscheidungsträger, was in Abb. 6.16 in humorvoller Form dargestellt wird. Hier sollten sorgfältig auf die besonderen Ansprüche und Befindlichkeiten der Zielgruppe abgestimmte Informations- Schulungs- und Coaching-Maßnahmen genutzt werden, um die Effektivität und Effizienz im Multiprojektmanagement spürbar zu verbessern und die Entscheidungsqualität zu erhöhen.

Abb. 6.16 Cartoon: Projektmanagementverständnis in Gremien (Illustration: Ilka Jörg)

Recht einfach ist es heutzutage, geeignete Methoden und Best Practices im Projekt- bzw. Multiprojektmanagement für eine spezifische Unternehmenssituation auszuwählen und einzuführen. Hier führt schon die externe Orientierung in der Regel zu einem umfangreichen Fundus geeigneter Instrumente.

Bedeutend schwieriger ist es, diese Instrumente mit geeigneten Prozessabläufen zu verbinden und diese im Unternehmen effizient und sicher zu etablieren. Hier kann man sich an den in Kap. 4 beschriebenen MPM-Prozessen orientieren.

Allerdings sollte man hier nicht am falschen Ende sparen und sich durch einen erfahrenen Organisations- und Projektmanagementberater beim Aufbau der erforderlichen Strukturen unterstützen lassen. Ein solches Vorgehen stellt sicher, dass beliebte „Fettnäpfchen" ausgelassen werden und das Vorhaben nicht vorschnell an typischen Einführungsfehlern scheitert. Zudem vereinfacht das Hinzuziehen eines neutralen externen Partners den Umgang mit Widerständen. Auch für die Gestaltung und Besetzung der MPM-Gremien erscheint ein Beratungspartner hilfreich, da aus einer bestehenden Organisation – speziell wenn es sich um funktional geprägte Linienorganisationen handelt – kaum Vorschläge für eine adäquate organisatorische Verankerung des Multiprojektmanagements zu erwarten sein dürften. Last but not least muss das Zusammenspiel von Projekt- und Linienfunktionen im Unternehmen geklärt und organisatorisch geregelt werden. Dabei kommt der Festlegung der Verantwortlichkeiten und Prozesse im Ressourcenmanagement eine besondere Bedeutung zu. Hier werdem erfahrungsgemäß auch besonders erfolgskritische Punkte für eine Einführungs- oder Weiterentwicklungsinitiative des Multiprojektmanagements tangiert, da sich in einer Organisation Macht erfahrungsgemäß entweder in einer Verantwortung für finanzielle Mittel (Budgetverantwortung) oder in einer Verantwortung für Mitarbeiter (Personal- bzw. Leitungsverantwortung) ausdrückt. Eine Optimierung der organisationsweiten Projektarbeit greift immer massiv in die Disposition finanzieller Mittel und der in Projekten gebunden Personalressourcen ein. Somit beschneidet ein neu eingeführtes oder mit stärkeren Befugnissen ausgestattetes Multiprojektmanagement immer die Macht- und Einflussinteressen Dritter. Das können z. B. Linienmanager, Ressourcenverantwortliche oder Abteilungsleiter sein. Daher ist eine erfolgreiche Einführung und Stärkung der Multiprojektsteuerung nur bei einer starken Unterstützung durch die Unternehmensleitung selbst vorstellbar. Bottom-up-Initiativen sind auf Überzeugungskraft angewiesen und scheitern leider dann sehr oft an individuellen Machtinteressen.

Wichtig ist natürlich auch die Gestaltung des MPM-Berichtswesens. Dieses muss auf die zum Einsatz kommenden Methoden und deren Ergebnisse aufbauen und aus den etablierten Prozessen im Multiprojektmanagement heraus erzeugt werden. Die erforderlichen Festlegungen und Vorgaben hierzu sollten ebenfalls im Projektmanagementhandbuch des Unternehmens niedergelegt werden. Ähnliches gilt auch für den Einsatz von Werkzeugen und Tools in der organisationsweiten Projektarbeit.

6.6 MPM-Konzept schrittweise umsetzen

Hinweise zur schrittweisen Einführung von Multiprojektmanagement liefert u. a. die NCB3.[23] Weitere Anregungen findet man auch bei Kühn, der sich ausführlich mit der Einführung von Multiprojektmanagement in Organisationen beschäftigt.[24]

---

[23] Siehe Frick und Raab (2009).
[24] Siehe Kühn (2002).

6.6 MPM-Konzept schrittweise umsetzen

Dabei ist zunächst wichtig, eine sinnvolle Reihenfolge der Einführungsschritte festzulegen. Aus der Beratungspraxis heraus kann man dazu eine Klassifizierung der Maßnahmen nach folgendem Muster empfehlen:

- Quick Wins: Kurzfristig realisierbare Maßnahmen, die eine hohen Nutzen bei geringem Aufwand versprechen
- Wichtige und dringende Verbesserungen: Erfolgskritische Maßnahmen, die binnen Jahresfrist umgesetzt werden sollten
- Zukunftsorientierte Verbesserungen: Maßnahmen, die den mittel- und langfristigen Erfolg des Multiprojektmanagements fördern bzw. absichern

Der Gegenstand der Maßnahmen der ersten Kategorie ist in der Regel die Beseitigung akuter Schwachstellen. Diese werden meist im Rahmen der Ist-Analyse oder der externen Orientierung erkannt. Manchmal sind es hier Kleinigkeiten, die eine hohe Wirkung haben, z. B. die Veränderung von Priorisierungskriterien, kleinere Anpassungen in der Planungsmethodik oder bei der Ausarbeitung des Business Case für Projekte oder ähnliche mehr. Diese Maßnahmen sollten sofort und ohne großen administrativen Aufwand umgesetzt werden.

Die Maßnahmen der zweiten Kategorie sollten diejenigen Themen umfassen, bei denen absehbar ist, dass sie sich in einem überschaubaren Zeitrahmen von sechs bis zwölf Monaten erfolgreich umsetzen lassen. Diese zeitliche Orientierung ist wichtig, um das Vertrauen bei den Stakeholdern des Einführungsprojekts – insbesondere das der Entscheider – sicherzustellen, da so diese in die Lage versetzt werden, bereits nach einer vergleichsweise kurzen Zeit eine Erfolgskontrolle für das MPM-Projekt durchzuführen.

Die Maßnahmen der dritten Kategorie beinhalten wichtige Themen, welche nicht vergessen werden dürfen, aber für die man bezogen auf die Ausgangssituation im Unternehmen einen längeren Atem für eine erfolgreiche Umsetzung benötigt. Hierunter können z. B. Qualifizierungsmaßnahmen für alle Mitarbeiter im Unternehmen oder auch die Entwicklung einer Projektmanagementkultur fallen.

Nachdem die Quick Wins erfolgreich umgesetzt wurden, sollte man sich aktiv mit den Umsetzungsschritten des ersten Jahres beschäftigen. Hierzu zählen unter anderem folgende Punkte

- Definitionen und Terminologie
  - Verabschiedung eines (ggf. um die Belange des Multiprojektmanagements erweiterten) Projektmanagement-Handbuches
  - Auswahl eines externen Referenzstandards für die eigene Projektarbeit (z. B. ICB der IPMA und PM3 der GPM, PMBok des PMI, PRINCE2 des OGC)
- Methoden und Best Practices
  - Festlegung von Kriterien und Methoden zur Auswahl und Priorisierung von Projekten

- Entwicklung und Festlegung der Ressourcenallokation in den Projekten differenziert nach strategischen, taktischen und operativen Gesichtspunkten

- Organisation des Multiprojektmanagements
  - Entwicklung eines Ablaufs für die Multiprojektsteuerung
  - Beschreibung der einzelnen Prozesse im Multiprojektmanagement
  - Definition der für das Multiprojektmanagement erforderlichen Gremien, ihrer Zusammensetzung und Arbeitsweise
  - Regelung des Zusammenspiels von Linien- und Projektarbeit, Definition und Abgrenzung von Aufgaben und Handlungskompetenzen, Zusammenwirken der Beteiligten und Festlegung von Eskalationswegen und – mechanismen

- Informations- und Berichtswesen
  - Anpassung und Erweiterung des bestehenden Projektberichtswesens mit Blick auf die Anforderungen des Multiprojektcontrollings

- Instrumente und Werkzeuge
  - Erweiterung der bestehenden Werkzeuge um Daten und Sichten, die für das Multiprojektmanagement notwendig sind (z. B. Ausdehnung der Zeiterfassung auf Projekttätigkeiten)
  - Einführung von Systemen oder Modulen für spezifische Multiprojektmanagement-Belange (z. B. Priorisierung, Ressourcensteuerung oder projektübergreifendes Ablauf- und Terminmanagement)

- Qualifizierungs- und Schulungsmaßnahmen
  - Qualifizierung des Projektkernteams
  - Einweisung und Schulung von Key-Usern und Multiplikatoren
  - Einweisung und Coaching von zentralen Stakeholdern (z. B. Entscheidungsträger, Mitglieder von Gremien, Linienverantwortliche)
  - Werkzeug-bezogene Schulung (Bedienung des / der MPM-Werkzeugs/e)

Zu den längerfristigen Maßnahmen, welche man nicht aus dem Auge verlieren sollte, gehört die Integration des Multiprojektmanagements in längerfristige Personalentwicklungskonzepte. Hier ist ggf. eine unternehmensweit einheitliches Qualifizierungs- und ggf. Zertifizierungssystem für Projektbeteiligte sinnvoll und geboten.

6.7 MPM-System einführen und stabilisieren

Die Einführung eines neuen oder weiterentwickelten MPM-Systems ist ein Organisations- und Veränderungsprojekt, das eine hohe Sensibilität und Aufmerksamkeit bei den Projektverantwortlichen erfordert. Veränderungsprozesse im

6.7 MPM-System einführen und stabilisieren

Unternehmen werden immer von Widerständen begleitet: je stärker der beabsichtigte Eingriff in das Unternehmens- und Organisationsgefüge ist, desto höher sind nach dem Prinzip von „actio = re-actio" auch die Widerstände, die sich dagegen aufbauen. Und die für ein Multiprojektmanagement erforderlichen Veränderungen sind meist umfangreich und weitgehend. Die Verantwortungen werden neu verteilt, teilweise werden neue geschaffen. Das weckt Widerstände bei denjenigen, denen etwas „weggenommen" wird. Aufgaben- und Rollenträger, die etwas „dazubekommen", rufen schnell Neider auf den Plan, die ihre persönliche Kritik auch gerne mal durch eine vermeintlich sachliche Kritik an der neuen Vorgehensweise verdecken.

Um einen Veränderungsprozess erfolgreich durchzuführen, sollte man immer die nachfolgend in Abbildung. 6.17 dargestellten drei Phasen vor Augen haben, die dabei durchlaufen werden müssen.

| 1. Auftauen, aufbrechen | 2. Verändern, weiterentwickeln | 3. Einfrieren, stabilisieren |

Abb. 6.17 Die drei Phasen eines Veränderungsprozesses (Angelehnt an Frick und Raab 2009, S. 2246 f.)

Um eine Veränderung in einem Unternehmen zu erreichen, müssen die Strukturen, die verändert werden sollen, zunächst aufgebrochen werden. Auch die Metapher eines Gebildes aus Eis kann hilfreich sein: um die Struktur zu verändern, muss sie zunächst aufgetaut werden, dann erfolgt die neue Formgebung und abschließend wird die neue Form wieder eingefroren. Man kann es aber auch drastischer ausdrücken. So ist Instabilität nach Auffassung von Kruse[25] eine notwendige Voraussetzung für Änderungsbereitschaft. Er begründet dies anhand des Modells des Phasenübergangs in dynamischen Systemen. Danach erfordert der Übergang in einen neuen Zustand zunächst das Auftreten einer so genannten „kreativen Störung" um die bestehenden, in sich stabilen Zustände aufzuheben. Nach Kruse gelten diese Gesetzmäßigkeiten insbesondere für kognitive Prozesse beim Menschen: „Nicht-triviales Lernen, das Aufbrechen liebgewordener Muster fällt dem Gehirn nicht leicht. Erfolgreich zu sein, birgt daher immer bereit die Gefahr des zukünftigen Misserfolgs. Ohne Instabilität entsteht keine Änderungsbereitschaft und damit auch keine Chance zur Neuordnung." Eine wesentliche Voraussetzung für erfolgreiche Veränderungsprozesse ist zudem die Einbindung der Betroffenen nach dem Prinzip „Betroffene zu Beteiligten machen". Dies verhindert zudem das Auftreten des "not invented here"-Syndrom, welches laut Kruse Veränderungsprozesse langfristig und nachhaltig be- oder gar verhindern kann.

Kruse empfiehlt daher, bei Veränderungsprozessen die folgenden drei Grundprinzipien zu beachten:

1. Verständnis: Führung und Mitarbeiter brauchen einen Basiskonsens über die Prinzipien des Managements von grundlegenden Veränderungsprozessen.

---
[25] Kruse (2004).

2. Involvierung: Die Ideen zur Erneuerung werden im offenen Dialog gemeinsam entwickelt. Führung definiert Rahmenbedingungen und trifft Entscheidungen.
3. Transparenz: Informationen über Rahmenbedingungen, Entscheidungswege und Leistungsunterschiede werden im Prozess rückhaltlos offen gelegt.

Einer der wichtigsten inhaltlichen Aspekte im Rahmen einer Multiprojektmanagement-Einführung ist die organisatorische Verankerung des Multiprojektmanagements. Dies kann durch Schaffung neuer Organisationseinheiten geschehen, wie ein Projektmanagement-Office oder durch Überführung des Verfahrens in das Qualitätsmanagement des Unternehmens.

Um das neugestaltete Multiprojektmanagement im Unternehmen zu stabilisieren, sollten die Rollenträger im Projektmanagement besonders im ersten Jahr nach Einführung des neuen oder weiterentwickelten Systems auf breiter Front unterstützt werden. Ein geeignetes Instrument dabei kann ein Coaching der Rollenträger sein. Ebenfalls sehr hilfreich kann der Aufbau von Communities sein, in denen ein regelmäßiger Wissens- und Erfahrungsaustausch zwischen den Beteiligten erfolgen kann. Eine mögliche Keimzelle für solche organisierte Interessengruppen kann bereits bei der Einführung von Multiprojektmanagement gelegt werden, in dem für den Informations- und Wissenstransfer sowie die Durchführung der Schulungen auf sogenannte Key-User setzt. Diese Key User sind idealerweise Meinungsführer aus den betroffenen Fachbereichen und wirken als Multiplikatoren bei der Einführung der Veränderungen sowie bei der Vermittlung des hierfür erforderlichen Wissens.

Zur Stabilisierung der Veränderungen sind regelmäßige Überprüfung der neunen Prozesse hinsichtlich ihrer Angemessenheit und ihres Nutzens erforderlich. Dabei muss aber auch geprüft werden, ob die Betroffenen und Beteiligten auch gemäß des neuen Konzepts verfahren oder ob sie wieder in althergebrachte Abläufe und Gewohnheiten zurückfallen.

Insgesamt lässt sich konstatieren, dass die Anstrengungen in eine Weiterentwicklung der unternehmensweiten Projektarbeit allen Schwierigkeiten und Widrigkeiten zum Trotz meist gut investiert sind.

6.8 Evaluierung durchführen

Wie bei anderen Projekte auch sollte im Rahmen einer MPM-Einführung und mit einem angemessenen zeitlichen Abstand nach Abschluss der Einführung eine Evaluierung der Projektergebnisse erfolgen. Dabei sollten u. a. folgende Fragen geprüft werden:

- Haben sich mit Einführung des Multiprojektmanagement-System die erwarteten Effektivitäts- und Effizienzvorteile eingestellt?
- Erfährt das System eine ausreichende Akzeptanz innerhalb der Organisation?
- Was läuft besser, was läuft schlechter?
- Gibt es Bereiche, in denen nachgebessert werden muss?
- Haben sich neue Handlungsfelder gezeigt?

Die Evaluierung dient somit einerseits dazu, den Projekterfolgs des Einführungs- bzw. Veränderungsprojekts und die Erreichung der Projektziele zu überprüfen. Zum anderen sollte sie aber auch genutzt werden, um die nächsten Schritte vorzudenken und eine Basis für eine kontinuierliche Verbesserung des Multiprojektmanagements zu schaffen.

6.9 Kontinuierliche Verbesserung des Multiprojektmanagements

Die Abläufe im Multiprojektmanagement betreffen vielfältige Interessen und sind somit auch selbst vielfältigen Einflüssen ausgesetzt. Es ist insofern normal, wenn permanent Wünsche und Vorschläge zur Weiterentwicklung des Systems entstehen und artikuliert werden.

Aus diesem Grund sollte schon bei der Einführung des Multiprojektmanagements ein kontinuierlicher Verbesserungsprozess (KVP) vorgesehen und implementiert werden, der die Änderungswünsche in kontrollierte Bahnen lenkt und langfristig die Zukunftsfähigkeit des MPM-Systems absichert.

Bei der Gestaltung des KVP sollte man auch offen für Best Practices aus anderen Unternehmen und Branchen sein, die zuweilen gute Möglichkeiten bieten, auch die eigene Arbeit zu verbessern. Ein Beispiel für so eine externe Anregung sei im Folgenden genannt.

Bei einer Versicherung wurde mit großem Erfolg ein so genannter „Challenge Day" konzipiert und praktiziert, der aus Sicht des Autors ein sehr vielversprechendes Instrument zur Verbesserung der Projektarbeit darstellt. Dabei werden die Top-Projekte des Portfolios von Projektleiter und Auftraggeber der Unternehmensleitung vorgestellt und intensiv diskutiert. Auch wenn diese Instrument auf den ersten Blick viel Managementkapazität bindet, liegen die Vorteile dieses Konzepts auf der Hand: die Projekte erhalten eine hohe Management Attention, was den Stellenwert der Projektarbeit im Unternehmen insgesamt erhöht. Das Verständnis für die Chancen und Risiken, die Probleme und den Nutzen der wichtigsten Projekte auf oberster Managementebene wird deutlich verbessert. Die intensive Diskussion fördert neue Problemlösungen, erleichtert notwendige Anpassungen und ist geeignet, bereits aufgetretene und künftig mögliche Konflikte aufzulösen oder zu entschärfen.

Literaturangaben

Ahlemann F (2002) Das M-Modell. Eine konzeptionelle Informationssystemarchitektur für die Planung, Kontrolle und Koordination von Projekten (Projekt-Controlling), Osnabrück. Arbeitsbericht des Fachgebiets Betriebswirtschaftslehre/Organisation und Wirtschaftsinformatik, Universität Osnabrück, Osnabrück

Angermeier G (2002) Normen im Projektmanagement – einheitliche Begriffe erleichtern die Zusammenarbeit. In: Projektmagazin 16/2002 (www.projektmagazin.de)

Angermeier G (2004) Unternehmen „DIN 69901 neu" – Ein Praxisbericht über die Verjüngungskur für deutsche PM-Normen. In: Projektmagazin 03/2004 (www.projektmagazin.de), Berleb Media GmbH, München

Brown J, Isaacs D (2007) Das World Café. Kreative Zukunftsgestaltung in Organisationen und Gesellschaft. Carl-Auer, Heidelberg

Deming, W (1982) Out of the crisis. Massachusetts Institute of Technology, Cambridge, MA

Deutsches Institut für Normung e.V. (1980) DIN 69901 Projektmanagement. Berlin

Deutsches Institut für Normung e.V. (2009) DIN 69901. In: Deutsches Institut für Normung e.V. (Hrsg.) Projektmanagement – Netzplantechnik und Projektmanagementsysteme. Normen. DIN-Taschenbuch 472, Beuth, Berlin

Fahrenkrog S, Wesman P, Lewandowski A, Keuten T (2003) Project Management Institute's Organizational Project Maturity Model (OPM3). In: IPMA/Sovnet (eds) Proceedings (CD) of the 17th World Congress on Project Management, Moskau 4.-6.6.2003 (c) PMCONGRESS, Moskau 2003

Frick A, Raab M (2009) Einführung von Projekt- Programm- und Portfoliomanagement. In: GPM Deutsche Gesellschaft für Projektmanagement/GPM Deutsche Gesellschaft für Projektmanagement (Hrsg.) Kompetenzbasiertes Projektmanagement (PM3), Handbuch für die Projektarbeit, Qualifizierung und Zertifizierung auf Basis der IPMA Competence Baseline V. 3.0, 1. Aufl. 2009, Bd. 4. GPM, Nürnberg, S 2243–2295

Gareis R (2001) Programmmanagement und Projektportfolio-Management. Zentrale Kompetenzen Projektorientierter Unternehmen. In: Projektmanagement 1/2001, Deutsche Gesellschaft für Projektmanagement e.V., Nürnberg, S 4–11 GPM

Gessler M, Thyssen D (2006) Projektmanagement – Beruf und Organisationsform in der Postbank Systems AG – Ein Weg zur projektorientierten Organisation, PMaktuell – Heft 1/2006, S 19–25

GPM Deutsche Gesellschaft für Projektmanagement (2008) ICB – IPMA Competence Baseline in der Fassung als Deutsche NCB 3.0. National Competence Baseline der PM-ZERT, Zertifizierungsstelle der GPM. GPM, Nürnberg

GPM Deutsche Gesellschaft für Projektmanagement (2009) Kompetenzbasiertes Projektmanagement (PM3), Handbuch für die Projektarbeit, Qualifizierung und Zertifizierung auf Basis der IPMA Competence Baseline V. 3.0, 1. Aufl. GPM, Nürnberg

IPMA International Project Management Association (2006) ICB – IPMA Competence Baseline. Version 3.0. IPMA, Njkerk

IPMA International Project Management Association (2007) Project Excellence Model: http://www.ipma.ch/awards/projexcellence/Pages/ProjectExcellenceModel.aspx

Kerzner H (2001) Strategic planning for project management using a project management maturity model. Wiley, New York

Kruse P (2004) Unternehmen im Wandel: Das Management von Unsicherheit. In: ProjektMagazin (www.projektmagazin.de), Ausgabe 24/2004

Kühn F (2002) Einführung des Multiprojektmanagements. Erste Auflage 2002 In: Hirzel M, Kühn F, Wollmann P (Hrsg.) Multiprojektmanagement: strategische und operative Steuerung von Projekteportfolios. Frankfurter Allgemeine Buch, Frankfurt am Main, S 258–284

Maleh C (2001) Open space: Effektiv arbeiten mit großen Gruppen. Ein Handbuch für Anwender, Entscheider und Berater. Weinheim und Basel, Beltz

Owen H (2001) Open space technology. Ein Leitfaden für die Praxis. Klett-Cotta, Stuttgart

Project Management Institute (2000) A guide to the project management body of knowledge, PMBOK guide Ausgabe 2000. PMI, Newton Square

Project Management Institute (2003) Organizational project management maturity model (OPM3) – Knowledge foundation. PMI, Newton Square

Project Management Institute (2004) A guide to the project management body of knowledge, PMBOK Guide, 3rd edn. PMI, Newton Square

RKW/GPM (2002) Projektmanagement Fachmann, 2 Bde., Bd. 1 S 1–490, Bd. 2 S 491–1243, 7. Aufl. RKW, Eschborn

Schelle H (2006) Das aktuelle Stichwort: Organizational Project Management Maturity Model (OPM3) des PMI. Projektmanagement aktuell 17(1):29–31.

Schelle H, Ottmann R, Pfeiffer A (2005) ProjektManager. GPM, Nürnberg

Schmidt S (2002) Das Project Management Maturity Model. In: ProjektMagazin, 11/2002 (www.projektmagazin.de), Berleb Media GmbH, München

Seidl J (2007) Konvergentes Projektmanagement (KPM). Konzepte der Integration von Projektportfoliosteuerung und operativem Programm- und Projektmanagement. Dissertation, Universität Bremen

Triest S (2004) Der neue PMBOK Guide 2004. In: Projektmagazin 22/2004, Berleb Media GmbH, München

Weilacher S (2004) Projektmanagement organisationsweit einführen mit OPM3. In: Projektmagazin 3/2004 (www.projektmagazin.de) Berleb Media GmbH, München

Wendler R (2009) Reifegradmodelle für das IT-Projektmanagement. Arbeitspapier. Universität Dresden. Dresdner Beiträge zur Wirtschaftsinformatik, Nr. 53/09

Kapitel 7
Erfolgsfaktoren heute und morgen

Wann ist ein Multiprojektmanagement erfolgreich? Worin bestehen künftige Herausforderungen? Diesen beiden Fragen widmet sich dieses letzte Kapitel. Inzwischen gibt es zu beiden Fragestellungen einige empirisch belegte Erkenntnisse. Diese sollte man ernst nehmen, um nicht unnötige Anstrengungen und Mittel bei der Etablierung und Weiterentwicklung des Multiprojektmanagements einzusetzen. Die Probleme und Erfolgsfaktoren sind erstaunlich ähnlich, auch wenn die mit Multiprojektmanagement befassten Unternehmen und Branchen sehr unterschiedlich sind.

7.1 Erfolgreiches Multiprojektmanagement

Es gibt grundsätzlich zwei mögliche Vorgehensweisen, wenn man den Erfolg des Multiprojektmanagements sicherstellen möchte: man kann versuchen, sich auf die erfolgskritischen Aspekte zu konzentrieren, man kann aber auch typische Projektfallen vermeiden. Beginnen wir zuerst mit den erfolgskritischen Aspekten. Die Erfolgsfaktoren des Multiprojektmanagements sind inzwischen Gegenstand verschiedener empirischer Untersuchungen. Die folgende Aufstellung (Tabelle 7.1)

Tabelle 7.1 Erfolgsfaktoren für das Multiprojektmanagement[a]

Qualität des Multiprojektmanagements	Projektportfolioerfolg	Geschäftlicher Nutzen
Qualität der projektübergreifenden Zusammenarbeit Informationsqualität Qualität der Ressourcenallokation Bereitschaft und Fähigkeit zum rechtzeitigen Projektabbruch	Zeitliche Staffelung/Timing Strategische Ausrichtung der Projekte im Portfolio Vermeidung von Doppelarbeiten und Nutzung von Synergien Ausgewogenheit des Projektportfolios Durchschnittlicher Einzelprojekterfolg	Wirtschaftlicher Nutzen Zukunftsfähigkeit der Organisation Abwehr von existentiellen Risiken für die Organisation

[a] Angelehnt an Meskendahl et al. (2011). Vgl. auch Eßeling (2009)

gibt Hinweise, die man beachten sollte, um projektübergreifende Erfolge sicherzustellen.

Zu etwas anderen Ergebnissen kam eine Untersuchung von Lazic, die sich mit den kritischen Erfolgsfaktoren im IT-Projektportfoliomanagement auseinandergesetzt hat. Die Ergebnisse lassen sich aber weitgehend auf das gesamte Multiprojektmanagement übertragen (siehe Tabelle 7.2).

Tabelle 7.2 Kritische Erfolgsfaktoren des IT-Projektportfoliomanagements[a]

Typ	Kritische Erfolgsfaktoren des IT-Projektportfoliomanagements
Projekt-übergreifende Erfolgsfaktoren	Topmanagement Unterstützung
	Klare Zuordnung der Aufgaben und deren Überwachung
	Unternehmensweite Implementation der PPM-Kultur und standardisierter Prozesse
	Verfügbarkeit über personelle Ressourcen, insbesondere über Business-Analysts, welche über bereichsübergreifendes Wissen verfügen
Projekt- spezifische Erfolgsfaktoren	Klare Definition der Projektziele und klare Abgrenzung des Projektumfangs
	Prüfung der Projektziele auf die Unternehmensstrategie
	Proaktive Erarbeitung der Architektur- und Organisationskonformität
	Regelmäßige Messung des Projektfortschritts
	Regelmäßige Risiko-Evaluation auf der Projekt- und Projektportfoliostufe
	Regelmäßige Überwachung des Nutzeninkassos

[a]Lazic (2004)

Immer wieder – und mit Recht – genannt wird die Unterstützung des Topmanagements als zentraler Erfolgsfaktor bei einer Einführung oder Neugestaltung des Multiprojektmanagements. Dennoch kann man immer wieder in der Praxis Versuche und Bemühungen beobachten, die auf eine Einführung und Gestaltung des Multiprojektmanagements „von unten" abzielen. Diese sind jedoch selten von Erfolg gekrönt. Warum? Multiprojektmanagement hat viel mit der Verteilung von Macht und Einfluss im Unternehmen zu tun. Macht und Einfluss drücken sich quantitativ in der Regel im Umfang der Personalverantwortung („Köpfe") und in der Höhe der Budgetverantwortung („Geld") aus. Eine Veränderung dieser Machtstrukturen lässt sich ohne Mitwirkung „von oben" schlicht nicht bewerkstelligen. Fehlt es daher an Sponsoren und Machtpromotoren, so sollte man zunächst versuchen, mit sachlichen Argumenten für die Multiprojektmanagement-Konzepte zu werben und geeignete Fürsprecher zu finden, welche die Initiative nicht nur starten und begleiten, sondern auch gegen Widerstände stützen und durchhalten können.

Kommen wir nun auf die Vermeidung typischer Projektfallen zu sprechen. Auch hier gibt es bewährte Methoden, mit der sich Ursachen für Misserfolge und unerwünschte Wirkungen analysieren und in der Folge vermeiden lassen. Die folgende Abbildung 7.1 zeigt im Rahmen einer Ursachen-Wirkungsanalyse typische Gründe für ein Scheitern von Multiprojektmanagement-Initiativen auf.

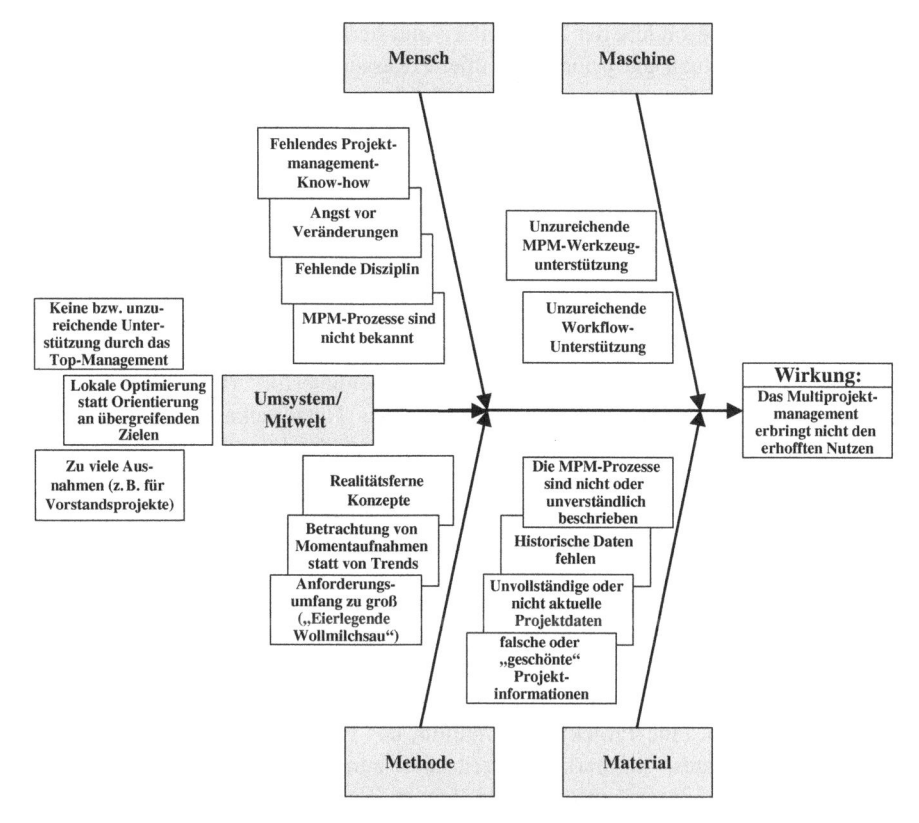

Abb. 7.1 Typische Probleme für Multiprojektmanagement-Initiativen

7.2 Zukünftige Herausforderungen

Es ist wohl unbestritten, dass die erfolgreiche Umsetzung von Projekten auf der Basis des Projektauftrages eine elementar wichtige und notwendige Grundfähigkeit einer Organisation sein sollte, die vor der Herausforderung steht, eine Vielzahl von Projekten zu bewältigen. Andererseits wurde in diesem Buch auf vielfältige Weise unterstrichen, dass in Mehrprojektsituationen eine effektive Projektauswahl und -priorisierung sich deutlich stärker auf den Erfolg bzw. Misserfolg eines Unternehmens auswirkt als das operative Projektmanagement in den einzelnen Projekten.

Die Unternehmen sollten daher mehr Augenmerk auf die Effektivität der Projektarbeit legen, sich also auf die richtigen Projekte konzentrieren oder gar beschränken, das Projektportfolio nicht überladen und die Projektdurchführung strikt an die Allokation der dazu notwendigen Ressourcen zu knüpfen.

Eine wesentliche Herausforderung für die Zukunft besteht darin, die Projektressourcen nicht nur auf Basis der Projektprioritäten einerseits und der Ressourcenkapazität andererseits zuzuweisen, sondern dabei auch die qualitative Eignung der

Ressourcen – insbesondere der Mitarbeiter – mit heranzuziehen. Sowohl das Skill-Management als auch die prioriätsorientierte Ressourcenallokation sind Ansätze, die für sich genommen schon mit großem Erfolg in der Praxis eingesetzt werden. Die Kombination beider Ansätze mag eine der künftigen Herausforderungen sein.

Eine andere – wenngleich nicht wirklich neue – Herausforderung für die Zukunft des Multiprojektmanagements stellt ein projektübergreifendes Nutzenmanagement dar. Hier gibt es bisher nach wie vor bestenfalls Ansätze. Wirksame Instrumente, welche verhindern, dass schon bei der Projektgenehmigung eine Bevorzugung von Projekten durch unrealistische Nutzenversprechen erfolgt, sind in der Unternehmenspraxis kaum zu beobachten. Ein solches Fehlverhalten kann nur durch einen geschlossenen Regelkreis und entsprechende Sanktionsmechanismen bei Nichterfüllung von Erwartungen verhindert werden. Somit erfordert die Optimierung des projektübergreifenden Nutzens ein wirksames Nutzeninkasso. Dieses ist in den meisten Unternehmen erst noch zu etablieren. Zudem drohen hier starke Widerstände: erfolgreiche Projekte haben bekanntermaßen viele Väter, bei nicht erfolgreichen möchte niemand wirklich eine Nachkalkulation durchführen, ganz gleich, ob diese den Projektaufwand oder den tatsächlichen Nutzen des Projekts zum Gegenstand hat.

Optimistischer kann man dagegen eine dritte Herausforderung angehen: die Weiterentwicklung der Projektkultur im Unternehmen. Je mehr sich die Projektarbeit ausbreitet, umso stärker ist auch die kulturelle Durchdringung einer Organisation mit dem Gedankengut des Projektmanagements. So ist zu hoffen, dass Elemente wie eine Projektabbruchkultur, das Ernstnehmen von Quality Gates bzw. Stage Gates, ein stärkere Bereitschaft zum Transfer von Projektwissen sowie die Orientierung an projektübergreifenden Zielen künftig eher die Regel als die Ausnahme darstellen werden.

Literaturangaben

Eßeling V (2009) Strategische Projektbewertung – Bezugsrahmen, Empirie sowie Propositionen. Dissertation. Universität Hannover, Rainer Hampp Verlag, München und Mering

Lazic M (2004) IT-Projektportfolio management. Diplomarbeit. Institut für Informatik der Universität Zürich, Zürich

Meskendahl S, Jonas D, Gemünden H-G (2011) Wie Unternehmen erfolgreich ihr Projektportfolio managen. Ergebnisse der 4. Studie zum Multiprojektmanagement der TU Berlin. In: Projektmanagement aktuell, 22. Jahrgang, 01/2011, GPM Deutsche Gesellschaft für Projektmanagement e.V., Nürnberg, S 20–26

Urheberrechtliche Hinweise

MSP® ist eine Registered Trade Mark des Office of Government Commerce.
OPM3® ist eine Registered Trade Mark des Project Management Institute (PMI).
P2MM® ist eine Registered Trade Mark des Office of Government Commerce.
P3M3® ist eine Registered Trade Mark des Office of Government Commerce.
P3O® ist eine Registered Trade Mark des Office of Government Commerce.
PMBoK® ist eine Registered Trade Mark des Project Management Institute (PMI).
PRINCE2® ist eine Registered Trade Mark des Office of Government Commerce.
The Forrester Wave ist eine Registered Trade Mark von Forrester Reseach Inc.

Sachverzeichnis

A

Auftraggeber, 13, 21, 32, 58, 77, 109–110, 120, 125, 128, 130, 132, 134, 141–142, 146, 150–151, 187, 215

Aufwand, 50, 58, 70–73, 75–76, 90, 97, 104, 113, 121–122, 128, 133–134, 137–138, 150, 153, 160–161, 163, 170, 172–174, 176–177, 182–183, 196, 201, 211

E

Earned-Value-Analyse, 76, 78, 84, 137, 170

Effektivität, 3, 10, 17, 27–33, 41, 144, 162, 192–193, 209, 214, 221

Effizienz, 10, 18–19, 27–33, 98, 144, 146, 160, 169, 193–194, 209, 214

Einsatzmittelganglinie, 67–68, 123, 136, 171

G

GPM (Gesellschaft für Projektmanagement), 2, 9, 20, 181, 188–190, 192, 195–196, 204–205, 211

I

ICB (International Competence Baseline), 188, 192–193, 196, 204–205, 211

Informationen, 13, 16, 19, 58, 65, 78, 84, 100–104, 110–111, 113–114, 121, 123, 126, 132, 138–139, 148, 152, 155, 159–160, 162–164, 169, 171–173, 176–177, 180, 182–183, 207, 214

IPMA (International Project Management Association), 2, 188–189, 192–193, 195, 204–205, 208, 211

K

Komplexität, 5–7, 31, 37, 39, 51, 85–87, 89, 150, 171, 182

Kosten, 2–3, 25, 29, 34, 63, 66, 73, 75–79, 90, 110, 123, 126, 132, 137, 139, 141–146, 161, 164–165, 170–173, 176, 179, 181–183, 193, 197, 201–202

Sunk costs, 34, 66

L

Linienorganisation, 33, 43–44, 67, 107, 210

Linienverantwortliche, 110–111, 212

M

Matrixorganisation, 97, 109

Maximierung, 2, 32, 50–51, 71

Mehrprojektsituation, 1, 5–6, 9–12, 25, 33, 36, 97, 186, 221

Meilenstein, 3, 37, 73–75, 77–79, 91, 133, 137–139, 155, 165, 170, 177, 183, 205

Meilensteintrendanalyse, 37, 73–75, 138, 170, 177, 183

Meilensteintrendanalyse, 37, 73–75, 137, 170, 177, 183

Minimierung, 2, 32, 50, 71

Multiprojektmanagement, 1–4, 7, 9–23, 25–46, 49–104, 107–156, 159–183, 185–188, 190, 197, 200, 204–205, 207–215, 219–222

Multiprojektsteuerung, 3, 12, 18–19, 27, 30, 44, 49–50, 75, 79–84, 87–89, 100, 118, 120, 146, 148, 152, 161–162, 170, 173, 176, 182, 186, 210, 212

N

Nutzen

Nutzenerwartung, 30–31, 81, 83, 146, 148

Nutzeninkasso, 30, 32, 81, 83, 145–147, 151, 220, 222

Nutzenpotenzial, 30, 32, 81, 83, 146

realer Nutzen, 145

O
Optimierung
  Maximierungsstrategie, 2, 32, 50–51
  Minimierungsstrategie, 2, 32, 50
  Optimierungsstrategie, 2, 32, 50–51

P
Portfoliomanager, 27, 78, 111, 150–152, 162, 177
Priorisierung, 6, 10, 12, 19, 25–26, 31–36, 43, 50–52, 54, 57–66, 79, 81, 99–100, 117, 119, 122–123, 140, 144, 154, 161–162, 165–169, 176, 182, 211–212, 221
  Priorisierungsverfahren, 35, 58, 62–67, 166–167, 182
Programm
  Programmleitung, 7
  Programmmanagement, 9–12, 49–50, 113, 163, 190, 204, 208
Programmmanagement, 9–12, 49–50, 113, 163, 190, 204, 208
Projekt
  Projektauftrag, 2–3, 30, 40, 73, 77, 81, 83, 86–87, 110, 117, 124–125, 135–136, 141, 143–144, 221
  Projektaufwand, 75, 173, 183, 222
  Projektbegriff, 4, 39
  Projektergebnisbeiträge, 33
  Projektkennzahlen, 63, 141
  Projektlaufzeit, 32, 38, 72, 76, 79, 81, 84, 136, 138–139, 175
  Projektleiter, 13, 18, 21, 37, 39–40, 67–68, 72, 78, 95–96, 101, 104, 110, 119, 121, 124, 126–127, 130–131, 133–139, 141, 143, 148–151, 160, 162, 169, 171, 175, 177, 188, 215
  Projektmerkmale, 4–5
  Projektmitarbeiter, 13, 86, 102, 110, 134, 144, 149, 153, 160, 162, 207
  Projektnutzen, 63, 80–84, 110
  Projektpriorisierung, 26, 31, 33–36, 52, 60, 62, 64–65, 123, 166, 168
  Projektpriorität, 34, 39, 60, 64–65, 69, 81, 123, 136, 140–141, 182, 221
  Projektprozess, 104, 111, 113, 115–118, 198
  Projektrangfolge, 55, 63–64, 69–70, 96, 140–141
  Projektrangliste, 31, 60, 62, 66, 123, 140, 166–169

Projektstatus, 51, 79, 138–139, 144, 163, 170, 172, 177
Projektmanagement/Projektmanagements, 1–4, 7, 9–23, 25–46, 49–104, 107–156, 159–183, 185–215, 219–222
Projektportfolio
  Projektportfolio, 3, 6–10, 12, 18–19, 21, 25–26, 29, 31–32, 34, 38, 43, 49–51, 65, 77, 83–84, 86–87, 89–91, 93–94, 96, 109, 112, 114, 116–117, 120–123, 134, 138–141, 145, 159, 161, 163, 165, 173, 176, 198–199, 201–203, 206–207, 221
  Projektportfolioerfolg, 32, 219
  Projektportfoliogremien, 111
  Projektportfolioplanung, 31–32, 62, 78, 115, 138, 201, 204
Projektportfoliomanagement, 3, 9–10, 12, 19, 25, 27, 40–41, 43, 46, 49–51, 58, 77–79, 81, 83–84, 102, 111, 113, 140, 150, 164, 168, 173, 179, 183, 199, 208, 220
Projektpriorisierung, 26, 31, 33–35, 52, 60, 62, 64–65, 123, 166, 168

R
Ressource
  Ressourcenallokation, 19, 25, 31–33, 43, 62, 64, 68–71, 79, 110, 123, 136, 141, 154, 171, 212, 219, 222
  Ressourcenbindung, 70–71, 139, 171, 174
  Ressourcenkonflikte, 36, 55, 92, 109–111, 186
  Ressourcenmanagement, 22, 29, 32–33, 36, 40, 46, 67–71, 117–118, 154, 171, 210
  Ressourcenverantwortliche, 111, 210
  Ressourcenverbräuche, 70
Ressourcen, 7, 11, 26, 29, 31–33, 36–37, 49–50, 60, 67–71, 73, 87, 91–94, 99, 108, 110, 117, 120, 134, 136–138, 142, 144, 150, 152, 161, 168, 171, 193, 205, 220–221
Risiken, 3, 5–6, 25–26, 28–31, 33, 37–38, 40, 58, 63, 72, 150, 176, 193, 201, 203, 215, 219

S
Scoring-verfahren, 31, 64–65, 124–125
Stakeholder, 2–3, 6, 11–12, 19–21, 37–38, 41, 72–73, 80–83, 86, 107, 110, 120, 139, 144–146, 165, 170, 187, 196, 211–212
  Interessierte Partei, 193
Sunk Costs, 34, 66